2013—2015年湖北省重点学科建设经费资助

系教育部人文社会科学研究青年项目"教师教育职前培养质量标准化评价模型研究"（12YJC880153）的最终成果

教师职前培养
质量评价的现代模型

张炜 著

中国社会科学出版社

图书在版编目(CIP)数据

教师职前培养质量评价的现代模型/张炜著.—北京:中国社会科学
出版社,2015.11

ISBN 978 - 7 - 5161 - 7091 - 5

Ⅰ.①教… Ⅱ.①张… Ⅲ.①师资培养—研究—中国 Ⅳ.①G451.2

中国版本图书馆 CIP 数据核字(2015)第 274562 号

出 版 人	赵剑英	
选题策划	刘 艳	
责任编辑	刘 艳	
责任校对	陈 晨	
责任印制	戴 宽	

出 版	中国社会科学出版社
社 址	北京鼓楼西大街甲 158 号
邮 编	100720
网 址	http://www.csspw.cn
发 行 部	010 - 84083685
门 市 部	010 - 84029450
经 销	新华书店及其他书店

印刷装订	三河市君旺印务有限公司
版 次	2015 年 11 月第 1 版
印 次	2015 年 11 月第 1 次印刷

开 本	710 × 1000 1/16
印 张	18.75
插 页	2
字 数	332 千字
定 价	69.00 元

序

　　最近湖北第二师范学院教育科学学院教育学系主任张炜发来他的新作《教师职前培养质量评价的现代模型》，告知出版在即，想请我作个序。张炜博士毕业于华中科技大学教育经济与管理专业，功底扎实，思维活跃，近年我到该校参与指导湖北教师教育研究中心工作，与之有所接触，印象颇深。我的学生、该院副院长陈光春也曾多次向我力荐，称其年轻有为，堪可深造。这次读了他发过来的书稿后，深感果不其然，全书论证系统，新见迭出，值得一读。

　　我在拙著《教师教育论》开头曾指出，"百年大计，教育为本；教育大计，教师为本"。21 世纪的教师教育已经成为与我国教育现代化息息相关的重要组成部分，并决定着我国基础教育师资来源质量和教育水平。伴随着教师专业化改革的深入，基础教育师资培养需求已经从"数量规模"转向"质量结构"，这对我国教师教育的质量评价和保障体系提出了更高的专业要求。

　　现实中，我国教师职前培养及其质量评价面临着专业化、标准化缺失的严重不足，无法适应教师教育改革的需要。在教师教育大学化的背景下，教师教育专业发展呈现出"边缘化"、"教育化"、"放任化"的倾向，并集中表现为教师教育培养目标和课程设置的"弱师范性"与师范生职业认同和专业满意度的下降：一方面，教师教育大学化过程中，由于专业师资的相对匮乏和缺乏实践训练，加之师范专业在大学中"非主流"的尴尬地位，导致我国教师职前培养的课程设置和执行过程中缺乏对师范生专业品质、知识和技能的综合训练，教育学课程知识与教育实践的关联程度偏低，质量不能满足时代需求；另一方面，由于职前准备和就业前社会化程度不充分，师范生在资格考试、就业考编时的专业优势并不明显。而更令人忧虑的是师范生眼中的教师职业并没有那么崇高、专业以及有吸引力。由此可见，培养"乐教适教"、"质量优良"的现代基础教育师资面临着教师教育工作者、师范生甚至培养机构各相关主体质量提高的多重挑战，专业化、标准化的质量评价和保障依旧任重道远。

上述问题自我国师范教育向教师职前培养转型以来，一直困扰着广大的教师教育工作者和研究者。

张炜博士的这本专著《教师职前培养质量评价的现代模型》较好地回答了这个问题。全书从当前世界教师职前培养质量评价改革和专业发展的经验研究出发，以"本土化"视角观照我国教师职前培养质量及其评价的现状、问题和症结，通过质性研究和量化研究，构建出符合我国特色的教师职前培养质量评价的现代模型，并演绎出其理论逻辑和指标框架。一方面，作者以所从事的教育教学、科研和学科建设相关工作为研究基础，以现代小学教师培养为取样和论证标本，通过大量的实证调研和质性分析，找准目前我国教师职前培养质量评价面临的基本困难、问题和症结，反映出小学教育、教育学和非师范本科生的教师培养质量需求以及教师教育工作者的改革心声。另一方面，坚持以教师职前培养质量评价的专业化、标准化视阈开展系统研究，跳出"标杆比较——经验建议"的传统范式，通过质性研究与量化研究，呈现当下我国教师职前培养质量评价的现实生态；通过运用结构方程模型分析开展多元变量同步系统分析，形成教师职前培养质量标准化评价因素的结构以及路径和运作模型系统；运用"质量分层"的关键策略，分层构建出符合我国教师职前培养实情的质量标准化评价的框架体系。最后，通过科学严谨的数量化分析，得出我国教师职前培养质量标准化评价的简化模型、通用模型、大学模型和学院模型，初步建构起现代化教师职前培养质量标准化评价的理论价值框架、模型框架和指标框架。全书目标明确，结构合理，特色鲜明，兼有理论研究的深度与实践反思的宽度。书末针对教师职前培养质量评价和保障改革提出的政策建议，对我国教师教育职前培养质量标准化评价改革和保障体系构建具有重要的参考价值。

我为张炜博士的新作即将面世感到欣慰，也深信作者会以此为新起点，继续探索，不断前进，以更多更好的成果，发展学术，服务教师，推动教改。

是为序。

国务院学位委员会教育学科评议组成员
教育部教师教育专家咨询委员会委员　

2015 年 5 月 28 日

前　言

　　教师是一国人才培养的发动机，教师职前培养决定一国教师的质量水平。教师职前培养阶段是教师教育的起始阶段，也是培养教师素养最为重要的阶段。教师职前培养阶段的质量评价研究是提升教师培养质量的必由之路。在我国，教师职前培养改革由"三级师范"到"二级师范"转型的过程中，教师职前培养"大学化"带来了许多问题：师范生的就业问题、师范生的道德和素养滑坡问题、师范生的专业认同感下降问题……这些问题的出现，更凸显出教师职前培养阶段的质量评价研究的迫切性。

　　不同于西方教师教育发达国家，我国教师教育由师范教育脱胎而成，尚未系统构建起真正意义上的教师职前培养质量评价体系。近代师范教育和现代教师教育均发端于欧洲，虽然我国教师教育历史传统源远流长，然而漫长的封建社会制度的"师尊生卑"、"学而优则仕"的历史传统抹杀了对教师人才培养质量评价和改进的可能性。从 20 世纪 50—60 年代开始，美国、日本、德国等相继改革师范教育，朝着有质量保障的教师教育转型，继而相继成为世界上最有影响力的国家。这些国家引导着中国等发展中国家将传统封闭的师范教育转型为多元开放的教师教育。但是由于中国特殊的国情和师范教育传统，我国师范教育在朝着教师教育转型的过程中，在"扬弃传统"和"学习先进"两条道路上都走得磕磕绊绊，并不顺利。1999—2005 年间，自上而下的快速的强制性制度变迁（收费并轨、扩大招生、院校调整）使得中国教师教育转型的基本矛盾开始激化：一方面是必须全面"跟随"甚至"超越"美国等西方发达国家教师教育的演进模式；而另一方面则面临着新的教师教育制度和专业质量标准的缺失以及质量评价和保障机制"本土化"困境。

　　构建符合中国国情的教师职前培养质量评价和保障标准体系是新世纪中国教师教育发展必须面对和解决的根本问题。构建教师职前培养质量评价体系的关键在于：指标因素、指标体系和执行保障机制三方面。本书针对师范生培养的质量评价（指标）因素结构开展研究，在经验分析和实证研究的基础上，针对我国教师职前培养的不足、问题和症结，采用"质量分层"的解题思路，分别构建了具有定位层次特色的中国教师教育质量标准化评价的结构模型，并在相关创新实践基准之上演绎出符合我国"本土化"教师职前培养质量标准化评价的系列框架。

第一章为"重构：教师职前培养质量评价的标准化模型"。本章着重探讨了教师职前培养质量标准化评价的研究缘起、研究价值、基本概念、研究思路和研究方法。构建质量评价和保障体系又是中国教师职前培养（师范教育）改革的必由之路，然而自 20 世纪 80—90 年代以来，中国教师职前培养改革面临着从"规模数量"到"结构质量"的转型阵痛。研究期望关注这一问题并找到问题的症结和解决问题的关键策略，即通过质与量的综合研究分析和回答我国教师职前培养质量标准构建"症结在什么地方"、"关键在什么地方"以及"建立什么样的标准化框架（模型）去解决"。

第二章为"基础：教师职前培养质量评价的经验性研究"。本章着重探讨了国内外学者对于教师职前培养质量评价尤其是欧美发达国家的标准化框架指标体系，对其的系统分析表明："专业品质"（含专业基准、教师职业道德等）、"专业知识"、"专业能力"的三维度是世界主要发达国家教师职前培养质量标准化评价的框架指标核心的主要划分模式；虽然对其子项目（指标）细分各有特色和差异，但国内外相关研究当前均指向"服务学生"、"专业指导"、"实践特色"、"管理有效"的质量价值取向。研究对其共性指标簇进行了经验归纳和要点提炼，为后续研究分析奠定了经验性基础。

第三章为"症结：教师职前培养质量评价的现实性困境"。本章着重探讨了我国教师职前培养及其质量评价的现实和问题。研究首先分析了我国教师职前培养质量评价"教育部本科教学评估"、"社会排行"、"院校研究"的三种基本模式及其共性特征；然后对我国教师职前培养质量评价的差异性进行了实证分析，结果显示：至少在政府定位层次和所在区位两个主要维度上教师职前培养机构的人才培养质量的内部评价是存在显著差异的。最后，以东部、中西部 6 所有代表性高校的小学教育本科专业人才培养方案分析比较为切入点，围绕其培养目标设置、课程结构设置、实践课程实施和类学分机制，找出我国教师职前培养及其质量评价由于缺乏标准化的框架指导意见以及执行力保障，导致我国教师职前培养质量评价的改革不力、相关培养主体的质量需求得不到有效保障，教师培养患上了"大学病"。而究其原因，我国国内教师职前培养机构的定位层次、所在区位、办学资源、办学历史等因素决定了在我国实施质量标准化评价的教师职前培养必然面临着培养机构参差不齐、质量评价多元需求与标准化的现实性困境。

第四章为"分析：教师职前培养质量评价的关键性策略"。本章是全书的题眼。在前面一章症结归纳的基础上，本章以政府定位层次这一主要维度为例，着重探讨了"质量分层"视阈下的教师职前培养质量标准化评价的关键性解题策略——将我国教师职前培养质量标准化评价的框架性标准（指标体系）按照政府定位层次的"质量分层"维度（至少划分为"支持质量层面、核心质量层面、特色质量层面"）至少分解为"大学/学院"两套框架性标准；这样不仅有助于研究突破我国构建教师职前培养质量标准化评价体系面临的现实症结，也有助于开展有针对性的差异化的质量评价工作，真正促进不同质量基准的教师职前培养机构共同提升其办学服务的质量水平。

第五章为"模型：教师职前培养质量评价的分层化路径"。本章是全书的重要章节。在上一章确定解题策略的前提下，本章运用量化研究的系统方法，对我国湖北、湖南、浙江和北京地区的师范院校的师范大学生和教师教育工作者进行了两轮为期2年的问卷调查和质性访谈；相关数据的项目分析显示，"资源管理"、"办学硬件"、"办学软件"、"办学特色"、"专业品质"、"专业知识"、"专业能力"七因子是构建中国教师职前培养质量标准化评价模型（以下简称SMTCI模型）的核心要素，其信度和效度分析均有力地支持进入验证性结构方程模型分析。通过2012—2013年的第一次系统实证研究，研究者构建了结构模型SMTCI-S（简化）。在此基础上，提出并构建了中国教师职前培养质量标准化评价的基础理论模型SMTCI-G（通用）。将有效样本的大学数据和学院数据分别代入模型SMTCI-G（通用），得到了模型SMTCI-U（大学）和SMTCI-C（学院）。通过对模型SMTCI-U（大学）和模型SMTCI-C（学院）的拟合优度检验、模型修正、路径分析和效应分析，揭示了其源动力系统、路径系统和系数效应的强弱。通过比较发现模型SMTCI-U（大学）和模型SMTCI-C

（学院）的区别主要反映在路径通道和质量层次的个性化因素两方面：一方面，模型 SMTCI-U（大学）和模型 SMTCI-C（学院）路径焦点分别为"专业知识"与"专业能力"，且分别在"办学条件—专业技能"和"专业品质—办学特色"上不通畅。另一方面，在"支持质量"层面上，模型 SMTCI-U（大学）和模型 SMTCI-C（学院）分别侧重于"专业反思"和"艺体特长"；在"核心质量"层面上，模型 SMTCI-U（大学）和模型 SMTCI-C（学院）分别侧重于"学科平台"和"第二课堂"；在"特色质量"层面上，模型 SMTCI-U（大学）和模型 SMTCI-C（学院）分别侧重于"特色品牌—特色资源"和"特色文化—特色模式"。上述现代模型的构建是对我国当前教师职前培养质量评价本土化内外部诉求的数理化反映，集中体现了相关研究对于我国教师职前培养质量标准化评价框架体系构建的科学探索。

第六章为"叙事：教师职前培养质量评价的多元化需求"。从质的分析视角展现出我国当下教师职前培养质量评价相关利益主体的多元的内外部需求。对师范大学生的个案叙事跟踪与对教师教育工作者的专题访谈交相印证，从"支持质量"、"核心质量"和"特色质量"三个质量层次反映出我国教师职前培养质量标准化评价框架体系建设的必要性、迫切性和"以人为本、实践为先，有效互动、专业服务"的价值取向。

第七章为"创新：教师职前培养质量评价的现代化探索"。以教育现代化理论为基础，通过有典型案例价值的师范院校实践探索，从"支持质量"、"核心质量"和"特色质量"三个质量层次反映出我国教师教育工作者和研究者对于克服教师教育转型中的质量评价难题所做出的努力：通过"三位一体"的协同支持来突破培养机构资源单一对质量评价束缚的困境；通过"双标双驱"的第二课堂和素质认证来突破师范生专业认同对质量评价诘责的难题；通过"4S 模块"行知合一的实践教学来突破师范性弱化对质量评价轻视的症结。

第八章为"结论：教师职前培养质量评价的标准化框架"。从全书整体的高度对综合研究得到的结论和推论进行了系统梳理，提出了中国教师职前培养质量标准化评价的现代框架体系，涵盖了 SMTCI 现代模型框架、现代指标体系框架、十大理性价值（原则）框架、六大现实价值（策略）框架。

目　　录

第一章 重构:教师职前培养质量评价的标准化模型

　　教师是一种伴随人类社会教育活动的专门职业。在古代社会,由于生产力发展的限制,教育活动与社会生产、社会生活交融在一起,这时的教师主要是上一代向下一代传授社会生产和生活的知识、技能和经验,故而历经以"长者为师"、"能者为师"(如古代部落的巫师或祭师)的漫长阶段。进入到封建社会以后,随着社会生产力的发展,教育活动开始逐渐从社会生产、生活中"专门化"出来,私人办学和官方办学催生出以一定宗教、道德、文化为教育目的的专门教育活动,"智者为师"、"学者为师"开始出现。

　　欧洲早在公元3世纪左右就出现了由僧侣学校、主教学校、教区学校等教会学校创办的"西欧教师养成所",虽然这些机构为宗教教育服务,教学形式单一,教学内容空洞且水平低下,但仍然为西方师范教育的萌发奠定了基础。文艺复兴运动后,西方开始出现近代意义上开展培养师资的专门机构:1684年法国人拉萨尔(J. B. Lasalle)在法国兰斯创办了人类近代第一所教师训练机构"基督学校修士会学院";随后1695年德国人弗兰克(A. H. Francke)在德国哈雷创办了教员养成所。18世纪60年代,伴随着工业革命的出现,人类社会生产力得到极大的解放,近代工业化开始迅速发展起来。近代社会对人才和培养人才的教师提出了更高的要求,而义务教育和班级授课制的逐步普及使得越来越多的人们认识到教师作为一种熟练的、专业的职业对于教育教学和人才培养质量的重要性。1789年,法国国民公会首次提出"师范"①的概念;此后以洛克、卢梭、裴斯

---

　　① 法语"师范"(normale)一词源于拉丁语"norma",本义为木匠的尺规,引申为世间评价的参照标准。

泰洛奇、赫尔巴特、斯宾塞为代表的教育心理学家构建起了近代教育理论体系和师范培养实践体系。18 世纪末，欧洲各国相继建立公立教育制度和师范教育制度。

1696 年德国人弗兰克创办的"实践研讨班"是德国最早的私立教师培养机构；1748—1767 年，他的学生赫克（J. T. Hecker）创办的一批"国立教员养成所"是德国最早建立的公立师范教育机构；1794 年法国在巴黎创办了第一所政府财政支持的公立师范学校——巴黎师范学院（于1845 年升格为巴黎高等师范学院）。这些近代的师范教育机构除了在教育理论知识体系和学科教学方法知识体系的教学之外，还探索实施了教师教学技能训练和教学实习，奠定了近现代师范学校办学的基本模式。

随着第二次科技革命又一次解放生产力，欧洲和北美"先发"国家开始从法律上规范教师教育发展，并尝试通过资格证书和提高办学层次两条路径保障和提升教师的人才培养质量：1763 年，德国颁布的《初等学校教师通则》最先提出教师任用必须通过资格考试获得专业证书的证书制度。1833 年，法国颁布《基佐法案》，首次建立起小学教师能力证书制度；1881 年颁布的《费里法案》进一步明确教师培养必须经过职业训练并通过国家考试而不是教会授权获得教师资格证书才有资格从事教育教学。德国和法国是最早将教师的培养纳入到高等教育人才培养体系的国家。1900 年，美国通过其区域认定制度和教育专业团队的推动，掀起了一股师范学校升格为师范学院的改革浪潮，该浪潮直至 1980 年前后美国大部分师范学院升格为师范大学或成为综合大学的教育学院而平息。

中国近现代意义上的教师教育（师范教育）发端于 19 世纪末，在"师夷长技以制夷"、"中体西用"等理念指导下，经历了"学日本"、"仿美国"、"搬苏联"三种模式及与之相适应的三个发展阶段后[1]，经由20 世纪最后 10 年的变革，在 21 世纪初正式从近现代师范教育转型为当代教师教育。

第一节　研究缘起

改革开放以后，中国教师教育逐渐恢复元气；20 世纪 80 年代以后，

---

[1]　顾明远、檀传宝：《2004：中国教育发展报告——变迁中的教师和教师教育》，北京师范大学出版社 2004 年版，第 93 页。

面对世界教师教育革新大潮,中国教师教育进行了两大变革,面临着"规模数量"到"结构质量"的转型阵痛。

一　问题的发端

(一) 老师教育的迅猛转型

1. 实现了"三级师范—二级师范"转变,教师教育"大学化"发展迅速

如表1—1所示,随着我国师范教育向教师教育的全面转型,中国教师职前培养机构从"高等师范大学/学院"(本科)、"高等师范学院/专科学校"(专科)、"中等师范学校"三级迅速向"高等师范大学/学院"(研究生/本科)、"高等师范学院/专科学校"(专科)二级转变。

表1—1　　中国教师职前培养"三级师范—二级师范"发展基本态势　　单位:所

年份	中等师范	高等师范	其中:本科	其中:专科
1982	908	194	61	133
1987	1059	260	69	191
1992	919	253	77	176
1997	892	232	75	157
2002	430	203	118	85
2007	196	170	125	45

資料来源:教师教育院校布局结构调整规划研究课题,北京师范大学教师教育研究中心,2007。

20世纪90年代以前,教师职前培养几乎成了教师培养的全部内容。1982年,中国师范教育的主体是中小学教师培养,其"主力军"是中等师范学校(908所,占82.3%),高等师范大学/学院合计才有194所,本科层次的培养单位仅有61所。5年后,中等师范学校数量达到1059所,机构数量的比重份额仍超过了80.2%。进入20世纪90年代后,中国比较教师教育研究兴起、教师教育改革走向国际化,特别是国家师范生收费、就业政策的推动,中等师范学校在我国大中城市开始消亡,部分学校被合并或升格为高等职业技术学院,仅有部分农村地区得以保留和发展,其教师职前培养"主力军"的地位被高等师范大学和高等师范学院取代。

从 1992 年开始，中国中等师范学校数量从 919 所，一路降至 2007 年的 196 所，其机构数量的比重份额从超过 80% 降至 53.5%；结合校均招生规模和未来发展要求，中等师范学校在中国已经"失势"。与此同时，中国高等师范大学和高等师范学院的本科层次教师职前培养发展迅猛，其机构数量的比重份额从 1982 年的不足 5.6% 升至 2007 年的 34.1%（超过 1/3）。结合表 1—2 的毕业学生和招收学生数量来综合考量，中国教师职前培养从"三级师范"转变为"二级师范"趋向明显，中国教师职前培养主体已经提升和纳入到大学人才培养的范畴；当前在教师职前培养过程（招生、课程、教学、实践、评价等）中，"师范化"的特征已然淡化，而"大学化"特征更为显著。

表 1—2　　　　　中国教师职前培养基本格局（2007）

层次	类别	院校所数 A	毕业生数 B	B/A	招生数 C	C/A
本科	师范大学*	38	81922	2156	72750	1914
	地方师范学院*	59	92861	1574	94679	1605
	综合大学	70	43096	616	32620	466
	地方综合学院	128	50942	398	77379	605
	教育学院	3	2894	965	0	0
	独立学院	35	5592	160	17184	491
	其他院校	12	2471	206	605	50
	合计	345	279328	810	295217	856
专科	师范大学*	19	16032	844	7810	411
	地方师范学院*	49	39420	804	16287	332
	师范专科学校*	45	45015	1000	47771	1062
	综合大学	28	8998	321	4462	159
	地方综合学院	106	93555	883	39144	369
	高等专科学校	6	2352	392	2268	378
	教育学院	27	13146	487	10974	406
	独立学院	7	1073	153	1434	205
	高等职业学校	102	37829	371	29037	285
	其他院校	21	9074	432	4659	222
	合计	140	266494	650	163846	400

续表

层次	类别	院校所数 A	毕业生数 B	B/A	招生数 C	C/A
中师	中等师范学校	196	58082	296	74664	381
	中等职业学校	241	9152	38	15221	63
	中等技术学校	230	11633	51	18980	83
	成人中专	259	29494	114	31055	120
	职业高中	919	47691	52	70147	76
	其他机构	353	56190	159	44254	125
	合计	2198	212242	97	254321	116

注: *为师范类高等院校。

资料来源:教师教育院校布局结构调整规划研究课题,北京师范大学教师教育研究中心,2007。

2. 实现了"多元参与,开放灵活"的办学格局

如表1—2所示,进入21世纪后中国基本完成了从师范教育向教师教育的历史转型,在历史、文化、经济和政策等诸多因素的共同影响下,中国教师教育逐步走出了一条有中国特色的教师职前培养之路,基本实现了"多元开放"的办学格局。

到2007年,中国教师职前培养基本形成了"本科及以上"、"专科"、"中等师范"三个层次和师范院校、综合院校、体育艺术院校、职业技术院校、独立学院、教育学院、成人院校多方参与的开放办学局面。

(1)中国教师职前培养的主体是师范类高等院校。

从师范类高等院校的培养规格层面来讲,本科教师职前培养的毕业生数和招生数分别达到174783人和167429人,占62.6%和56.7%;专科教师职前培养的毕业生数和招生数分别达到100467人和71868人,占37.7%和43.9%。相对于其他类别和层级的培养机构,师范类高等院校的生均培养规模更大;相比较于专科层面,中国师范类高等院校目前更注重本科及以上教师的职前培养。

(2)中国教师职前培养的配角是综合类高等院校。

中国教师职前培养的开放性主要体现在综合类高等院校参与到教师职前培养。2007年,综合类大学和综合类学院参与本科层次教师职前培养的机构分别为70所和128所,分别占到全部培养机构数的20.3%和37.1%。另外,结合生均培养毕业生数和生均招生数来看,相对于师范类高等院校，综合类高等院校参与本科层次教师培养是较为广泛和零散的。此外，这些院校还参与到专科层次的教师职前培养，尤其是地方综合类大学还成为了这一层次的主力军之一。

（3）中等师范学校"站农村"、"升高职"、"转幼教"继续生存。

从比较教师教育研究的视角来看，欧美部分发达国家经历了几十年、上百年的时间，基本完成了大学办教师教育；长远来看，中国将实现"三级师范"向"一级师范"（高等师范大学）的转变。目前，从国内实情来看，中等师范学校并没有完成它的全部历史使命，其人才培养的特色模式和质量口碑更能满足中国农村地区义务教育师资需求，因而其生均培养规模仍位列中等师范（中专）层次教师职前培养的首位；站在中等师范学校生存的角度来讲，"接地气"式地转向迎合政策和市场需求的"升高职"、"转幼教"、"签订单"仍能够继续地有限发展。

（4）体育艺术院校、职业技术院校、独立学院、成人院校等多元参与。

在本科、专科、中等师范（中专）三个层面，体育艺术院校、职业技术院校、独立学院、成人院校、职业高中、技术学校等培养机构多元参与进来，尤其在专科、中等师范（中专）两个层次，这些机构撑起了中国教师职前培养的"半壁江山"：在专科层次，随着师范类高等院校、综合类高等院校教师职前培养重心的上移以及教育学院的转制，在师范专科学校和地方综合类大学之外，体育艺术院校、职业技术院校、独立学院、成人院校成为了重要的参与力量，其培养机构数占全部的31.7%，毕业生数和招生数分别占到全部的18.0%和21.4%。此外，这些院校还参与到农村和不发达城市的中等师范（中专）层次教师职前培养。

（二）面临由"规模数量"到"结构质量"的转型阵痛

进入21世纪以来，中国教师职前培养面临着诸多问题和困境，概括起来就是：从"规模数量"到"结构质量"的转型问题。

1. 供求关系矛盾和师范毕业生就业问题。

以小学教师为例，2006—2010年社会需求为7.39万人，2010—2020年社会需求为14.13万人；然而2006—2010年我国毕业师范生实际从教人数为16.03万人，高出当期社会需求1.17倍。这样看来，截止到2010年，小学教师专业培养中的大部分师范毕业生将从事非师范或非正式教育职业工作。这种教师职前培养与就业的长期紧张的供过于求的关系已经影响到我国教师教育招生环节:据不完全统计,2011—2014 年,我国教育部直属的 6 所师范大学本科招生分数线均在对应档位"985 高校"、"211高校"均分数线之下,全国大部分省区的本科师范学院招生分数线亦在同批次高校招生分数线的均分数线之下。从发展的角度来看,小学教师的市场需求将在未来几年后显著增长,然而"一流"和"二流"的生源都习惯性地流向了理工科和综合性高校,教师职前培养的对象不再优秀,教师职前培养面临着后续优质生源短缺和优质师资需求增长的深层次供求问题。

2. 专科和中专层次院校师范生综合素质下降,本科及以上层次教师职前培养不能较好地满足社会需求。

受到 20 世纪 90 年代高等教育扩招、师范教育收费并轨、取消分配以及教师教育"大学化"和"开放化"影响,绝大多数城市和部分农村地区的中等师范学校和高等师范专科学校被迫取消、合并或转型,其办学规模、办学环境、办学生态相对于 20 世纪七八十年代和 90 年代前期发生了深刻变化——由"主阵地"变为"辅渠道",随着我国教师教育办学目标和质量要求的提升,这些院校招生受到高考批次线和教师培养开放竞争格局的深刻影响,导致其综合素质和人才培养水平明显下降。

比较而言,师范类和综合类高等院校的师范生生源水平更高,然而受制于我国大学"粗放化"、"理论化"、"应付化"、"照搬化"办学体制和模式,中国一部分师范类和综合类高等院校培养出来的"高层次"教师并不能较好地满足地方社会的实际需求。一些学者将他们的不足概括为:"眼高手低"、"智商高情商低"、"理论强于实践"、"好高骛远"、"脱离实际",等等。这些教师甚至不如中等师范(中专)层次教师在教学业务、专业发展、人际交往等方面熟练、灵活、受欢迎,凸显出我国"高层次"教师职前培养质量保障方面存在亟待解决的问题。

3. 教师教育人才培养与机构资质缺乏质量标准,非师范院校无序参与的问题突出。

1996 年、1999 年国家相继颁布了《关于师范教育改革和发展的若干意见》、《关于师范学校布局结构调整的几点意见》和《关于深化教育改革全面推进素质教育的决定》,正式提出要构建开放多元的教师教育体系。2000—2010 年期间,由于缺乏国家层面或地方政府层面的教师职前培养质量标准和评价体系，缺乏教师职前培养的质量保障规范和准入门槛，一些办学资质、办学水平并不具备的非师范院校出于成本和利益的考虑纷纷加入教师职前培养，尤其在专科和中等师范（中专）层次的教师职前培养，无序参与、无序竞争的问题非常突出。

在中等师范学校急剧萎缩的情况下，职业高中学校、成人中等专业学校、中等职业学校、中等技术学校、分校与教学点等非师范院校机构承担起了部分中等师范学校培养专科和中等师范（中专）层次教师的任务，在中等师范（中专）层次内其毕业生数、在校生数和招生数都位居前两位。然而，这些非师范院校机构没有开展教师职前培养的经验和专门师资，办学理念滞后、办学经费不足、办学条件不达标、生源质量较差——这种局面"与新世纪以来我国提高教师教育质量，培养理论与实践相结合的优秀教师趋势相去甚远"①。

4. 教师职前培养的办学经费投入相对不足。

在我国，教师职前培养机构的办学层次普遍不高，办学经费的政府拨款相对有限，加之生源的家庭收入普遍偏低，造成了我国教师职前培养的办学经费有限，投入相对不足。

在师范院校，由于追求办学规模、办学效益和办学评价上的"高、大、全"，以北京师范大学为代表的部属高水平师范大学已经全部转型为综合性院校，在这些院校中，教师职前培养的绝对核心地位一再削弱；其他地方师范院校的经费来源较为单一，尤其是经济欠发达地区的师范院校投入不足已成为常态。

在非师范的综合性院校和专科学院，由于师范生学杂费收入相比非师范生学杂费收入偏低，生活补助及其惯性需求偏高，甚至师范生中贫困生的比例仍相对较高，使得这些院校办学资源紧张、办学积极性受到影响，院校层面对于教师职前培养的办学经费投入相对不足。

二　研究的目的

一国之人才，源于一国之师范；作为教育和人才培养工作母机的教师教育强，中国未来的科学技术、综合国力、社会发展才能真正屹立于世界

---

① 朱旭东、胡艳：《中国教育改革30年（教师教育卷）》，北京师范大学出版社2009年版，第99页。

民族之林。然而，中国教师教育及其职前培养的质量水平在现代教育改革的浪潮中已有愈来愈弱的趋向（譬如不能吸引一流生源、报考人数持续下降、师范生就业和转型困难、师范院校及教师教育专业逐渐"边缘化"、教师职业缺乏专业认同、教师教育工作者缺乏成就感等），解决这一问题的相关研究工作已刻不容缓。

针对我国教师教育转型过程中出现的上述问题和困难，本书基于发达国家教师教育发展经验和质量评价标准，以中国教师职前培养的"质量评价标准因素"为切入点，试图通过科学调研和比较分析，构建符合我国质量评价的标准化模型，找到现实条件下我国教师职前培养利益相关者（师范生、社区、大学、中小学用人单位等，主要是师范大学生和用人单位）的关注点，着重聚焦教师职前培养质量提升的关键点和差异点，为我国教师教育现代化转型关于职前培养质量层面和教师教育质量工程的改革实践提供一定的数据资料、政策咨询和报告分析；以"满足性"作为质量研究的侧重，以社会需求和个体需求的满足程度作为判断标尺，对于教师职前培养主体提供的教育服务质量的现有水平、保障手段、提升空间、可行标准和价值需求进行系统研究。本研究侧重于为建立教师职前培养质量评价的内部保障与外部监控"一体化"机制进行路径关系分析，并进一步构建相关质量评价指标因子和结构方程模型，指导其在中观框架操作层面上的探索和应用。

简而言之，本研究期望通过资料分析、比较研究和调查研究，对我国教师教育转型过程中职前培养质量的现状、问题、要点（难点、突破口、关键点）进行综合分析，在此基础上建构质量定位分层的教师职前培养结构方程模型，通过模型研究和验证，用更简洁和直接的图示表达影响我国教师职前培养质量的各层次要素之间的相互关联、关系、运作动力和运作路径，从而分析和回答我国教师职前培养质量标准构建"困难在什么地方"以及"建立什么样的标准框架去解决"。

三　研究的意义和价值

教师职前培养是一个值得国家教育战略长期关注的主题。教师职前培养不仅关系到师范生个人的人生发展和身心幸福，还关系到地方和社区的基础教育师资质量水平，关系到国家和民族人才培养的未来可持续，也关系到教师教育工作者和研究者自身的专业追求和职业满足。

理论价值：已有的教师职前培养质量及其标准化的相关研究主要从国家和社会对师范生群体素养和能力需求的视角，对教师职前培养质量的发达国家的文本经验进行了比较和归纳；本研究立足新世纪中国教师教育的实践，主张站在利益相关者的多元视角，着重弥补我国相关研究对教师职前培养机构提供的教育服务质量评价上的缺失；基于"教师成长"、"个性发展"理论及教师个体成长在职前教育阶段的内在价值需求，在合理借鉴管理学中质量经济学理论分析方法和分析框架的同时，力求在教师职前培养"综合质量 ＝ 支持质量 ＋ 核心质量 ＋ 特色质量"的概论界定、供需分析、分层评价、模型建构、路径研究等方面有所突破，在相关研究中针对教师职前培养质量评价的标准化研究内容、研究视角、研究方法和路径框架上有所贡献。

应用价值："国将兴，必重学而贵傅。"本研究立足于当前教师教育发展的时代需求，其应用主要体现在：

一方面，教师职前培养质量评价标准化模型（评价体系）研究不仅是确保我国基础教育师资队伍建设和质量保障的必要前提，更是从标准化政策供给方面推进有中国特色教师教育发展的充分保障；本研究提出将教师职前培养按照政府定位至少分为"大学/学院"两个层次，构建的教师职前培养质量评价的"通用模型"、"大学类模型"、"学院类模型"针对我国教师职前培养机构的现状，揭示了两类不同层次定位培养机构的人才培养质量运作的一般动力系统和路径演进情况，为下一步出台有针对性的具体质量评价或保障标准，实施质量分层评价和教师人才培养的专业评估奠定了框架性的基础。

另一方面，进入新世纪后，中国教师教育充分走向注重以"质量和结构调整"为主取代以"数量和外延增长"为主的"内涵式"发展的道路，师范院校人才培养和中小学师资队伍建设迫切需要加强联系和提升质量；本研究对促进我国教师职前培养建立内在标准、规范以及外在监控、引导，满足国家、社会和用人单位对高质量新教师的培养、引入、发展系列改革的外部需要以及师范生个体教师专业成长的内在需求都具有一定的实际应用价值。

第二节　核心概念

一　教师教育与职前培养

教师教育（Teacher Education）在《教学和教师教育国际百科全书》（The International Encyclopedia of Teaching and Teacher Education，1987）、《教师教育研究手册》（Handbook of Research on Teacher Education，1996）等专业权威工具书中被定义为涵盖"职前培养"（Pre–service Programs）、"入职教育"（Induction Programs）和"职后培训"（In–service Programs）三个阶段的培养和发展的连续统一体（A Continuum of Teacher Preparation and Development）。[①] 通俗地讲，教师教育的内涵进一步释义为：为了未来教师在知识、技能、态度、行为等方面能够适应当时有效的课堂教学、学校乃至社区的教育而出台的一系列的培养和发展策略。

教师教育是基于 20 世纪 70 年代开始风行全球的终身教育思潮而对旧有的师范教育（Normal Education）概念内涵和外延的扩展。在我国，教师教育的概念在文本界定上与师范教育的概念几乎是同义语，即培养师资的专业教育；然而在实际执行过程中，师范教育更侧重职前教育而忽视了入职教育和职后教育。20 世纪 90 年代教师教育概念被学者引入我国教育研究领域，2001 年 5 月颁布的《国务院关于基础教育改革与发展的决定》首次以政府公文的形式明确提出了这一概念并拉开了中国教师教育改革的序幕。教师教育改革是中国师范教育内涵和外延拓展的必由之路，是教师培养重心由规模转向效益、由数量转向质量、由职前转向一体化的重要转折。

转折中，我国教师教育研究者、管理者和实践者进行了卓有成效的积极探索，收集了大量发达国家教师教育发展的历史文献，系统分析和比较了典型国家的教师教育专业化、标准化和质量化过程中的有益经验和失败教训，在我国北京、上海等大中城市开展了教师培养模式、策略和行为养成等多项研究和实践。经过 10 余年的探索，我国教师教育改革的生态圈已基本成型。

---

① 全美教师教育认可委员会 1993 年提出教师教育是一个教师培养和发展的连续统一体，即教师教育一体化思想。

　　如图1—1所示，我国教师教育改革的基本方向和理想目标已经确立，改革发展的主体及其生态结构关系亦已清晰，改革思路和发展路径的蓝图描绘也已基本完成。目前，迫切需要解决的问题集中在效益评价和质量控制的生态支持层面，迫切需要落实教师教育顶层设计，实现教师专业一体化实践的有效运作。

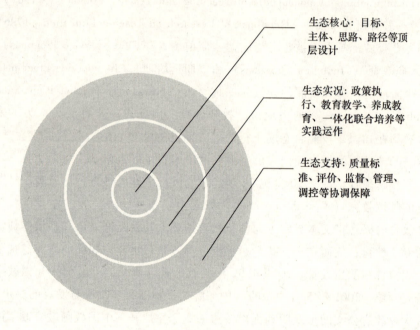

生态核心：目标、
主体、思路、路径等顶
层设计

生态实况：政策执
行、教育教学、养成教
育、一体化联合培养等
实践运作

生态支持：质量标
准、评价、监督、管理、
调控等协调保障

图1—1　教师教育改革生态圈

　　教师职前培养是教师教育三个阶段中的第一个阶段。教师职前培养是指在第二级教育毕业的起点上，对愿意报考成为教师的师范生进行教师专业知识、专业技能和专业品质的培养，使其成为具备教师资格和教师水平的准教师。2000年以后，世界教师职前培养大多位于高等教育学段，是在大学或专门学院的教育部门中开展的本科及以上学历层次的专门教育。教师职前培养阶段主要在专门的教师培养机构中展开，利益相关方譬如专业发展学校（中小学）、家庭、社区、地方教育管理部门配合其培养。

　　教师职前培养阶段是教师教育的重要阶段，在这一阶段中，具有教师职业愿景的师范生通过接受专业化、专门化的教师人才培养的教育教学活动，为他们形成教师基本品质和基本的知识、技能奠定基础——这一基础的好坏不仅影响师范生演进成为合格的准教师,进而顺利应聘成为合格的新教师,而且对他们入职教育和职后的专业发展都将产生强烈的连锁影响。毫不夸张地讲,教师职前培养阶段不仅决定了师范生成为教师的基本品质,同时也在一定程度上决定了他们成为教师后的教育态度、发展动力和教育教学水平。

二　质量及质量评价

如前所述,教师教育是在终身教育影响下,以教师专业发展的视角开展的教师培养、入职和在职一体化教育连续体。教师教育的质量评价是对教师培养全过程的质量进行的主客观评价。这里有一组核心词汇需要阐明,即"质量"、"教育质量"与"质量评价"。

(一)质量与教育质量

1. 质量

质量是一个重要的属性,《现代汉语词典》将其内涵表述为:"一是指物体里所含物质的多少;二是指产品或工作的优劣程度。"① 美国著名的质量管理专家朱兰(J. M. Juran)从顾客的角度出发,提出"产品质量就是产品的适用性",即产品在使用时能成功地满足用户需要的程度。美国质量管理专家克劳斯比(P. B. Crosby)从生产者的角度出发,曾把质量概括为"产品符合规定要求的程度"。美国的质量管理大师德鲁克(P. F. Drucker)认为"质量就是满足需要"。全面质量控制的创始人菲根堡姆(A. V. Feigenbaum)认为,产品或服务质量是指"营销、设计、制造、维修中各种特性的综合体"。国际标准化组织(ISO)颁布的ISO8402标准也对"质量"进行了界定,指出质量反映实体满足明确或隐含需要能力的特性总和。ISO9000:2005《质量管理体系基础和术语》中对质量的定义是:一组固有特性满足要求的程度。这一界定反映出质量是一种客观存在的物质特殊属性,它引起人们关注,并由此引发人们对这些固有特性的主观满意度产生判断和评价行为。进一步剖析上述界定不难发现:(1)在合同环境中,顾客的需要是规定的,而在其他环境中,隐含需要则应加以识别和确定。(2)在许多情况下,顾客的需要会随时间而改变,

---

① 参见中国社会科学院语言研究所词典编辑室《现代汉语词典》,商务印书馆2012年版,第1679页。

这就要求定期修改规范。

综合上述质量管理专家的观点，"质量"这一定义有两个方面的含义，即使用要求（适用性）和满足程度（符合性）。

人们使用产品，总对产品质量提出一定的要求，而这些要求往往受到使用时间、使用地点、使用对象、社会环境和市场竞争等因素的影响，这些因素变化，会使人们对同一产品提出不同的质量要求。因此，质量不是一个固定不变的概念，它是动态的、变化的、发展的；它随着时间、地点、使用对象的不同而不同，随着社会的发展、技术的进步而不断更新和丰富。

用户对产品的使用要求的满足程度，反映在产品的性能、经济特性、服务特性、环境特性和心理特性等方面。因此，质量是一个综合的概念。它并不要求技术特性越高越好，而是追求诸如性能、成本、数量、交货期、服务等因素的最佳组合，即所谓的最适当。

2. 教育质量

与产品质量类似，教育质量更多地表现为一种价值（而不是实体）存在，它是通过作为价值判断的教育质量观或质量标准表现出来的。在不同的发展阶段，教育具有不同的质量和质量观。

以高等教育为例，安心（1997）在其《高等教育质量的界定初探》[1]一文中将国内外学者专著对质量的内涵区分为："不可知论、产品质量观、达成度观、替代观、价值哲学观、外适应观、绩效观、内适应观、准备观。"在此基础上，她将教育质量界定为："教育满足现在和未来特性的总和。"潘懋元（2000）在《高等教育大众化的教育质量观》[2]一文中引用《教育大辞典》中对"教育质量"的解释，指出教育质量是"教育水平高低和效果优劣的程度"，这种特征"最终体现在培养对象的质量上"，其衡量的标准是"教育目的和各级各类学校的培养目标"。赵蒙成和周川（2000）的研究首先从"质量"的本源——产品质量出发，对"质量"的六种属性即独特而优秀、标准规格性、适切度、目标有效性、需要满足程度、实用程度进行了分析。[3] 在此基础上，他们认为高等学校

---

[1]　参见安心《高等教育质量的界定初探》，《辽宁高等教育研究》1997 年第 2 期。

[2]　参见潘懋元《高等教育大众化的教育质量观》，《江苏高教》2000 年第 1 期。

[3]　参见赵蒙成、周川《高等教育质量：概念与现实》，《江苏高教》2000 年第 2 期。

的三大职能是高等教育质量区分为教学质量、科研质量、社会服务质量的前提;而高等教育全面质量的外延包括教育目标质量、教育过程质量、教育制度质量、教育设施质量和教育产品质量五个维度。

我国学者运用辩证唯物主义和历史唯物主义、科学发展观等方法论对当下我国高等教育大众化阶段的"质量"进行了系统研究。潘懋元①(2000)、张应强②(2001)、别敦荣③(2001)、龚放④(2002)、韩映雄⑤(2003)、周泉兴⑥(2004)、胡建华⑦(2005)、刘尧⑧(2006)、钱军平⑨(2008)等学者对国内外高等教育在不同发展阶段的质量观进行了概括和总结。他们的研究对我国高等教育大众化背景下的高等教育质量存在什么样的质量观、需要什么样的质量观进行了归纳和剖析。这些学者认为,大众化阶段高等教育的质量标准不同于精英阶段高等教育的质量标准:前者是多元多样性的,后者则是高度统一的;大众化阶段高等教育的质量标准的核心是受教育者的个体进步与发展,而精英阶段高等教育的质量标准的核心是为国家和社会重点建设培养精英人才。他们对大众化阶段高等教育质量观的内涵进行了剖析,他们认为:

第一,在高等教育大众化进程中,高等教育发展的基本矛盾是群众日益增长的高等教育需求与高等教育质量保证之间的矛盾。

第二,我国大众化阶段的高等教育质量观应当是基于符合受教育者身心健康发展、符合高等教育内外部规律的价值判断。

第三,大众化阶段高等教育质量观具有适应性、发展性、多样性、整体性的内在价值特征。

综上所述,教育质量作为质量内涵里的特殊领域,存在于教育发展阶段化的某一进程中,表现为与教育产出与社会需求博弈的有机统一;

---

① 参见潘懋元《高等教育大众化的教育质量观》,《江苏高教》2000 年第 1 期。

② 参见张应强《高等教育质量观与高等教育大众化进程》,《江苏高教》2001 年第 5 期。

③ 参见别敦荣《论发展大众高等教育及其质量保证》,《辽宁教育研究》2001 年第 1 期。

④ 参见龚放《高等教育多样化进程与质量观重构》,《全球教育展望》2002 年第 1 期。

⑤ 参见韩映雄《高等教育质量精细研究》,博士学位论文,华东师范大学,2003 年。

⑥ 参见周泉兴《高等教育质量标准:特征、价值取向及结构体系》,《江苏高教》2004 年第 1 期。

⑦ 参见胡建华《高等教育价值观视野下的高等教育质量》,《高等教育研究》2005 年第 11 期。

⑧ 参见刘尧《西方高等教育质量观及评估综述》,《开放教育研究》2006 年第 1 期。

⑨ 参见钱军平《中国高等教育质量的困境及出路》,《江苏高教》2008 年第 3 期。

教育质量是学校培养人的活动的质的属性，它表现为教育目标、内在规律和教育需要等标准之间的达成度。从外延结构上来讲，教育质量可以按照培养机构的职能结构和组织结构两个维度分别划分为学校人才培养质量、科研质量、社会服务质量等维度或划分为教育制度质量、教育办学设施质量、教育管理质量、教育执行质量、教育关怀质量等外延结构。

（二）质量评价

质量评价是针对质量的评价活动。评价是指通过观察、计算、咨询等手段对某一对象进行一系列的复合分析研究、估量、比较，从而确定对象的状态或价值的一种专门活动。评价的活动过程是评价主体对评价课题的观察、研究和判断的一体化复合的分析过程；本质上，评价是人的大脑对事物或活动的综合分析和判断的反映——这一分析和判断的前提是基于某一质量评价标准或指标体系的。评价的活动是系统的，其基本逻辑展开的程序和步骤是：（1）确立评价标准；（2）决定评价情境；（3）设计评价手段；（4）利用评价结果。一般认为，评价活动具有诊断功能、导向功能、激励功能和鉴定功能，评价活动的价值收益和成本耗费之间不存在显著的线性相关，其价值收益与评价活动的客体对象、质量目标（标准）、活动设计、执行效率显著相关。

显然，质量评价本质上是一种对价值判断的综合分析的复杂活动。针对评价客体某一方面的价值（如准确性、实效性、经济性或者满意度）开展的观察、度量（量化过程、非量化过程或综合分析过程）、咨询、研究的系列活动，有经过科学研究后制定的运用标准（criteria），将观察研究的结果比照运用标准，最终得出一个可靠的并且逻辑明确的结论。

如前所述，教师教育是教育形态的一种，是培养教师这一特殊人才的专门教育。在教师教育的职前培养阶段，其质量评价的客体是教师职前培养机构在大学四年或对应时间段里提供的教育服务；质量评价的主体则是这种教育服务供给到的利益相关方——国家、社会、用人单位和师范生（及其家庭）个体，其中师范生个体全程参与和享用了这种服务，对服务的质量评价最具有说服力。换句话讲，教师职前培养的质量评价集中体现为："师范生—准教师"这一群体通过相关的人才培养服务是否达到了国家培养目标和社会、用人单位实际需求尤其是师范生个

体专业发展要求,或达到的满意程度。由此可见,本研究关注的主题
——教师职前培养质量评价是对教师培养起始阶段的培养机构提供的教
育服务的适用性和符合性的综合或具体表述,是针对教师培养的需求方
或利益相关方对教师教育的供给方的教育服务是否适用并符合某些客观
需求的主观价值判断。

现实中,教师职前培养已经上升到高等教育的层次,因而高等教育
质量内涵所具有的多样化、发展化、时代性等显著特征也同样适用于教
师职前培养的质量。

从结构上讲,高等学校教师职前培养质量表现为教师教育人才培养国
家目标的符合度(内在维度)和社会需要、师范生个体需求的符合度
(外在维度)。

从个体资本存量和转化的视角来看,教师职前培养质量作为高等学校
服务质量的核心,既包含了相关高等学校人才培养的成本支出所产生的,
作用于个体微观视角的人力资本存量和结构的增长和优化;同时也包含了
相关高等学校管理活动对校园环境的人化、物化所积累的,作用于师范生
个体层面的文化资本存量和结构的积累和改善。

从实践的角度看,国内外对高等学校教师职前培养质量的评价方式主
要有三种:

一是以教育督导评估为主要目标,政府相关职能部门或第三方采用合
格评估参照量化的方式对高等学校的教师职前培养进行过程观察、成果检
验、学生访谈、条件评估和问题督促。

二是以服务学生、家长和督促高校发展为主要目的,民间专门研究者
或专业机构研究者采用绝对量化指标和相对量化指标相结合方式对高等学
校的教师职前培养产出质量水平进行分等分类排行。

三是以开展院校研究、解决实际问题、促进院校发展为目的,高校内
部专门科研管理人员运用数据库和外部评价数据比较分析教师职前培养单
位近年来教学、管理、财务、发展业绩,形成问题研究专题报告或发展报
告的自我管理评价。

这三种评价手段各有优劣,它们侧重于从不同质量指标视角对高校教
师职前培养质量进行评测。

测评高校教师职前培养质量的常见观察指标如表1—3所示。

表1—3　　　　　　　高校教师职前培养质量的常见观测指标

	内部观测指标集	外部观测指标集
显性指标	教师的教学、科研产出	大学的品牌（生源吸引力、知名度）
	大学生对教学及学校管理态度	大学的综合排名
	大学生的就业发展情况	大学的网络搜索度
	大学生的教学科研产出	大学杰出校友
	大学生对大学学习生活满意度	大学生对母校的捐赠情况
隐性指标	高校教师的能力和态度	大学人才培养质量的发展程度
	高校教学科研管理水平	雇主对大学人才培养的评价
	高校组织成本运作效率	大学生工作后的职业能力水平
	办学理念、历史文化传统	大学生社会流动水平
	办学品牌与特色	大学生收入（毕业后工资）

　　进入大众化阶段之后，已有的各种类型的高校教师职前培养质量的考核指标正逐渐朝着多元评价、相对评价、绩效评价、发展评价的方向转变。综观已有研究的指标设置，其中对高校人才培养（产出）质量的观察变量主要来自以下几个方面：第一，高校教师能力、水平和态度；第二，高校教学科研管理水平；第三，学生就业、收入和社会地位；第四，（用人单位）外界的评价评估；第五，内外部的质量奖励或其他。按照观测对象与高校的位置关系以及观测的难易程度，可以将这五大类指标概括划分为显性与否和内部与否两个观测维度。

三　模型与标准化评价模型

　　模型（Model）是指：（1）依照实物的形状和结构按比例制成的物品，多用于展览或实验；（2）铸造中制砂型用的工具，大小、形状和要制作的铸件相同；（3）用压制或浇灌的方法使材料成为一定形状的工具；（4）用数学公式或图形等显示事物的抽象结构或系统。[①] 模型的外延多种多样，可以按照不同的分类方法进行分类。一般按照其表现形式可以分为物理模型、数学模型、结构模型、仿真模型等。

　　本研究中所使用的结构方程模型（Strucural Equation Model，SEM）属

---

① 参见中国社会科学院语言研究所词典编辑室《现代汉语词典》，商务印书馆2012年版，第913页。

于数学模型（Mathematical Model）的一种；结构方程模型是建立在结构方程分析（Strucural Equation Analyse，SEA）基础之上的。结构方程分析是20世纪80年代后期出现的一种弥补传统分析方法如多元回归分析等"难以同时处理多个原因与多个结果之间的关系，或者会碰到不可直接观测的变量（潜在变量）"①的新的解决方法。建立在SEA基础上的结构方程模型能够同时处理多个直接变量和潜在变量，并将传统的探索性因子分析拓展为验证性因子分析——可以提出一个特定的因子结构，通过验证分析和多组分析分析其拟合优度（与真实数据的吻合度），还可以了解不同组别间直接变量和潜在变量是否保持不变或它们之间是否存在显著差异。

结构方程模型的验证分析主要包括方差分析、回归分析、路径分析（Path Analysis）和因子分析。在结构方程模型分析中路径分析基于"相关蕴含因果"的分析理念，即"透过适当的程序与分析，配合假设检验，可以推导出因果结论"②。结构方程模型中各因子之间的路径系数解可以分为标准化回归系数估值（Standardized Estimate）或非标准化回归系数估值（Unstandardized Estimate）。前者与后者的不同在于：正常情况下由于加入校正指数将标准化回归系数解的绝对值控制在0—1之间。③ 其中解的结果导出为标准化系数的结构方程模型路径图（the output path diagram），通常简称为标准化SEM模型。

综上所述，本研究中的标准化评价模型特指：

（1）技术上，利用标准化回归系数估值分析得出教师职前阶段教师人才培养质量评价的结构方程模型。

（2）实质上，面向国内教师职前培养质量评价的，具有一定信度、效度和政策权威的框架性（最核心、指导性）基本标准。

第三节　研究思路

一　研究思路与分析框架

1962年，美国著名的科学哲学思想家库恩（Thomas Kuhn）在其经典

---

① 参见侯杰泰等《结构方程模型及其应用》，教育科学出版社2007年版，序，第1页。

② 参见邱皓政、林碧芳《结构方程模型的原理与应用》，中国轻工业出版社2012年版，第199页。

③ 参见吴明隆《结构方程模型》，重庆大学出版社2014年版，第125页。

著作《科学革命的结构》一书中首次系统阐述了范式（Paradigm）结构理论；此后的 50 年里，人文社会科学研究者将范式理论奉为圭臬。库恩将"范式"界定为"一个共同体成员所共享的信仰、价值、技术等的集合"；在此基础上，科学的革命被演绎为"范式的转换"。通俗地讲，范式是指一般科学所赖以运作的理论基础和实践规范，是从事某一科学的研究者群体共同遵从的世界观和行为方式。库恩还指出："按既定的用法，范式就是一种公认的模型或模式……我采用这个术语是想说明，在科学实际活动中某些被公认的范例——包括定律、理论、应用以及仪器设备统统在内的范例——为某种科学研究传统的出现提供了模型。"① 在库恩看来，范式是一种对本体论、认识论和方法论的基本心理模型，是科学家群体共同接受的一组假说、理论、准则和方法的总和。

玛斯特曼（Masterman，1965）对库恩范式理论结构进行了系统的考察，其指出形而上学、社会学、人工构造是其范式理论的三个结构层面。何菊玲（2009）借用这个学说，指出教师教育范式的基本结构也包括形而上学、社会学、人工构造三个层次，并指出当前我国教师教育改革需要从"工具理性"（知识本位、能力本位和专业标准本位）走向"交往理性"（批判反思、校本培训和教师专业发展）。在谈及工具理性的教师教育范式的危机时，何菊玲列举了三个要点：第一，教育理论与实践脱节；第二，科学与伦理的背离；第三，实证研究方法的独断。② 在她看来，两种范式背后的教育观即由"专家共同体"走向"交往共同体"是教师教育范式中的研究视野、研究思路、研究方式、研究方法的决定力量。

阿兰兹（Richard Arends，2007）指出，21 世纪的新教师的教育教学至少面临着以下七个方面的挑战：多元文化社会中的教学、为意义建构而教、为主动学习而教、问责制下的教学、教学面临多样选择、以新的视角定义有关能力、教学与新技术结合。③ 因而，教师职前培养阶段是师范生和准教师成为时代多元需要的特定角色的预备过程，在这一过程中"师

---

① 参见［美］库恩《科学革命的结构》，金吾伦、胡新和译，北京大学出版社 2012 年版，第 8—11 页。

② 参见何菊玲《教师教育范式研究》，教育科学出版社 2009 年版，第 101—111 页。

③ 参见［美］阿兰兹《学会教学》，丛立新等译，华东师范大学出版社 2007 年版，第 8 页。

范院校提供的教育实践课程是他们不断习得与教师有关的角色期望和规范的社会化过程，也是准教师逐渐形成教育实践知识和智慧的过程"①。

20 世纪 90 年代后期，准教师的专业社会化问题研究开始升温。在美国教育社会学家沃勒尔（Waller, W.）在其《教师如何教学：专业类型的决定因素》中首次提出"教师专业社会化"概念后，教师专业社会化研究开始分化为三种主流研究范式：功能主义（Functionalist）传统、诠释主义（Interpretive）传统、批评主义（Critical）传统。② 西方学者福勒（Fuller）、F. 勒西（Lacey, C.）、罗森伯格（Rothenberg, J.）和哈默（Hammer, J.）等人具体研究了准教师专业社会化过程的关注内容、心理感受和经验发展：福勒将准教师社会化过程中关注的内容划分为"任教前"阶段（关注自身）、"早期生存"阶段（关注教学任务）、"教学情境"阶段（关注学生学习）和"关注学生"阶段（关注自身对学生的影响）；勒西将准教师参与教师职前实习的过程心理分为"蜜月"期、"寻求资料与方法"期、"危机"期、"学会应付或遭受失败"期——类似的还有雷文（Reven, F.）等人提出的"预期"、"预期幻灭"、"重新界定"、"专业投入"、"预期更新"的五阶段说；③ 罗森伯格等人运用现象学分析，勾勒出准教师社会化经验发展的五个基本阶段，即"融入"、"调整"、"扩展"、"分析"和"自主"。在此基础上，张原平（1996）指出，教师职前培养阶段的职责是为准教师的专业社会化做好充足的准备。通过供给准教师必要的专业知识、专业技能和社会活动能力，塑造教师职业道德品质来影响准教师的教育观念和自我理念，在此基础上形成准教师个性化的社会预期角色的行为。④

在借鉴库恩"范式转换"理论和何菊玲等人关于教师教育改革需要从"工具理性"范式转换为"交往理性"以及教师专业的"社会化"理论的基本思想，采用综合分析框架和"问题—策略—模型—创新"的研究思路（见图1—2），按照质量经济学中"质量成本"的理论思路界

---

① 参见刘维俭、王传金《教师职前教育实践概论》，南京师范大学出版社 2006 年版，第 15 页。

② 参见杨秀玉、孙启林《实习教师的专业社会化研究》，《外国教育研究》2007 年第 11 期。

③ 参见 Reven, F., Cartwright, C., et al., "Development Phases of Preservice Secondary Teachers", *Journal of Instructional Psychology*, Vol. 24, No. 4, 1997, p. 240.

④ 参见张原平《关于现代教师专业社会化问题的探讨》，《天津大学学报》1996 年第 1 期。

定本研究的核心概念，引入管理学中"标杆管理"的分析框架，在参照美国、英国、法国、德国等西方发达国家教师职前培养质量评价（要素、框架、标准）的前提下，首先深入一线调查了解教师职前培养质量的现状和困境以及质量评价的现实需求；在此基础上对我国已有的"能力簇"、"素养簇"、"文化簇"三种主流质量评价因子集合进行筛选和补充，运用结构方程模型（SEM）对基于湖北、湖南和浙江地区师范院校学生和中小学校管理者的调查进行 SEM 数据建模，并通过路径分析和相关系数检验分析该模型对于不同定位层次、服务地区观察样本的适用性和兼容性；最后根据实验研究结果对教师职前培养质量评价的因子模型及其使用情况进行结论性说明，对我国教师职前培养质量（侧重于教师教育实施机构）评价的症结、关键和要素体系，提出合理的改革和实践建议。

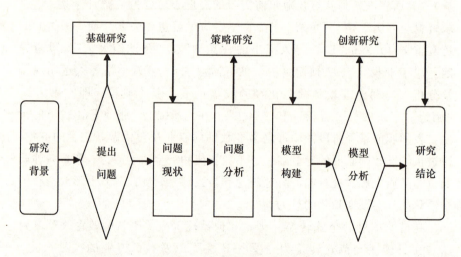

图 1—2　本书研究的思路流程

二　标准框架与研究内容

我国学者（朱旭东等，2011）对教师教育质量评价标准框架进行了研究和概括：（1）教师教育质量评估标准至少可以分为教师教育机构质量评估标准、教师教育课程质量评估标准、教师教育教学质量评估标准和教师教育人才培养（候选教师）质量评估标准四类；（2）第一类标准（机构）：包括对教师教育生态环境、教师教育物质资源与管理、教师教育人力资源与管理、教师教育方案与规划四个方面的质量评估子标准的构建；（3）第二类标准（课程）：包含对教师教育终身学习的课程理念、教师教育实践趋向的课程理念、教师教育儿童为本的课程理念三个方面的质量评估子标准的构建；（4）第三类标准（教学）：包含对教师教育教学素质、教师教育教学态度、教师教育教学组织与方法、教师教育教学效果四个方面的质量评估子标准的构建；（5）第四类标准（候选教师）：包含对候选教师专业沟通能力、候选教师专业特质、候选教师专业知识、候选教师专业技能、候选教师个案分析五个方面的质量评估子标准的构建。[①]

本研究的主体内容与上述第四类标准较为接近，教师职前阶段人才培养质量评价标准相对于这里的教师候选人质量评估标准而言区别在两个方面：第一，本研究限定了职前阶段这个研究环节；第二，本研究中的评价概念是评估概念的上位概念，因而子标准的构成基于上述第四类标准更为多元宽泛。

本研究认为：

（1）教师职前培养质量评价有内部和外部两个维度，两者共同构成了教师职前培养质量评价的有机整体。教师职前培养质量评价的内部维度是其人才培养的国家意志规定，体现为教师职前培养的国家政策、方针和培养目标，尤其聚焦于教师职前培养的国家标准、课程目标和结构；教师职前培养质量评价的外部维度是其人才培养的社会价值和个人体验的诉求，体现为社会专业组织、相关部门以及受教育的师范生对其培养过程和结果的评价反馈，尤其汇集于教师职前培养的专业标准、专业评价指标体系、教育测量和评估结果。

（2）教师职前培养质量评价的标准化体系划分是多元的。既可以按照研究对象（教师职前培养机构及其培养的准教师）的定位层次、所在区位进行分层，也可以针对同一研究对象按照不同标准参照水平进行区分，见图1—3。

---

① 参见朱旭东、李琼等《教师教育标准体系研究》，北京师范大学出版社 2011 年版，第245—246 页。

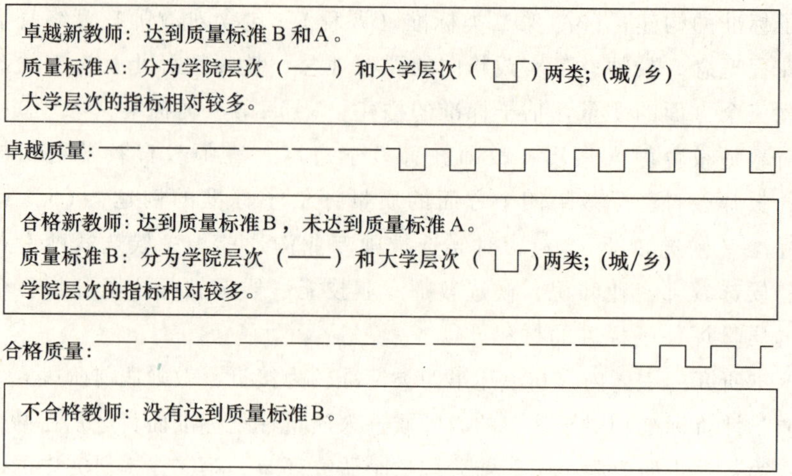

卓越新教师：达到质量标准 B 和 A。
质量标准A：分为学院层次（——）和大学层次（⊓⊔）两类；（城/乡）
大学层次的指标相对较多。

卓越质量：

合格新教师：达到质量标准 B，未达到质量标准 A。
质量标准B：分为学院层次（——）和大学层次（⊓⊔）两类；（城/乡）
学院层次的指标相对较多。

合格质量：

不合格教师：没有达到质量标准 B。

图 1—3　本研究的质量评价标准体系示意图

本研究将从教师职前培养教育服务需求的视角，按照师范生培养质量评价"共性因子"＋"个性因子"的辨识模式以及国外教师教育领域标杆"质量评价＝外部'绩效质量'评价 ＋ 内部'需求质量'评价"的设计模式，对于样本省抽样地区 4—6 所师范院校及其师范生主要就业中小学校（主要是小学）的教师职前培养的现状、需求、不足、测评等情况进行基于实证调查的资料收集和系统分析，并选取两类典型样本（部属师范院校与省属师范院校）进行人才培养内部质量及其标准化保障评价指标的比较、选择、建模、验证和操作性修正。整体而言，本研究的具体内容有：

（1）调研分析某地区教师职前培养质量现状。（主要了解小学教师职前培养的质量现状）

（2）调研分析用人单位对师范生质量评价指导因子的结构方程模型。（基于社会和用人单位的外部需求并探索标准）

（3）比较归纳部属师范大学与地方省属师范院校在该标准化模型的差异或分层。（考量兼容性、设计分层评价标准）

（4）实践考察评估该质量评价标准化 SEM 模型的可操作性。（考量模型解释力、改进的操作性并评估利益相关方的合理建议）

限于研究目标和研究精力，本研究侧重于小学教师职前培养，主要研究不同定位层次（大学/学院）的教师职前培养合格新教师的质量评价标准模型及其现代化体系。本研究仅针对教师职前培养质量评价的第一个程序步骤，即确立质量评价标准开展专门研究；且仅从质量评价标准化模型的专业视角展开。

本研究的重点在于：在国内外已有研究和质量界定标准的基础上，以师范生培养内部质量评价测量指标簇（师资、课程、实践活动的有效性）为突破口，对我国已有且具有代表性的指标体系（譬如师范生/准教师"综合素养三要素"指标模型）进行基于实证调研的综合验证和建模创新；在这一过程中着重突出对中小学（主要是小学）新教师培养过程中教师教育机构职前培养服务质量（内部质量）保障因子簇的筛选和结构优化，即表现为对相关质量评价因子结构方程模型的设计、建模、验证、修正（结合教育叙事）等系统化研究内容。围绕这个研究重点，本研究还将进一步探索建立内部质量保障与外部质量监控有效联系整体评价的后续思路。

本研究的难点在于：其一，面向全国教师教育实施机构（主要是师范院校）教师职前培养质量的可度量性以及标准化指标体系的通用性——这是所有教育质量评价研究需要面对的共性难题。其二，教师职前培养质量内外部评价标准的交互性、一致性和可持续性的内在目标给实证研究带来了一定的难度。国外的研究经验表明：师范生培养质量内、外部评价标准分别侧重于"绩效管理"和"能力素质培养"两个方面，而这两个方面的指标设计既要求一致互通，又要求各有侧重，如何合理把握其结合点是质量评价的难点之一。

为了最大限度地突出重点、克服难点，本研究的关键在于：深入师范院校师范生培养和教育实践一线，采用"标杆管理"的对照思路，对各利益相关主体（教师职前培养机构、师范生、中小学教师和管理者）进行实地调研和教育叙事考察，并结合师范院校办学定位和师范生就业去向进行分层判别和二次标准化模型（体系）建构。

第四节　研究方法

在国内外已有研究的基础上，研究主要采用质性研究、量化研究和比较研究相结合的研究方法。

（1）本研究通过质性研究（文献梳理、历史研究、政策分析）和比较研究初步设计出师范生培养质量评价指标簇：①外部质量保障指标簇——基本包含生均经费投入、机构规划与发展、师资水平、生源质量、外部专业评价和监控水平；②内部质量保障指标簇——基本包含课程结构合理性、教学教法有效性、教育实践情况、素质修炼情况、用人单位评价与建议、教师教育一体化与教师发展等二级指标因素；③个体质量需求指标簇——基本包含师范生专业知识、专业技能和专业品质等系列指标；④机构办学特色指标簇——基本涵盖教师职前培养机构的办学文化、办学模式、特色资源、特色品牌及其对师范生个体学习的辐射效应等。在此基础上，根据我国教师职前培养实际情况，按照一定的质量分层的标准化设计开展具体研究。

（2）量化研究主要采用资料分析、调查研究与访谈法相结合的方法，结合师范生质量评价指标分析需要进行多元回归、因子分析、聚类分析；研究通过实证调查对上述质量评价指标进行科学筛选和因子抽取，并对其科学性和有效性进行验证和修正，在此基础上研究进行结构方程（SEM）建模，对该模型进行路径系数分析和拟合度检验；最后通过省部级师范院校模型系数检验的比较得到教师职前培养质量评价因子模型，并说明其内外部质量评价因子的兼容性及可行性。

由于本研究的核心侧重于培养的创新模式的标准化（一般）质量保障机制，涉及多个利益相关主体的自变量及潜在变量，因而在数据分析和实证研究方法的选择上倾向于采用目前社会科学研究、教育心理学国际研究主流的多元数据分析工具——结构方程建模法（SEM）。结构方程模型在当今社会科学研究和教育心理学中应用前景广泛，其统合了方差分析、回归分析、路径分析、因子分析等多元变量分析法，能够弥补传统单一回归分析和方差分析的不足。有学者（王孟成，2014）曾从技术原理层面指出，相较于其他同类多元数据分析，SEM 具有至少五大优势：第一，能够同时处理多个因变量；第二，对自变量和因变量的测量误差包容性较好；第三，在研究因子和指标的关系上，能够同时估计因子结构和因子关系；第四，对多质多法的复杂模型的测量弹性或包容性更好；第五，能够估计整体模型的拟合程度，从而能够进行模型的标准化比较和选择。[①]

（3）研究咨询报告还将采用教育叙事的研究方法，以求全面反映利

---

① 王孟成：《潜变量建模与 Mplus 应用》，重庆大学出版社 2014 年版，第 204 页。

益相关主体的质量需求。

2014 年 9 月,在实施了"卓越工程师培养计划"的若干经验和探索的基础上,教育部颁发《教育部关于实施卓越教师培养计划的意见》(教师〔2014〕5 号,以下简称《意见》),开始探索我国"卓越教师"培养机制。《意见》指出,我国目前"存在着教师培养的适应性和针对性不强、课程教学内容和教学方法相对陈旧、教育实践质量不高、教师教育师资队伍薄弱等突出问题。大力提高教师培养质量成为我国教师教育改革发展最核心最紧迫的任务"。《意见》正式确立了"卓越教师"培养的创新模式的质量保障机制——基于高校、中小学合作学校、地方政府教育部门的"三位一体"机制。"三位一体"机制明确了我国教师职前培养的利益相关主体即国家(社会)、用人单位(中小学校)、培养单位(大学/学院)及其相互关系;《意见》强调要在"三位一体"教学实践基地等协同内容和合作共赢长效机制的保障下分类推进卓越教师培养模式改革。在这样的背景下,研究采用教育叙事的研究方法能够从微观层面捕捉到我国教师职前培养"三位一体"协同机制构建过程中,教师职前培养质量评价内容、模式、方法、效果的真实变迁路径。

越来越多的教师教育研究者通过理性探索发现,教师教育改革从规模走向效益,从数量走向质量的根本价值转变在于"四个聚焦",即聚焦微观视阈、聚焦师生发展、聚焦多元融合、聚焦实践贯通。透过"四个聚焦",我们重新审视我国教师职前培养阶段的质量评价体系及其运作实况,零碎化、边缘化和低效率的指责弥漫在耳畔——重构,已然成为当下我国教师教育质量评价改革的必由之路。

第二章 基础:教师职前培养质量评价的经验性研究

第一节 国外研究

国际上,现代化教师教育专业标准普遍确立于 20 世纪八九十年代;这些各具特色的教师教育专业标准主要着眼于教师职前培养阶段的质量评价一体化和改进化。对于我国教师职前培养阶段的改革和提升而言,主要发达国家研究与实践的有益经验值得我们学习和借鉴。

一 美国教师职前培养质量评价体系
(一) 职前质量评价的内在尺度:目标、内容与课程结构

自 20 世纪 80 年代以来,随着终身教育思潮和教师教育专业化运动的兴起,以美国为代表的世界主要发达国家都展开了一场针对教师职前培养质量和质量评价的重要改革。在这些国家的影响和带动下,包括中国在内的世界大多数国家纷纷加入这场变革之中。面对日趋激烈的国际人才竞争,教师教育在教育体系中处于无可替代的重要位置,世界各国对教师职前培养的课程目标、课程结构、课程内容与评价、课程管理与实施均进行了相应的改革或调整。

美国是率先发起教师职前培养课程目标改革的国家之一。二战后,美国国内的行动主义科学牢牢把持了学术界的话语权。受其影响,在 20 世纪 60 年代美国教师职前培养目标趋向于"科学理性",即教师职前培养第一目标是让准教师"掌握一套能够应用于学校教育情景的技术",然而这种对教育技能或"能力本位"的过分强调并没有解决美国教师培养质量和学生学习质量的问题。10 年后,认知主义科学在美国开始抬头,教师教育研究者开始重新审视美国教师作为"专业的人"的整体概念:

1983 年美国"全国教育优质委员会"（National Commission on Excellence in Education，NCEE）发布了《国家处于危险之中——教育改革势在必行》的著名报告，报告指出"美国社会的教育基础正被日益增长的平庸浪潮所侵蚀"①，提升美国教师职前培养质量以及质量评价水平的改革已刻不容缓。1986 年，在美国民众和社会人士的共同努力下，这种提高美国基础教育和教师教育质量的呼声得到专业响应：　"霍姆斯小组"（Holmes Group，CFEE）发布的《明日之教师》和"卡耐基教育与经济论坛"（Carnegie Forum on Education and the Economy，CFEE）发布的《国家为培养 21 世纪的教师做准备》等专业报告相继指出，教师职前培养（质量）不能凭空提高标准，其质量标准依赖于教师职业本身的状况，诸如准教师的就业机会、报酬水平与结构、招聘条件与方式、工作环境与压力及其在学校和社会中的地位与权威关系。在此前提下，由于教师不是先天形成的，教师职前培养不仅局限于学科知识和学科技能，还应当包括对教育对象、教育情境、教育环境、其他教育者的了解、沟通和建构，比如对儿童身体和心理发展阶段化特征的了解、对多种教育情境的掌握、对家庭教育与学校教育沟通和配合的把握、对不同科任教师之间班级管理和人际关系的把握等；同时教师还必须对自身的教育行为进行及时、合理的"专业反思"，以求不断提升教育教学的效果和教师专业发展的水平。20 世纪 90 年代，"专业的、反思型实践"概念被正式引入美国教师职前培养的目标，在美国教师职前培养的课程中，提升准教师的反思能力和意识成为了新的质量要求。

当前，美国教师职前培养目标可以概括为：其一，具有广博的文理知识和较高的文化艺术修养；其二，系统掌握学科专业知识、具有一定的学术水平；其三，具有高尚的道德品质、理性行为和坚定的专业信念；其四，掌握教育教学的基本理论、方法和技能，具有实际教学能力；其五，具有健全的身心素质和素养。②

在这一目标的指引下，美国教师职前培养的课程内容与结构大致可以分为三类，即涵盖了自然科学、社会科学、人文科学和艺术以及语言学的普通

---

① 参见吴式颖《外国现代教育史》，人民教育出版社 1997 年版，第 446 页。
② 参见高春香《美国综合性大学教师教育初探》，《南通大学学报》（教育科学版）2008 年第 1 期。

教育课程；涵盖了教育基本理论、各科教学法和教学实践的教育科学课程；涵盖了中小学教学科目的主修、辅修的学科教学课程。三类课程大致比例在4：3：3。进入新世纪后，普通教育课程与学科教学课程之间的界限开始模糊，两类课程相互融合，通识教育文理专业知识主导的普通教育课程成为新亮点。

（二）职前质量评价的外在尺度：组织、方案与专业运作

美国地方分权的政治体制对美国高等教育以及教师教育质量保证体系的构建产生了深远影响，各州教育厅对师范生的教学认证一直以来都是最主要、最核心的质量保障手段。然而，美国多元文化的基因促使它们不断改革、不断改进教师职前培养质量评价体系，经过近70年的发展，基本形成了代表联邦的第三方和州政府两级质量保障系统，并涉及教师资格认证、教学能力认证、教师教育机构等多个不同侧面。洪明（2010）的研究指出，美国教师质量保障体系大体可以分为内部（专业/非专业）保障、外部（专业/非专业）保障、行政保障、中介保障等4类6个层次，其中对美国教师职前培养质量评价发展起主要作用的是外部专业保障（例如：全美教师教育认证委员会，National Council for Accreditation of Teacher Education，简称 NCATE；全美专业教学标准委员会，National Board for Professional Teaching Standards，简称 NBPTS；教师教育认证委员会，Teacher Education Accreditation Council，简称 TEAC）和行政保障系统。① 在外部专业保障系统和行政保障系统的主导下，以20世纪80年代为分岔路口，美国教师教育质量保障走过了两条路径，见图2—1。

路径一：专业传统路径（代表：NCATE）

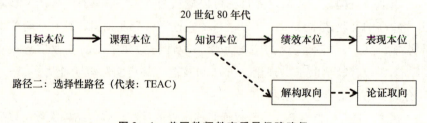

图2—1　美国教师教育质量保障路径

① 参见洪明《美国教师质量保障体系历史演进》，北京师范大学出版社2010年版，第323页。

1. 专业传统路径

自 20 世纪 70 年代内部专业保障系统发起的教师教育"能力本位"运动后,美国教师教育质量保障的专业传统路径开始从注重教师教育质量"输入性"、"过程性"指标因素转向"输出性"、"结果性"指标因素,即"表现本位"(洪明,2010)的特征。

美国教师职前培养质量评价标准由全国性的专业组织及州政府委托的专业机构来制定;成立于 1954 年的全美教师教育认证委员会(NCATE)是美国教师教育质量评价历史最悠久、参与院校最多、影响力最广泛的认证机构。历经 20 世纪 50 年代的"目标本位"、70 年代的"课程本位"、80 年代的"专业教育知识本位"及 90 年代至今的"多元绩效本位"变革,NCATE 认证指标体系从注重对教师教育培养机构的资源管理"输入"评价逐渐转移到对师范生(未来教师)的"输出"评价上来。[①] 2008 年该机构提出的认证标准将师范生(未来教师)的"知识"、"技能"、"品行"的专业绩效作为教师职前培养质量认证核心指标,其他指标依次为:学生的"成长、学习与动机"、学校"课程水平"、师生"教学水平"、教师"评价激励"和教师"专业发展"。

在 1990 年以前,NCATE、NBPTS 和 INTASC(新教师评估与支持州际联盟, The Interstate New Teacher Assessment Support Consortium)分别各自独立地执行着教师教育认证、新教师资格和高级教师资格三套标准;进入 20 世纪 90 年代以后,哈蒙德(L. D. Hammond)利用其主持 INTASC、NBPTS 工作的便利,坚持建立教师专业职前、入职和在职教育的一体化标准——1992 年,INTASC 提出的新标准[②]完全体现了 NBPTS 的核心主

---

① 参见洪明《美国教师质量保障体系历史演进》,北京师范大学出版社 2010 年版,第 323 页。

② 1991 年,INTASC 成立了以 Hammond 为主席的"教师执照标准任务小组"共同研讨美国新教师任职的全国统一标准;历经 1 年半,INTASC 在其《新教师认证、评估与发展的模型标准》中提出了新教师质量评价的十大核心原则:第一,教师应掌握任教学科的核心概念、研究方法和学科结构,为学生创设适于理解和学习的情境与方法;第二,教师应理解儿童学习和发展的特征,为学生智力、社会和个性方面的发展提供学习的机会;第三,教师应认识到学生的差异性,对不同学生采用不同教学方法;第四,教师了解并能够运用多元教学策略鼓励学生发展批评性思维、操作动手能力和解决问题的能力;第五,教师应善于利用个人或群体的动机及行为,创设鼓励学生进行积极的社会交际、主动参与和自我激励的学习氛围;第六,教师应能够有效地运用教学语言和非教学语言以及多媒体技术,促进学生在课堂学习中主动地开展探究合作;第七,教师应基于专业学科、社会发展和学生自身知识结构,参照课程目标来设置教学活动;第八,教师应采用正式或非正式的科学评价策略对学生进行评估,以此确保学生的德、智、体全面素质的发展;第九,教师应当成为反思型实践者,及时和积极地对自身的教学行为以及这些行为对他人的影响进行连续科学的评估,以此为契机,积极督促自己专业成长;第十,教师能够与同事、家长和社会专业机构保持良好的教育合作关系,以支持学生的学习和身心健康成长。

张，两者的结盟也让 NCATE 不得不重新考虑其认证工作是否有利于培养高质量的教师，并于次年提出"连续统一体"概念并将认证标准与资格标准相统一。NCTAF（美国教学和未来委员会，National Commission on Teaching and American's Future）则在结盟运动中扮演了协调者和发声者的角色，其提出的报告《什么最重要：为美国未来而教》深刻影响了克林顿政府的教育政策，促进了专业化取向的教师质量保障联盟在全美的形成，也带来了美国教师教育标准化运动的高潮。

2. 选择性路径

虽然历史悠久、标准系统，但 NCATE 还是面临着一些争议和危机：从近 20 年来的实证研究来看，一方面，参与 NCATE 认证的高校还没有超过美国 1300 所高校的一半，一些高校抱怨 NCATE 认证耗时长、开支大；另一方面，一些研究者（Dale Ballou & Michael Podgursky，1999；Harold Wenglinsky，2000）对 NCATE 认证的有效性提出质疑，并指出其至少在提高师范生学业成绩方面关联不太显著。此外，批评者也将矛头指向 NCATE 认证的枯燥和繁琐，甚至反馈出一些高校为了通过认证而弄虚作假，编制不同的教学方案分别给 NCATE、州教育厅和学生。①

由于标准化所带来的压迫力和管制也引发了美国教育界、社会批评家甚至美国联邦教育部要求弱化的反对声。在一片争议之中，选择性认证路径赢得了美国越来越多高校尤其是薄弱学校的欢迎。解构主义的支持者认为：传统的专业标准强化了证书的垄断地位，压榨了教师入职渠道，加剧了教师供给的不足；为了提高教师质量和数量供给应当放开教师职业的入职渠道，推行宽松有效且可供选择的教师培养路径。在这一背景下，TEAC 建立起来。

进入 21 世纪后，美国教师教育认证解构运动兴起，这一运动以推行以 TEAC 为代表的"选择性教师路径"质量评价机制为标志。② TEAC 认证运用"标准化考试"、"档案袋"、"工作样本"、"雇主调查"等形式对"课程"、"大学教师"、"设施和设备"、"财政和管理"、"学生服务"、"常规工作"、"学生反馈"等质量指标进行认证。在公开质量评估标准的

---

① 参见 Carol Phillips, Dennis Docheff, Tim Sawicki, Scott A. Crawford, "Does preparation for NCATE accreditation really create better teachers?", *Journal of Physical Education*, Recreation & Dance, Sep., 2002, p. 7.

② 参见 Frank B. Murray, *On Some Differences between TEAC and NCATE*, 2007 - 01, http://www.teac.org/literature/onsomedifferencesjan04.pdf.

前提下，教师教育机构可以进行自我评估并向 TEAC 提出网络申请并缴纳少量认证费用，获得批准后该机构需提交详细的教师教育人才培养方案；在人才培养方案经 TEAC 审议通过后，TEAC 专家认证小组将赴校实地考察，并将考察结果呈交给认证委员会；TEAC 认证委员会最终公布认证结果并确定该机构提交年度报告的时间。TEAC 认证的周期一般在 10 个月左右，如果教师职前培养机构对认证结果不满意，可以提请上诉或复查审核，直至满意或改进后符合要求。

2001 年，由 NCTQ（National Council on Teacher Quality，全美教师质量委员会）和 ELC（Education Leaders Council，教育领导委员会）联合发起的 ABCTE（American Board Certification of Teacher Excellence，全美优质教师证书委员会）进一步推动了美国教师教育认证解构运动。ABCTE 在 NCTQ 调查研究结论[①]的基础上，通过颁发"快捷便利、低成本且卓有成效"的优质教师证书（入职新教师——教学通行证，Passport for Teaching Certification；职后教师——熟练教师证书，Master Teacher Certification），为培养机构提供高质量教师培养的质量评价服务，并将"教育团体的关注点吸引到提高学生的学习和学业成绩的教育实践中来"[②]。

美国教师职前培养质量评价及其保障体系多元而复杂，其基本使命在于促进新时期美国基础教育师资培养的有效性——能够培养理解学生身心发展、促进学生专业学习的新教师。为此，美国四种类型[③]社会专业认证组织与美国政府一道对美国教师职前培养质量及其评价体系进行了不断改革和修缮。譬如进入 21 世纪后，美国 NCATE 出台了新的教师职前培养质

①　NCTQ 在总结相关研究报告和数据的基础上指出：第一，传统的复杂的教师资格和质量认证方法与新教师的教学效果关联不大，比较而言，选择性教师认证更加简便、成本更低，也更加有效；第二，职前理论课程对新教师教学效果的影响不如实习等实战性实践课程，基于实践的师范性是教师教育的本质属性；第三，教育学位与教师教学效果并没有成正比；第四，教师的教学效果并不会随着教育经验的增加而显著直线式地增长；第五，中小学校教师学科知识要求略有差别，但都必须有宽广的知识面；第六，教师的教育教学效果取决于教师的个人品质，比如教师对职业的认同、忠心，教师的工作热情、人格魅力和感染力及其教育成就感。

②　参见 National Board for Professional Teaching Standards, *What Teachers Should Know and Be Able to Do: The Five Core Professioal of the National Board*, 2006 - 05 - 09, http://www.nbpts.org/a-bout/coreprops.cfm.

③　四种类型分别指州立认证机构、区域高等教育认证机构、中立的专业认证机构和教育类专业认证机构。参见洪明《美国教师质量保障体系历史演进》，北京师范大学出版社 2010 年版，第 324 页。

量评价标准（2008 年版）。该标准着眼于候选教师的"专业品质"、"学生评价水平"和"大学与中小学协作情景"维度下准教师的职业素质、综合文理知识、教学促进技巧和交流、合作能力的质量评价，反映出美国教师职前培养质量评价新的价值取向。当下，美国教师职前培养机构接受质量评价的方式是主动、可供选择的，这为它们同时接受多项社会评估的质量监督以及选择符合成本效益的质量评价方式提供了更为灵活和广阔的空间，一定程度上避免了单一强制性质量评估带给培养机构和受教育者教学和正常运作方面过多的干扰。

二　英国教师职前培养质量评价体系

英国政府对教师职前阶段的准教师人才培养非常重视。他们认为，职前教育关乎英国大学所培养的师范毕业生能否胜任中小学教学任务，能否为中小学提供高质量的（合格）新教师。为此，英国通过一整套成熟和较为完备的教师职前培养质量评价和保障体系来确保其质量。

（一）两种模式的职前培养课程，主辅分明、针对性强

英国目前开设有教育学士学位（BEd）课程和研究生教育证书（PGCE）课程。前者是在高中起点的生源基础上，开设的四年制教师职前培养课程；其主要结构分为四大模块——核心课程、专业研究、学科研究、学校体验。后者是面向已经获得学科专业学士学位，期望从事中小学教师教学工作的非师范本科毕业生开设的"3 + 1"专门课程——经过三年的本科学习获得学科专业的学士学位，再接受为期一年的教育实践课程；其课程结构包括学科研究、专业研究和教学实践经验三部分，学业合格者颁发研究生教育证书，具备进入中学任教的基本资格。相对于前一种课程，PGCE 课程更倾向于学科研究（教什么内容），其学科研究和专业研究的模块内容更为专业和深刻。

英国以两种课程划分基础教育学段（小学/中学）的教师职前培养，两类课程的学习起点同为高中毕业，学习时间同为大学四年，其区别源于教育对象和课程质量内在目标的不同，并体现为教学模块二级课程的内容和方法上的差异。尤其在实践教学课程的设置上，BEd 课程更倾向于将实践课程分解到大学四年的每一个学期，并要求师范大学生必须在两个以上的小学里（School – based）多元地开展这些"学校体验"课程；而 PGCE 课程则强调"3 + 1"的分野，即三年学习拿到学科学士学位证书后的一

年里集中接受教学自信力和胜任力的实践训练。然而不论是 BEd 课程还是 PGCE 课程,都应当为英国的师范生和准教师提供"一整套能使得个人可以按照专业标准的要求有效完成特定职业或工作职责的相关知识、技能以及情感、态度、价值观"①。

(二) 英国教师职前培养质量评价管理的"双保险"

英国虽然是地方分权管理的国家政治管理运作模式,但在教师职前培养质量管理上,英国中央政府近几年来开始加强对质量管理和改进质量评价标准的掌控。英国政府主要通过财政杠杆和委托专业社会机构代理教师职前培养机构来保障其提供的教育服务质量。

传统上,英国的教师教育全局工作由地区性专业的师资培训组织来专门协调。

20 世纪 80 年代前,这一工作上升到全国教师教育和培训委员会 (Government's Committee of Inquiry into Teacher Education and Training, GCITET) 来负责。1984 年,英国成立了教师教育资格认定委员会 (the Council for the Accreditation of Teacher Education,CATE),1994 年这一专业机构被教师培训管理署 (Teacher Training Agency,TTA) 取代。教师培训管理署 (TTA) 与成立于 1992 年的教育标准办公室 (Office for Standards in Education,Ofsted) 共同负责除英国教育部统筹的教师教育宏观政策和财政支出以外的具体管理实务。两者相互配合,共同构成了英国教师职前培养质量的"双保险"。

一方面,作为非政府部门的教师教育管理执行专门机构的教师培训管理署 (TTA) 一直致力于提升英国教师职前培养的专业化水平。成立之初,TTA 逐渐替代了英国高等教育资金委员会对教师培养机构进行拨款,拨款的数额与该组织对教师培养机构的质量评价结果直接挂钩。TTA 的质量评价管理相当严格甚至激进,给当时的英国教师教育机构和师范生带来了显著的压力。为了避免压力的扩散,1998 年英国政府缩减了 TTA 的职权范围,将其集中在新教师职前供给服务质量和入职培训质量两个方面,并更多地运用了资金激励政策鼓励数学、物理等短缺学科教师人才的转型。1998 年开始的改革收到了显著成效,此后政府将 TTA 的部分工作委托给了培训发展委员会 (Trainning and Development Agency for Schools,

---

① 参见熊建辉《教师专业标准的国际经验》,北京师范大学出版社 2014 年版,第 25 页。

TDA），TTA 继续强化其教师职前培养（师范生）认证制度，尤其给予师范生的教学水平更多的质量关注，并且在实践运作过程中逐渐与 TDA 等相关部门融会贯通成为职前职后一体化的教师教育质量管理机构。另一方面，教育标准办公室（Ofsted）主要负责对教师职前培养机构的办学资质、办学条件、支持水平和办学质量进行督导管理；如果教师职前培养机构在办学条件、课程质量、教育教学服务等方面没有通过教育标准办公室（Ofsted）的专项质量督导或合格等级评定，就将被取消相关培养培训课程的资助，如果两年内整改仍然达不到合格质量标准则将被关闭或由政府接管、改造。

（三）英国教师职前培养奉行教师资格证书和质量标准主义

自 20 世纪 80 年代以来，英国政府相继出台了《合格教师身份》《合格教师资格标准》，对英国中小学教师的质量目标、职业地位进行了规定。这些文件和《教师资格》白皮书报告就职前培训课程标准和合格教师标准分别给出了指导意见。就职前培训课程标准而言，主要包括：

（1）培训课程至少包括两个全年制的学习时间，专用于与高等教育同等水平的科目学习；

（2）培训课程必须包括选定科目的教学方法；

（3）培训课程必须包括与学校实践经验紧密相连的科目。

就合格教师标准而言，主要包括：

（1）具有合适的个人品质；

（2）达到一定的学术标准；

（3）掌握足够的专业和实践知识与技能。[①]

进入 90 年代后，官方开始进一步完善这些针对教师职前培养及其质量评价的系列标准。英国于 1998 年颁布的《教学：高地位与高标准——教师教育职前课程标准》对合格教师及其职前培养课程标准提出了专业规定；这一重要文件进一步修订和完善了《合格教师资格标准》。2005 年、2006 年和 2007 年英国教育与技术部会同英国教师培训司（Teacher Training Agency，TTA；后改为英国学校培训与发展司，Training and Development Agency for Schools，TDA）相继实施《教师专业标准》及后续标准进一步完善工作，并对《英国合格教师资格标准与教师职前培训要求》进行再版修订。

---

① 参见高鹏、杨兆山《2012 年英国教师标准研究》，《外国教育研究》2014 年第 1 期。

上述系列文件和标准是对英国合格水平的教师的专业品性、知识和技能的基本要求，为英国教师的专业发展提供了基本参考依据。

英国《教师专业标准》和《教师职前培养标准》按照工资级别将基础教育师资划分为由低到高的五个等级，即合格教师、普通教师、资深教师、优秀教师和高级教师，并规定了每个级别教师所应具备的素质，包括准教师的专业品性（Professional Attributes）、专业知识与理解（Professional Knowledge and Understanding）和专业技能（Professional Skills）三个方面，[①] 见表2—1。

表2—1　　　　　　　　　　英国合格教师专业标准

领域	二级指标	目标/观测点
专业品性	师生关系	1. 投入高度期望，发掘全部潜能，建立公正、支持性、建设性关系 2. 能够清楚表达对少年儿童价值观、态度和行为的积极期望
	遵循规则	3. 了解教师专业职责和工作法规，知晓并执行学校相关政策规章
	合作交流	4. 能够有效与少年儿童、同事、家长进行沟通 5. 认识并尊重同事、家长及家庭护理在少年儿童健康成长方面的贡献 6. 工作时，有义务与相关人士通力合作
	专业发展	7. 反思并改进自身实践，鉴定自身专业发展需求和优势领域 8. 积极创新，修正自身的实践活动以期获得更大进步 9. 接受有益的反馈和建议，接受专业训练和指导
专业知识与理解	教学管理	10. 对教学行为和管理有所了解，并懂得利用策略促进学生个性化学习
	评价监控	11. 知道所教科目、课程的评价要求及安排 12. 了解系统的评价方法，包括形成性评价的重要性 13. 知道利用政府统计信息来评价教学有效性，监控所教学生进步情况
	学科课程	14. 正确理解所教学科课程，拥有可靠的学科知识及其教学能力 15. 知道和理解各类课程的职责和规章
	读写运算	16. 通过读写、运算和教育信息技术等方面的专业测试 17. 能够利用读写、运算和教育信息技术支持自身教学，丰富专业生活
	理解多元	18. 理解学生成长规律和多元影响因素 19. 为学生提供有效的个性化学习策略，帮助残障儿童，促进平等包容 20. 知道并理解承担特殊教育同事的职责，包括残障儿童及个别教育
	健康福利	21. 知晓相关政策，能帮助学生健康快乐成长，知道如何寻求专门支持

---

① 参见 TDA, *Initial Teacher Training Standards Guidance*, 2010, http：//www. tda. gov. uk/ training – provider/itt/qts – standards – itt – require – ments/guidance/itt – requirements/entry – require- ments/suit – ability – requirements/R1 – 5. aspx .

续表

领域	二级指标	目标/观测点
专业技能	计划安排	22. 分年段为不同能力的学生制订教学计划，设计课堂有效学习策略 23. 为学生创造机会发展他们的读写、运算以及教育信息技术能力 24. 为学生设计家庭作业，促进学生巩固知识、持续进步
	教学水平	25. 分年段为不同能力的学生提供课程序列；使用系统的教学策略和资源；实际考虑学生的多样性，促进教育平等和包容；在先验知识基础上制定教学过程，使学生能够应用新知识达到教学目标；表达清晰，能够有效运用解释、提问、讨论等方法；能够管理小组、班级学习和教学
	评价反馈	26. 有效地利用系统的评价监控策略去评估学生学习需要和学习目标 27. 及时、准确、建设性地提供学生的成就、进步和发展方面的反馈 28. 支持并指导学生开展反思，辨识他们的进步和学习需求
	反思改进	29. 学会评价自身教学对学生进步的影响，必要时能够调整和改进
	学习环境	30. 建立目的性、安全有益的学习环境，辨识校外环境存在的教育机会 31. 建立清晰的课堂纪律框架，提高学生自控能力，促进独立性形成
	团队协作	32. 当好团队成员，抓住共同教育机会，与其他成员一起分享有效经验 33. 确保同事能够理解并参与共同教育

2011 年，英国教育部在《提升教学：教师专业标准修整》中进一步强调了新教师应能够提升学生"英语"和"数学"学习能力并能够为此进行"有效沟通"和"协同教育"，强化了对新教师在教学技能和班级管理两方面的要求，凸显出质量评价对教师个体专业发展和追求身心健康幸福方面的多元要求。①

三　其他发达国家教师职前培养质量评价体系

（一）德国

德国于 2003 年开始统一各州教育目标，2004 年开始出台一系列全国性的教师教育标准《教师教育标准：教育科学》（2004）、《对教师教育的学科专业和学科教学法的内容要求》（2008）等。② 这些标准主要针对基础教育阶段候选教师提出了具体的 4 类 11 项能力标准；这些能

---

① 参见 Department for Education. *Major overhaul of qualifications to raise the standard of teaching*, 2011, http：// www. education. gov. uk/inthenews/inthenews/a0075465/major—overhaul—of—qualifica-tions—to—raise—the—standard—of—teaching. 2011.

② 参见吴卫东《德国教师教育的新标准及启示》，《外国教育研究》2006 年第 9 期。

力需要在教师教育的理论学习、教学实践和继续教育三个阶段逐步达到，其中职前教育包括教学能力簇、教养能力簇、评价能力簇、合作能力簇四类，具体涵盖教学设计、情境设计、社会文化、价值引导、教育诊断、标准融通、职业认知、自我提升八种基本能力。[①] 这些能力本位的质量评价要求全面覆盖了教育态度、学科知识和教学法等教师教育基本领域，强调了教师职前培养对专业知识联系教学实践的重点关注，并成为德国教师教育质量评估认证的基础。2012 年，德国政府酝酿已久的"卓越教师教育计划"开始启动，该计划对德国师范生的教学实践能力提出了更为严格的要求，并期望通过促进教师教育课程和毕业证书的州际交流、人才培养的多元化和兼容化来推进德国教师教育现代化进程。[②]

德国教师职前培养最突出的特征在于高度重视教师职前培养的实践价值和自我教育价值。德国人的严谨务实在教师职前培养质量评价和保障体系中体现为：在四年的本科学士学位理论学习并通过第一次国家教师资格考试之后，各州必须确保毕业生开展长达 18—24 个月的教师教育下校实践课程学习，学习完备后还需通过第二次国家教师资格考试检验后方能获得教师资格。如表 2—2 所示，德国将教师职前培养质量评价标准分解为教学、教育、评价、创新四类能力，从理论教学和实践教学两个课程维度进行了目标设置——整个教师职前培养质量标准化评价体系简洁明了、重点突出，既体现了指标要素的综合性，又折射出德国教师教育现代化发展的质量需求。该体系反映出德国教师职前培养理论与实践"两手抓"、"两手硬"的务实作风。此外，从表 2—2 中还不难看出，自我激励、自我反思、自我排压、自我评价作为质量考核的要点分布在四类能力和两大维度的每一个大区，体现出德国教师职前培养对教师的自我教育意识、自我教育能力的特殊要求，这正是德国教师教育专业化发展水平较高的内在原因之一。

---

① 参见 Lehramtsstudium, 2004, http: //www. studis—online. de/StudInfo/lehramt. php.

② 参见 Autorengruppe Bildungsberichterstattung, Bildung in Deutschland, 2012, http: //www. bmbf. de/de/6204. php.

表2—2　　　　　　　德国教师职前课程国家认证体系框架提要

	教学	教育	评价	创新
理论教学	a1. 教育理论	d1. 了解学生发展	g1. 学习基础差异	i1. 了解教育体制
	a2. 教学法	d2. 学生学习困境	g2. 了解特殊儿童	i2. 了解教育法规
	a3. 授课作业	d3. 跨文化教育	g3. 熟悉诊断理论	i3. 职业态度价值
	a4. 多媒体应用	d4. 性别差异教育	g4. 了解咨询原则	i4. 职业负担
	a5. 教学评价	e1. 反思价值观	h1. 学习效果评价	j1. 了解内外评价
	b1. 学习理论与形式	e2. 促进学生价值观	h2. 评价参照体系	j2. 判断教育研究
	b2. 激发学习兴趣	e3. 支持学生决策	h3. 评价反馈原则	j3. 熟悉组织结构
	b3. 熟悉学习动机	f1. 掌握交流知识		k1. 反思教育任务
	c1. 动机与自我激励	f2. 熟悉教学原则		k2. 熟悉学校发展
	c2. 合作学习方法	f3. 预防学生风险		k3. 成功合作
	c3. 终身学习	f4. 分析解决冲突		
实践教学	A1. 设计教学	D1. 学生学习困境	G1. 识别学生学习	I1. 学会应对压力
	A2. 选择有效沟通	D2. 个性化支持	G2. 认清学生基础	I2. 有效节约资源
	A3. 现代信息技术	D3. 小组多元文化	G3. 分辨特殊儿童	I3. 咨询同事排压
	A4. 自我评估质量	E1. 反思价值观	G4. 协调教与学	J1. 反思自我工作
	B1. 激发学习兴趣	E2. 让学生独立判断	G5. 咨询与评价	J2. 应用教育研究
	B2. 有效设计教学	E3. 应对价值观冲突	G6. 合作性评价	J3. 利用教育反馈
	B3. 强化学生成就感	F1. 社会关系和学习	H1. 设计考题	J4. 开展团队合作
	B4. 指导学习小组	F2. 师生交往规则	H2. 应用评价模型	J5. 提供继续教育
	C1. 促进教学策略	F3. 预防冲突策略	H3. 评价沟通	K1. 校本教学科研
	C2. 合作学习方法		H4. 论证评价结果	K2. 成功合作经验
			H5. 自我评价反馈	K3. 合作小组项目

资料来源：Autorengruppe Bildungsberichterstattung. Bildung in Deutschland，2012，http：//www. bmbf. de/de/6204. php.

（二）日本

日本教师教育质量评估是基于国家法规《教职员免许法》（1954 年颁布，2006 年最新修订）开展的改进型质量认证机制。围绕《教职员免许法》，日本政府相继出台了《教职课程认定基准》、《教员免许课程认定审查基准》等教师教育认证法规，着重对申请单位的办学理论、管理体制、办学条件、课程规划与实施、教育实习与就业辅导五大领域的情况进行文部科学省主导的"资格认证"和第三方机构核实的"事后评鉴";针对候选教师的质量评估以其取得教师资格证书为质量合格标志。[1]

进入新世纪后,日本政府授权成立了大学评价与学位授予专门机构 NIAD-UE(The National Institution for Academic Degrees-Universtity Estimate),开始从大学自治评价机构(如大学基准协会)和专业评价机构(如技术者教育认定协会)手中逐步夺回高等教育和教师教育质量评价的主导权。这一时期,日本文部科学省审议通过了《今后教员养成与资格制度的发展方向》《面向新时代的教员培养改善方案》等重要报告,提出了"重视(职前)养成课程中的教师职业素养科目……培养具有专业素养和丰富个性的教员"、"在确保全体教员达到基本资质要求前提下,积极发展每个教员的专长和个性特点"、"坚决处置不合格教师……指导能力不足教师"[2]。与此同时,不断完善《教育职员资格法》《教员资格证更新制》等教师教育法规对教师学历、教师资格和专业发展的最低(合格)要求,尤其是对教学实践共同体建设的要求(四年一贯、一线教师授课、校校共同研究、指导研习教材教法等);以教师资格为教师教育职前质量评价的向导,体现出新世纪日本教师教育"研究生化"、"研修化"、"更新化"、"实践化"的时代特征,见表2—3。

表2—3　　　　日本教师资格的教育必修课程及其最低学分标准

第一类课程	第二类课程	第三类课程	第四类课程
1. 教育的社会性、制度性或经营性	1. 特别活动	1. 学生指导、咨询及发展课程	1. 教育实习
2. 教育本质与目标	2. 道德教育		
3. 教育方法与技术	3. 学科教育法:国语(书写)、社会、算术、理科、生活、图画手工、家庭及体育		

① 参见张倩《日本教师教育认证的制度建构及其启示》,《教师教育研究》2012年第12期。

② 参见日本文部科学省,中央教育审议会答申:『今後の教員養成・免許制度の在り方について(答申)』2014-10-06, http://www.mext.go.jp/b_menu/shingi/chukyo/chukyo0/toushin/06071910.htm。

	第一类课程	第二类课程	第三类课程	第四类课程
	4. 儿童身心发育、学习过程			
专修许可	12	22	2	5
一类许可	12	22	2	5
二类许可	6（5）	14	2	5

（三）澳大利亚

澳大利亚的教师教育发展虽落后于美、英、德、日等国，但进入新世纪以来，其教师职前培养的质量评价和保障体系建设有了长足发展，基本构建起了符合本国特点的有效的质量评价制度。1996 年澳大利亚教学委员会出台了《初任教师能力框架》；1998 年又相继出台了《职前教师教育国家标准与指南》。2000 年由澳大利亚教育研究协会和澳大利亚教育学院联合举办的"教师专业标准：问题、挑战与机遇"的论坛形成了咨询报告《澳大利亚成功课堂教学的专业实践标准》；在此基础上，2003 年 11 月澳大利亚教育部颁布了《全国教师专业标准》。其基本理念在于："促成高质量的教学，提升教师的职业期望和专业成就，促进教师对专业发展理解的一致性，促进国内各州的教育合作和分享，从而全面评估和提高教师专业素质。"[1] 2010 年澳大利亚联邦政府经过与教师职前培养利益相关方共同协商，完善了该标准并进一步发布了咨询报告《教师教育职前课程国家认证体系》的质量评价标准化框架，见表 2—4。

澳大利亚教师职前培养为了应对日趋激烈的国际竞争和民众对教师培养质量的质疑，在充分研究和汲取别国经验的基础上，从教师职前培养机构、课程、受教育者毕业标准三个关系基础教育教师职前培养质量的核心主体方面制定国家统一的合格线标准（框架）；其认证体系尤其以毕业生的教学水平、合作能力和教师专业发展水平作为质量评价的主要因素，并体现出"统一性、协调性、合作性和适用性"[2] 的基本特点。

---

① 参见熊建辉《教师专业标准的国际经验》，北京师范大学出版社 2014 年版，第 95 页。
② 参见马健生《高等教育质量保证体系的国际比较研究》，北京师范大学出版社 2014 年版，第 313 页。

表2—4　　　　　澳大利亚教师教育职前课程国家认证体系框架提要

框架目标	毕业标准	课程标准	基本程序
1. 为教师教育部门提供充分外部保障 2. 使职前培养的新教师获得广泛认可 3. 提升雇主对新教师合格的理解和判断,消除地区限制 4. 提升教师职前培养机构效能	1. 了解学生和学生的学习 2. 掌握教学内容并知晓如何教授 3. 能制定有效教学和学习策略 4. 能创造并维持一个安全的学习支持环境 5. 能及时评估学生学习 6. 积极开展专业学习 7. 与家长、大学、社区保持密切的专业联系	1. 实现课程目标 2. 最少和正常的学习时间 3. 开发课程情况 4. 课程结构情况 5. 课程准入门槛 6. 与中小学校的伙伴关系 7. 课程资源情况 8. 课程评估情况	1. 提交申请 2. 成立评审委员会 3. 评定课程材料并撰写认证报告草案 4. 培养机构就报告草案进行反思并反馈 5. 形成最终认证报告 6. 作出认证决定
系统目标	实现《墨尔本宣言》提出的学校教育公平、卓越两大基本目标;促进全体年轻人成为成功的学习者,自信、富有创造力、积极且眼界开阔		

四　小结

因格瓦森（Lawrence Ingvarson）在澳大利亚教育研究协会的政策报告中指出:当前世界范围内教师专业标准开发呈现如下趋势:第一,标准开始由教师通过自己所在专业协会开发,反映出教师对自身群体利益的专业关注;第二,标准旨在简化和捕捉关于教师教学和学生学习实质性的知识,反映出教师职前培养的知识理念由"浅泛综合"转向"教学核心";第三,标准开始着重描述新教师的应知应会的内容而不是列举具体应参与的课程;第四,标准开始反映教师工作的复杂特性,将新教师教学的动态性、临床性、实践性综合为对新教师在复杂情境下成为"问题解决者"的综合质量关注;第五,基于新教师对教学标准的表现评价正成为新教师职业生涯专业发展的主要手段和重要途径。[①]

从发达国家教师职前培养质量评价的实践做法来看,其卓有成效的践行离不开相关的专门法律、资格证书制度和标准化质量认证体系的支持。这些针对教师职前培养质量的要求和认证分为"合格"及"合格以上"两个档次,基本涵盖了培养机构、课程教学及候选教师专业发展"三位

---

① 参见 Lawrence Ingvarson, *Development of A National Standards Framework for the Teaching Profession*, ACER Policy Briefs, 2002, http://research.acer.edu.au/cgi/viewcontent.cgi? article = 1007&context = teaching_ standards.

"一体"的质量要求，并几乎同时指向"知识广博，素质过硬，理解教与学两方面的原则和方法，有一定教育科研能力和反思素养，爱岗敬业、乐学乐教"的教师职业素质的综合质量要求。其核心质量评价指标因子可以概括为表2—5。

表2—5　　美、英、德、日等国教师职前培养质量评价指标因子簇简汇

指标1 学生水平	指标2 学科课程	指标3 见习实习	指标4 多元价值	指标5 师资水平	指标6 资源管理	指标7 鉴定评估	其他指标
学科知识	学科结构	伙伴关系	课程价值	合格师资	领导水平	鉴定制度	教学反思
教育常识	课程结构	实施情况	教师来源	教学水平	预算情况	数据分析	共同体
教学技能	改善计划	学生收获	学生来源	研究水平	人事情况	改善计划	专业开发
专业性向	选课情况	社会评价	实习基地	评价水平	设备情况		协同合作
学生学习	课堂质量		合作水平	资源情况			身心健康
	选修课程		绩效评估				快乐幸福

如表2—5所示，主要发达国家教师职前培养质量评价的研究与实践具有如下共性：

（1）尊重教师个体成长的科学规律，将候选教师（师范生）作为最核心的考察对象纳入指标体系，并设置专业指标评测其"知识"、"技能"和"品行"三维度及其综合后整体专业素质的质量水平。

（2）质量评价价值倾向于教学实践性，指标设置体现质量评价关注教学和课程促进候选教师教学实践有效提升（如合作模式、合作效果、实习基地、学生收获等方面）。

（3）质量评价指标设置上，注重学生、教师、课程等传统要素与资源管理、制度建设、教学媒体等现代要素相结合，注重从教师培养方案及其运作"质"和"量"的中、微观层面指标考察而并非仅仅关注表层化数据。

（4）质量评价实施注重资格认证并着眼教师专业成长而设有多级质量评价标准；教育行政主管部门与第三方联合考察，强调候选教师与培养单位专业化发展的一体化、改进化。

（5）各国中央政府开始介入或强化对教师职前培养质量的评价或保障；其标准化体系表现为一种最低（合格）要求或质量理解性框架。

（6）各国教师职前培养的质量评价标准已经由过去的"知识范式"、"能力范式"过渡到"素质范式"和"建构范式"，未来发展趋向于"交往范式"、"合作范式"和"学习范式"。

第二节　国内研究

一　研究概述

由于历史及其他原因，中国教师教育承接原有的师范教育和教师在职培训、职后进修的衣钵，并侧重于新教师的知识养成和道德操守。与欧美发达国家倡导教师教育利益共同体提供的"整体服务"质量的评价视角不同，现阶段中国教师教育已有研究侧重于通过塑造准教师"综合表现"质量的目标或标准来引导教师教育实施机构及其管理者强化质量意识，尚没有为系统而专业地（现阶段依赖于本科教学评估）将质量评价理念上升到培养机构对于准教师所提供的教师教育服务质量的整体评价做好准备。

在这种历史条件和现状的制约下，国内教师职前培养质量评价和保障体系改革研究仍略显滞后：在中国知网在线平台上检索主题为"教师职前"，析出文献2384篇，其中2010—2014年间相关文献小计1023篇；已有的在线文献显示，国内学者近20年来偏好于研究教师职前培养的特色模式和教师能力培养、课程结构的国际比较，明显忽视了教师职前培养质量评价和标准保障研究。本研究粗略统计国内教师职前培养相关文献研究情况如下：

（1）按来源：其中网络出版文献1202篇，学术辑刊469篇，优秀硕士学位论文416篇，特色期刊197篇，博士学位论文45篇，重要报纸33篇，会议论文22篇。由于教材和专著未能统计在列，根据上述数据分布情况可以推断出国内教师职前培养研究以大学教师和研究生为主体，以学术期刊论文为主要载体。

（2）按年度：2000—2004年的文献篇数分别为21、27、65、91、106；2005—2009年的文献篇数分别为130、157、178、220、203；2010—2014年的文献篇数分别为206、211、206、228、231。由此可见，自新世纪伊始国内研究和关注教师职前培养开始逐渐升温；到了2008年到达了一个顶峰，2008年以后国内教师职前培养研究的文献数稳定在

205—235 之间。

（3）按研究层次：基础研究 1520 篇，基础教育与中职教育 266 篇，行业指导 168 篇，政策研究 150 篇，高等教育 128 篇，职业指导 94 篇，其他 39 篇。从研究层次来看，国内教师职前培养研究多来自针对基本理论和实践的基础性研究和来自用人单位、培养机构（基础教育与中职教育、高等教育）。

（4）从研究内容划分上看（见表 2—6）：近 5 年来，国内学者关于教师职前培养研究内容的偏好非常显著："培养模式"、"专业能力"、"实习实践"、"课程体系"、"专业发展"等关键词的均值位居前列。而表 2—6 中研究者相对较少关注的则依次为："一体发展"、"评价研究"、"教学活动"、"合作研究"等主题内容。一些近两三年才出现的改革热门词汇如"入职和资格考试改革"、"质量标准"、"优秀（卓越）教师培养"居于中游。

表 2—6　　　　　　　　2010—2014 年国内学者关于教师
职前研究（中国知网）的基本情况

	2010 年	2011 年	2012 年	2013 年	2014 年	5 年平均
1. 培养模式	22	26	30	31	38	29.4
2. 专业能力	18	20	21	22	26	21.4
3. 其他内容*	27	21	12	26	17	20.6
4. 实习实践	17	18	18	17	12	16.4
5. 课程体系	14	15	15	16	18	15.6
6. 专业发展	17	13	15	16	12	14.6
7. 个案研究	10	12	13	13	17	13.0
8. 综合改革	9	11	12	14	13	11.8
9. 入职晋级	9	9	13	11	10	10.4
10. 素质信念	10	7	9	7	8	8.2
11. 质量标准	6	5	6	9	12	7.6
12. 学科研究	7	9	6	7	5	6.8
13. 专业知识	9	5	4	6	6	6.0
14. 优秀卓越	3	4	7	8	6	5.6
15. 合作研究	6	7	6	4	4	5.4

续表

	2010 年	2011 年	2012 年	2013 年	2014 年	5 年平均
16. 教学活动	6	7	3	6	4	5.2
17. 评价研究	5	7	4	5	4	5.0
18. 一体发展	4	4	4	5	6	4.6
其中:中小学教师	2	3	1	2	2	2.0
其中:国际比较	45	43	44	48	46	45.2
有效文献合计 **	199	200	196	210	218	

注:＊其他类主要包含推介研究、历史研究、反思研究、价值研究、特征研究、生源研究、治理研究、类比研究、衔接研究、适应研究、现代化研究及其他不便分类的内容。＊＊有效文献指经过剔除检索到的非"教师职前培养"的资料文献。

表 2—6 不仅反映出国内学者的研究内容偏好,而且反映出国内研究鲜有来自一线的中小学校工作者和非"推介—比较"类、开拓型的研究。数据显示:5 年来,平均每年来自中小学教师的文献仅有 2.0 篇,仅为当年文献总量的 1%;而每年来自国际比较的文献约有 45.2 篇,占据了 21%—23% 的文献份额。来自用人单位一线的反思和总结非常少,反映出国内教师职前培养研究与职前培养工作之间没有构建起较为直接和顺畅的专业关联,而教师教育工作者仍然偏好于推荐介绍自己单位的成功模式、特色模式或引入国外办学模式和能力标准,近几年来此风还有愈演愈烈之势:"国际比较"、"国际范"(如 ISO 标准)、"改革研究"、"标准研究"等"高、大、全"式的研究文献充斥着国内的主流教师教育期刊,而微观层面的教师职前培养质量改革和个案、叙事研究寥寥,已有的少量研究多为类比或价值类文献,其研究大多还停留在价值分析和对策呼吁的层面,而标准化质量评价及其本土化的深入和开拓性研究更显苍白无力。

无可厚非的是,这些比较研究材料新颖、概括得体、总结到位,对教师教育工作者和师范生开展专业反思和教学研究开拓视野的确大有裨益。然而,深入其中不难发现:一些研究的大多数内容仍只是别国政策和专家发声的同步翻译,部分研究的逻辑和研究范式不明——国内相关研究层次和质量水平参差不齐,仅有为数不多的专业研究能够为我国教师职前培养质量评价和保障体系"本土化"构建做出实质性贡献。

（一）对欧美发达国家 20 世纪教师教育思想进行了历史梳理[①]和分析

譬如洪明（2008）、刘静（2009）等人对 20 世纪 70 年代以来美国学者提出的美国教师教育模式和思想取向进行了归纳。[②] 乔伊（Joyce，1975）将美国教师教育思潮沿革划分为进步主义、学术导向、个人化改革和能力本位四种模式；哈特奈特和纳什（Hartnett，A．& Naish，M．，1980）则将其概况为批判取向、技术取向和工艺取向。赛可纳（Kenneth M. Zeichner，1990）将 20 世纪美国教师教育的四种传统归纳为学术传统、社会效率传统、发展主义者传统和社会改造主义者传统[③]；汤姆（Tom，Alan. R．，1997）则将其概括为学术模式、教学有效性模式和合作模式。据此，刘静认为 20 世纪教师教育思想演进可以概括为学术取向、专业取向和社会取向三个阶段和体系。

刘静（2009）等人认为，纵观欧美发达国家教师教育现代化演进的历程，矛盾与冲突贯穿了全过程。教师学术化、专业化、标准化的历史路径背后是科学主义与人本主义、实证主义、要素主义与进步主义、理性主义与批评主义思想的激烈斗争。

（二）对教师教育改革过程中教师教育质量保障改革的深入探究

对于教师专业化与教师教育（职前）质量保障机制的改革方向和路径，也有过“不同”的声音：龙宝新（2011）认为，教师专业化及其专业资格认证制度蕴含着一种“资格博弈”——教育专家与国家为其共同权利的实现，将自己认可的教师资质标准强加于普通教师个体头上，并将其构建起一种法定的“群体表象”；从政治经济学的视角来看，“资格博

---

① 20 世纪 50—60 年代，受到前苏联在航天技术上的威胁，美国舆论对教育和教师教育提出了严厉的批评，此时要素主义思潮开始在美国教师教育界掀起“强化学术”之风，尤其以哈佛大学校长科南特（James B. Conant）推行的教学文硕士培养计划和教师教育计划为其代表。要素主义思潮直接促进了全美教师教育认证委员会（NCATE）认可标准体系中“能力本位”核心指导思想的确定。要素主义提倡传统的教育者权威的师生关系和传授式教学方法。对于未来（候选）教师的培养，要素主义强调他们要以被动地学习教学能力中的“核心要素”为主要任务，这成为了美国教师教育“社会效率”传统形成的思想基础。与此同时，进步主义教育思想者反对要素主义对于教师教育未来教师培养的外部干预，他们在 20 世纪 80—90 年代提出教师教育应当以未来教师为中心，引导他们通过“从做中学”来主动培养他们成为教师的能力。

② 参见刘静《20 世纪美国教师教育思想的历史分析》，北京师范大学出版社 2009 年版，第 35—38 页。

③ 参见 Zeichner, K. M. Liston, D. P., "Theme: Restructuring Teacher Education Traditions of Reform in U. S. Teacher Education", *Journal of Teacher Education*, Vol. 41, No. 2, 1990. 该观点曾普遍为国内学者所接受。

弈"有助于设置市场化保护性壁垒,提高教师的社会地位和威望,保障教师的专业利益,并确保教师专业化实施"场域化"① 运作。这种"场域化"运作的结果就是教师被外部强制的资格标准的"围栏"圈住,场域内的教师不得不通过参加社会化考试和选拔来巩固其专业岗位,而国家、教育专家则利用其资格制定权来管制教师群体专业的发展并导致教师群体专业发展的同质性、脸谱化和顺从特征。周钧(2004)等人曾指出,导致这种现象的原因在于教师职业专业化的"剃刀效应"②、专业标准的僵硬化、专业发展的功能化、专业化过程的"重选轻养"等。当然,这种"场域化"运作也不尽然全部值得批判:它实现了教师与职业的双向选择,某种意义上也成为了优化教育资源配置、培育职业市场化力量的社会杠杆和装置,并已经实现了教师由国家权力任用到由职业市场选用的演进。

这种"不同声音"对现有的教师资格证书制度"资格博弈"提出了自己的演进和完善策略,即以更为广阔的文化主义视角将其纳入文化壁垒和演进路径:首先,教师行业的根基是业内共同认可的教育惯例、教育认识论、教育传统、教育文化。其次,教师从业的资格不是考试成绩而是文化资格。最后,"资格博弈"机制是文化互动的障碍而非通道。实质上,"资格博弈"只是教师专业化与教师教育质量保障改革的一条路径"分支";教师教育质量提升路径的"主流"在于教师专业水平的培养和提升。围绕教师专业水平的培养和提升,促进教师专业发展和教师职前培养质量保障与评价的路径显然不止有"资格博弈"一条。教师资格标准是教师专业化及其专业标准的重要准入环节,而不能包括教师专业标准的全部内涵和外延。从制度变迁和制度经济学的视角来看,自上而下的教师专业标准及其"资格博弈"并不是教师专业化发

---

① 布厄迪等人指出,各种场域都努力通过证书准入来实现其自身的规范化和同质化,而对于证书和标准的合法定义权的争夺,是所有场域里的普遍共性。在教师教育场域,社会选拔教师的资格博弈机制本身承担了一部分教师教育功能,并巧妙地将这种机制自身携带的市场性力量转变成教师的学习动机。

② 周钧等人指出,美国教师教育改革过程中出现了一种反对教师资格证书的声音。这种声音认为:教师专业化推进的实质是利用教师社会选拔的资格标准这把"剃刀"来"剪裁"教师,促使多样的教师文化走向同一性,并会导致教师自我个性和教育生活权逐步沦丧;这种"剃刀效应"将阻碍教师专业发展,破坏教师教育的"生态平衡"。参见周钧《解制:当代美国教师教育改革的另一种声音》,《外国教育研究》2004 年第 5 期。

展的唯一路径；自下而上的教师专业成长及其"发展博弈"或许是另一条潜在成功的必经之途。

自上而下的教师专业标准及其"资格博弈"保障了国家教育行政部门和教育专家的教育权威和有偏好的理想准入设计；而自下而上的教师专业成长及其"发展博弈"则是从教师职前阶段开始的教师个体科学成长——两者之间相互依存、不可或缺。

（三）尝试对教师职前培养质量评价体系开展标准化探究

根据义务教育阶段教师专业化发展的基本要求和师范生培养的发展性、全面性、操作性、多元性原则，我国极少数学者在借鉴国外经验的基础上结合我国中小学师资队伍培养的实际，提出了中小学教师素质结构及其质量评价的一般标准：马超山和张桂春（1989）[1] 等人是我国较早关注教师素质结构研究的学者，他们立足教师个体专业素质的发展，提出了动力系统（思想品质）、知识系统和能力系统"三合一"的教师素质结构模型。华东师范大学叶澜教授（2001）认为，中小学教师素质可以依照"三分法"分为教育理念、知识结构和能力结构[2]。后经一些学者的补充，身心结构素质被认为也应当是中小学教师必不可缺的素养成分。在此基础上，顾一鸣等人在 2009 年随机对安徽 60 名中小学校长进行问卷，并确定了 14 个二级评价指标；在《义务教育教师专业化发展评价因素调研报告》中，陈啸等人（2010）对上述指标进行了因素分析，结果显示，四项一级指标因子载荷和贡献率基本满足观测要求，并对其下 53 个三级观测指标进行了小幅修正。此外，我国教师教育研究者在高等教育或教师教育会议交流中也提出了各种质量评价方法和指标体系，但尚未形成公认标准。

2011—2013 年，在系统化的国际比较研究基础上，我国政府开始试探性出台了《中小学（幼儿园）教师专业标准》《教育部关于大力推进教师教育课程改革的意见》等标准或框架性质量指导文件，为构建有中国特色的教师职前培养质量评价和保障体系迈出了坚实的第一步。

同一时期，北京师范大学相关研究团队出版了相关的研究专著。朱旭东和李琼等人（2011）的《教师教育标准体系研究》中以教师专业发展

---

[1]　参见马超山、张桂春《教师素质结构模型初探》，《辽宁师范大学学报》1989 年第 4 期。

[2]　参见叶澜等《教师角色与教师发展新探》，教育科学出版社 2001 年版，第 229—230 页。

标准体系为主要内容；其逻辑框架包括教师教育的教学标准、课程标准、能力标准（含技术能力）、机构标准；其后半部分涉及教师教育的质量评估标准、资格证书标准、专业发展学校标准、校本培训标准。其中关于教师教育质量评估标准框架的外延，朱旭东和李琼等人认为至少应包括对教师教育机构质量、课程质量、教学质量和候选教师质量四块内容①。马健生（2014）的国家哲学社会科学成果《高等教育质量保证体系的国际比较研究》中专门对教师教育标准进行了国际比较，并概括出主要发达国家教师教育标准化基本可分为初任教师标准和高级教师标准两个层次；其质量评价具有主体多元、标准专业、实施规范等共性特点②。

综合上述观点和相关研究的基本结论，可将国内学者认为的中国教师职前培养质量评价通用、核心、重要的指标因子整理归纳，简要汇集成指标因子簇，见表2—7。

表2—7　　中国教师教育（新教师）质量评价通用指标因子简汇

因素1 专业理念	因素2 专业道德	因素3 专业知识	因素4 专业技能	其他不便 分类因素
教师观	甘于奉献	教育学	教学目标	教育反思
服务意识	关爱学生	教育心理学	教学内容	教师教育一体化
终身学习	为人师表	学科专业	口头表达	产学研一体化
专业规划	团结协作	文化基础	指导学生	社会评价
专业发展	公平有效	策略性知识	班级管理	多元评价
教学热情	尊重学生	人际知识	偶发事件	家校合作
	认真负责	自我知识	现代信息技术	
		情境知识	科学研究	

现阶段，虽然我国教师职前培养阶段的相关研究关注的主题较为分散，标准化研究屡弱，且仍处于"大学教师"话语发声和"比较借鉴"研究范式的统治时期，本土化、基于一手调查研究的教师职前培养质量评

---

① 参见朱旭东、李琼等《教师教育标准体系研究》，北京师范大学出版社2011年版，第246页。

② 参见马健生《高等教育质量保证体系的国际比较研究》，北京师范大学出版社2014年版，第384—387页。

价的有效研究和框架设计与发达国家相比仍显单薄，但是随着我国教师教育改革的深入推进，越来越多的高等教育研究者和中小学教师开始尝试对教师职前培养质量评价体系开展标准化探究，具有中国特色的教师职前培养质量评价现代化体系正在构建和形成之中。

二　研究小结

通过对国内外相关研究的梳理不难发现：

第一，教师职前培养的质量评价标准因子和指标体系在教师教育发达国家尤其是在美国已经构建起国家意志下的多元多因素指标因子，这些因子的通用性在于以考察和测量师范大学生（候选教师）的专业成长为主要对象，关注培养机构和教师教育工作者在师范生专业成长过程中的示范质量、合作质量、交互质量及教师在其中的引导作用，重视培养机构为师范生提供的教师职前培养服务的整体质量，关注师范生专业成长和自我教育和与时俱进，日益成为国际教师职前培养的主要趋向和未来特征。

第二，相对于教师教育发达国家，我国的教师教育正处于"发展中"的状态，有关教师的专业标准、专业质量评价体系尚未完全有效建构起来，相关工作还处于经验比较、借鉴和探索的初级阶段。关于教师专业质量评价因素的划分还比较粗浅，国内已有研究初步将其维度划分为专业理念、专业道德、专业知识和专业技能四大类，但其质量评价的本土化之规范性、层次性、检验性、操作性和信效度尚不明朗，更缺乏可供专业化、标准化操作的评价系统方案。

第三，在国内外学者研究和分析的基础上，本研究汲取相关理论流派和成功经验的长处，以师范生为人才培养质量标准化评价的主要对象，勾勒出教师职前培养质量评价（目标）标准的基本结构，主要包括教育信念和专业态度构成的专业品质、专业知识、专业能力三个维度。

（一）专业品质

教育信念是指教师自己选择、认可并确信的教育观念或教育理念。教师有自己的信念体系，它可能是从自己教学实践经验中逐渐积累形成或从外界直接接受而来的教育观念，也可能是经过深思熟虑并富有理想色彩的教育理念，它们之间存在的只是所赖以建立的基础的差异，可以看作是教师信念的两个层次。从经验式、无意识的朦胧教育信念向以知识、系统理论为基础的教育信念不断演进,以至有意识地构建清晰的、理想的教育理念,并随着时代的发展随时予以更新是教师逐渐走向专业成熟的一个重要维度。从宏观的角度来说,教师的教育信念包括教育观、学生观和教育活动观;从微观的角度来说,主要有关于学习者和学习的信念、关于教学的信念、关于学科的信念、关于学会教学的信念和关于自我和教学作用的信念等。教师的教育信念不仅影响其教学、教育行为,而且对教师自己的学习和成长也有重大影响,尽管教师对此可能并不察觉。但在教师试图学习、尝试接受新的教育观念时,这些实际存在的信念则可能成为过滤新观念的筛子,并对新观念的学习和教师成长产生不利影响。

专业态度和动机是教师专业活动和行为的动力系统,直接关系到教师去留的重要因素。它涉及教师的职业理想、对教师专业的热爱程度(态度)、工作的积极性能否维持(专业动机)和某种程度的专业能否继续(职业满意度)等方面的问题,主要表现为教师的职业兴趣和工作的投入两个方面。有研究表明,教师的专业动机和对专业的投入,是随着年龄和任职年限的增长而变化的。入职动机非常坚定的人,并非一定意味着他将永远保持这种专业动机。据调查,教师尤其是候选教师的专业动机很容易受到其实际的专业活动自主程度、学校对教师的重视程度和教学任务的困难程度等因素的直接影响。

此外,专业品质还包括师范生作为候选教师的专业特性、个性系统和教育品质等无形而重要的内容。这些由个体人力资本和个性特质综合而成的候选教师基础品质和基础能力类素养与教育信念、专业态度和动机共同构成了(师范生——准教师)候选教师的专业品质这一重要维度。

(二)专业知识

有多位学者曾就一门职业作为一门专业的特征提出过不同的意见,但大致可归纳为三方面:一是要有一套专业理论知识;二是承担独特的社会服务;三是拥有高度专业自主权。所以,作为一名专业人员获得专业理论知识是专业成长中的一个重要维度。

教师知识是国外教师研究中开始较早的研究领域之一,但迄今为止,专业教师到底应该从哪些方面去构建知识还没有一致的认识。目前,较有代表性、影响较大的教师知识分类和结构的表述归纳起来构成表2—8。

表2—8　　　　　　国外学者关于教师专业知识分类的研究者案例

研究者1 舒尔曼①	研究者2 伯利纳②	研究者3 格罗斯曼③	研究者4 博科和帕特南④	研究者5 考尔德和黑德⑤
教材内容知识	学科内容知识	学科内容知识	一般教学法知识	学科知识
学科教学法	学科教学法知识	学习者和学习知识	教材内容知识	机智性知识
课程知识	一般教学法知识	一般教学法知识	学科教学法知识	个人实践知识
一般教学法知识		课程知识		个案知识
有关学习者知识		情境的知识		理论性知识
情境（教育目的）		自我的知识		隐喻和映象
其他课程的知识				

　　从表2—8中列举的几种教师知识分类中，可以看到教师知识类别的多样化。由此，我们可以在一定程度上体会到教师知识结构和体系的复杂性。作为一名专业教师，首先应当具备相当水平的普通文化知识，这是教师维持正常教学和不断自我学习的前提；其次，教师还应当对其所教学科内容的专业知识和目标技能达到专业熟悉的程度；最后，教师必须掌握如何将其熟悉的专业知识正确而有效地通过教与学的活动让学生的全面素质和身心发展受益。

　　（三）专业能力

　　与教师知识一样，教师能力也是教师专业结构中一个重要组成部分。教师能力特别是专业能力对教师专业工作的重要性似乎没有什么异议，然而对哪些能力更为重要却众说纷纭。与国外学者更注重知识性技能、教与学等教师专业发展方面能力不同，国内学者更加关注作为一名合格准教师应当具备的基本的、综合的、可持续发展的专业能力；对此，不同学者所

---

　　① 参见 Shulman, L. S. Those who understand: Knowledge growth in teaching. *Educational Researcher*, 1986, Vol. 15, No. 2, pp. 4 – 14.

　　② 参见 Berliner, D. C. *Expert Knowledge in the pedagogical domain*. Paper presented at the meeting of the American educational psychological association, New Orleans, LA. , August 12, 1989.

　　③ 参见 Grossman, P. L. Teachers' knowledge. *The international encyclopedia of education* (2nd ed.) . New York: Pergamon, 1994, pp. 6117 – 6122.

　　④ 参见 Borko, H. & Putnam, R. T. *Learning to teach*, Handbook of educational psychology. New York: Macmillan, 1996, pp. 673 – 709.

　　⑤ 参见 Calderhead, J. *Teachers: belief and knowledge*. Handbook of educational psychology. New York: Macmillan, 1996, pp. 709 – 725.

罗列的能力项目中,少的有两三项,多的达 13 项。表 2—9 所列几种即是不同观点的代表。

表 2—9　　　　国内学者关于教师专业能力分类的研究者案例

研究者 1 邵瑞珍①	研究者 2 曾庆捷②	研究者 3 陈顺理③	研究者 4 孟育群④	研究者 5 罗树华等⑤
思维条理逻辑性	信息的组织转化	对学生调节、控制、改造(了解学生能力、因材施教、启发引导、教会学习、组织管理)	认知能力	基础能力(智慧能力、表达能力、审美能力)
口头表达能力	信息的传递	对教学调节、控制、改造(教学内容加工处理、对教学组织形式合理利用、言语表达、检查教学效果)	设计能力	职业能力(教育能力、班级管理、教学能力)
组织教学能力	运用教学手段	对自我调节控制(自学能力、自我修养、敏感接收反馈信息)	传播能力	自我完善能力
	接受信息		组织能力	自学能力(扩展能力、处理人际关系能力)
			交往能力	

本研究认为,教师专业能力应包括一般能力(即智力)和教师专业特殊能力两方面,教师在智力上应该达到一定水平,这是维持教师正常教学思维流畅性的基本保证。在教师专业特殊能力方面,又可分为两个层次:第一个层次是与教师教学实践直接相联系的特殊能力,如语言表达能力、组织能力、学科教学能力等;第二个层次是有利于深化教师对教学实践认识的教育科研能力。

---

① 参见邵瑞珍等《教育心理学——学与教的原理》,上海教育出版社 1983 年版,第 265 页。

② 参见曾庆捷《浅论教师的知识结构、智力结构、能力结构》,《教育丛刊》1987 年第 3—4 期。

③ 参见陈顺理《教学能力初探》,《课程·教材·教法》1988 年第 9 期。

④ 参见孟育群《现代教师的教育能力结构》,《现代中小学教育》1990 年第 3 期。

⑤ 参见罗树华、李洪珍《教师能力学》,山东教育出版社 1997 年版,第 27—73 页。

第三章 症结:教师职前培养质量评价的现实性困境

第一节 现状与共性

中国教师教育改革发展至今只有短短的 10 余年历程。在近百年的历史长河中,教师职前培养的历史责任全部落在了师范教育的肩上。中国师范教育的发展受到国家政治、经济形势的影响非常显著,教师职业的社会地位几经沉浮,改革开放的 30 年是我国师范教育大放异彩的时期,然而这一时期师范教育的质量评价却发展缓慢。由于我国没有建立起专业导向的专门质量保障体系,因而师范院校的政府的层次定位、项目(审批)引导和师范生就业质量、机构社会声誉等就成为了当时教师职前培养质量实际意义上的"外显"指标。

直到 2001 年,中国官方才首次用"教师教育"替代"师范教育"——2001 年 5 月中央颁布的《国务院关于基础教育改革与发展的决定》明确提出要"完善教师教育体系,深化人事制度改革,大力加强中小学教师队伍建设"。2002 年教育部发布的《关于"十五"期间教师教育改革与发展的意见》则第一次对教师教育概念的内涵进行了完整诠释。被教师教育取代后,我国师范教育在教师教育大学化进程中被解构,原来的师范教育主体培养机构——中等师范院校通过转制、合并、升格或消亡等形式重新整合进入一个高等师范院校为主要话语的多元的教师培养和培训体系,即"后师范教育时代"。在"后师范教育时代",教师职前培养的结构、效益和质量(而不是方向、速度、规模)再度受到重视;在专业化程度不高的情况下,相关研究仍从国际经验比较借鉴、个案研究和专业合作体等方面推进了我国教师职前培养质量保障体系的建设进程及其评价标准化政策的出台。

在"半专业化"质量评价组织及其质量框架之下,我国教师职前培养质量评价的现状和共性情况如下。

一 政府的专业标准与质量评估

21 世纪是创新型教师人才国际竞争的世纪,也是教师教育改革从注重规模经济转向注重质量经济和协同创新的世纪。我国政府正确认识到教师职前培养的质量及其科学评价具有重要的现实价值和可持续发展的社会意义,出台了一系列关于教师教育改革的专门政策法规,确保了我国教师教育转型"专业化—标准化"发展的基本顺畅。

(一)专业标准现状

2012 年以前,我国教师业务标准主要涵盖教师专业技术职务晋升制度(《小学教师职务试行条例》)、教师资格制度(《教师资格条例》及《〈教师资格条例〉实施办法》)、教师职业道德规范(《中小学教师职业道德规范》)三大领域。2012 年 2 月,教育部出台《小学教师专业标准(试行)》(以下简称《标准》),本着"学生为本、师德为先、能力为重、终身学习"的指导思想,从"专业品质"、"专业知识"、"专业技能"三个维度出发,对中国小学教师专业标准的 13 个领域进行了要求与规范,见表 3—1。

表 3—1 　　　　我国小学教师专业标准(试行)指标因子简汇

指标 1—A 专业理念	指标 1—B 师德修养	指标 2 专业知识	指标 3—A 专业能力	指标 3—B 反思发展	潜在指标
职业认知	自我调节	学生发展	教学设计	反思改进	气质个性
学生观行	勤勉进取	学科专业	教学组织	教育研究	行知合一
教育观行	举止文明	教育教学	激励评价	专业素养	终身学习
师德师风	责任爱心	通识教育	沟通合作		不可替代

《标准》是进入新世纪以来,我国政府为了保障教师教育人才培养质量而制定的第一部明确系统的教师专业标准;它既是我国小学教师人才培养的基标,也是我国小学教师人才培养质量评价的总则。《标准》的出台,标志着我国教师教育从注重数量规模的外延式发展转向注重质量结构的内涵式提升。从指标因子设计的视角来剖析《标准》不难发现:

首先，《标准》是区别于现行教师业务评价的专业评价体系。《标准》从我国小学教师培养质量的基本要素出发，从"专业理念"、"专业知识"、"专业技能"三个维度将我国小学教师培养质量评价的核心指标囊括在内。《标准》变"基数＋绩效"教师业务评价模式为"合格＋特色"教师专业评价模式——这样既有利于我国教师培养和专业质量评价"合格底线"的建立，又有利于各地师范院校因地制宜灵活制定教师职前培养目标和方案，开展多层次、多元化、有特色的人才培养。

其次，《标准》贯穿于教师教育一体化的人才培养质量评价全程，并突出了教师教育职前人才培养阶段的质量评价。"专业理念"、"专业知识"和"专业技能"的养成和达标需要教师个体专业发展的全局努力，但是其愿景、经验、信心及品质均源于职前阶段；尤其是"专业知识"和"专业技能"的养成，发端于候选教师职前"素质修炼"而不能推诿于入职后新教师个体被动的"经验累积"。

最后，《标准》突出了教师的专业技能和自我可持续发展的综合素养。中小学教师是面向基础教育实践的专门职业，其专业性主要体现在教育教学专业领域内专业技能的"不可替代性"。《标准》牢牢把握住这一根本特性，从专业技能方面对教师的"教学设计"、"教学组织"、"激励评价"、"沟通合作"四个质量评价核心要素进行了明确标示；同时，《标准》将教师多元发展指标"自我反思"、"科学研究"、"专业素养"纳入专业技能维度，顺应了创新型教师人才培养的专业趋势，强化了对教师个体可持续发展的专业要求。

（二）质量评估现状

以《标准》作为指导思想和评价反馈的总则，我国教师职前培养质量评价的实践主要来自于政府主导的本科教学质量评估并辅以社会、科研机构主持的排行评价和院校研究。

基于"保障质量、监督改进"的价值判断，我国从 1994 年开始了教育部主导的高校人才培养（办学）质量评估。评估分为本科和研究生两个基本层次，其中本科人才培养（办学）质量评估以"专业—教学—学生"为其核心脉络，授权教育部高等教育教学评估中心进行等级评价。教育部本科教学质量评估的指标体系有过两次调整，调整后情况见表3—2。

表 3—2 　　　　我国教育部本科教学评估指标因子（2008）简汇

指标1 指导思想	指标2 师资队伍	指标3 条件利用	指标4 专业教学	指标5 教学管理	指标6 师德学风	指标7 教学效果	特色指标
定位规划	生师比	校舍状况	教学内容	管理队伍	师德水平	知识技能	办学特色
教育理念	师资结构	实习实验	课程改革	改革成果	学生守纪	文化修养	培养特色
教学地位	教师资格	图书网络	教材建设	教学规章	学生活动	实践创新	管理特色
	教学水平	运动设施	教学方法	质量监控	学生主体	毕业设计	课程特色
	授课教师	四项经费	双语教学			身心健康	学生特色
			实践教学			就业生源	其他特色

2002—2008 年间①，我国师范院校参与教育部本科教学评估的结果见表 3—3。

表 3—3 　　　　2002—2008 年师范院校教育部本科教学评估结果

	2002 年	2003 年	2004 年	2005 年	2006 年	2007 年	2008 年
优秀	1 [1]	3 [3]	2 [2]	7 {3}, [4]	7 {2}, [4], (1)	20 [7], (13)	12 {1} + [4] + (7)
良好	1 [1]	2 [2]	2 [2]	5 [4] + (1)	2 (2)	17 (17)	6 (6)
合格	10 (10)	1 (1)	2 (2)	3 (3)	1 (1)	0	0
不合格	0	0	0	0	0	0	0
小计	12	6	6	15	10	37	18

注：{}、[]、（）分别代表部属师范院校、地方师范大学、地方师范院校。其中，2007 年，湖北师范学院、喀什师范学院、伊犁师范学院第二次参与评估，结果为优秀；2008 年，辽宁师范大学、江西科技师范学院第二次参与评估，结果为优秀。

从表 3—3 中不难发现：第一，2002—2008 年参与教育部本科教学评估的师范院校基本呈现逐年增长的势头，且评估结果全部合格；第二，2002—2008 年参与教育部本科教学评估的师范院校评估结果优秀和良好

① 2002—2008 年是我国本科教学评估较为成熟的一个阶段，这个阶段我国主要的师范大学和地方师范院校陆续接受了至少一轮的以教学质量主要内容、以人才培养质量为主要目标的规范性质量评价和督导检查。

的学校越来越多，其间有 104 所师范院校参与本科教学评估，其中评估结果为优秀的有 52 所，占 50.00%；良好的有 35 所，占 33.65%；剩下的16.35% 院校均为合格。

然而，两轮教学评估"皆大欢喜"的结局并不是我国教师职前培养质量评价现状的真实写照。在我国从"三级师范"向"一级师范"过渡过程中，教师教育"大学化"的进程开展并不顺利，近些年来对于本科院校师范生"眼高手低"、"华而不实"、"不会教学"、"不如中师生好用"等消极反馈评价常现于社会媒体笔端；缺乏专门针对师范院校教师职前培养质量专业评价的弊端已然凸显。

（三）共性分析

首先，由于我国教师职前培养质量评估缺乏专业、独立的体系导致相关专业标准与质量评估实践相脱节。"专业标准—评估标准—评估实施"是开展教师职前培养质量评估的基本逻辑。在我国，教师专业标准体系建设落后于专业评估体系建设，学科专门化评估体系建设落后于综合评估体系建设，这种现状致使"专业标准—评估标准"相互脱节、互难融通并导致了我国教师职前培养质量专业评估停滞不前的局面。

其次，专业标准和相关评估标准是教育主管部门单一主体"自上而下"推动的"理想化"、"标准化"体系；这种外部动力特征使得我国教师职前培养质量评价注重统一的数量化外部评价而忽视个体专业发展的个性化评价。候选教师个体发展的科学规律和合理需求（如师范生专业发展空间、平台、指导、需求及学生学法指导等）没有反映到质量评价及其标准之中。

再次，在相关标准和评价指标体系中，实践教学及其效果测量指标所占比重偏小，外部性和宏观性指标比重偏大，不利于推进教师职前培养质量评估的专业发展和有效实施。

最后，一方面，由于评价面向的是高等学校本科的所有专业，评估下校的时间（不足一个月）难以保证重点考察教师职前培养的相关专业的师资、办学条件、教育教学及师范生培养的专业质量；另一方面，由于评估的程序和结果在相当长的一段时期内处于半透明、半公开的状态，不利于收集其他评价机构和受教育者关于教师职前培养质量可持续发展的反馈和建议。并且，相对于西方国家我国教育部本科评估结果一般不能改变，因而培养机构一般没有实际上的申诉权利。

二　社会的质量排行

（一）现状

与政府接受师范院校人才培养的质量评估申请相呼应，社会上的评价机构也通过院校研究和数据分析的方式对我国高校教育学科人才培养进行了排行评价。

中国管理科学研究院"中国大学评价"课题组将教育学科按 5 等 11 级进行了分学校的得分降序排列；其指标结构为（本科生培养）："人才培养得分 = 本科生就业率 & 新生录取分数线 & 本科教学评估结果 & 教师总数 & 在校本科生数 & 双语教学示范课程 & 实验教学示范中心 & 特色专业 & 教学团队 & 精品课程 × 规划教材 & 挑战杯本科生学术作品竞赛奖 & 本科生数学建模竞赛奖 & 本科教学成果奖"。

中国校友会网的评价指标体系可分为人才培养、科学科研、综合声誉三部分，其中：人才培养得分 = 杰出人才（杰出政治家、企业家、科学家、优秀博士）× 师资水平（院士、教学名师、教学团队、千人计划、长江学者、杰出青年）× 学科水平（高校学科创新引智基地、重点学科、博士硕士、特色专业）。

网大中国大学排行指标体系与中国校友会网的评价指标体系类似，其指标体系亦分为人才培养、科学科研、综合声誉三部分，其中：人才培养得分 = 物质资源（图书总量及生均量 × 校舍建筑面积及生均建筑面积）× 教师资源（副高以上教师比 × 两院院士数 × 长江学者 × 师生比）× 学生情况（录取分数 × 研究生比）。

（二）共性分析

综合上述社会的主流质量排行评价因子要素，可得到表3—4。

表3—4反映出我国社会评价对于教师职前培养的质量评价还缺乏专业设计，其针对教育学科人才培养的质量评价还停留在方便统计的非专业化因素表层。

表3—4　　　　我国教育学科本科人才培养质量社会评价相关因子简汇

学生情况	教师情况	学科建设	专业认可	办学资源	其他指标
录取分数 在校数 挑战杯获奖 考研率 就业率	教师总数 生师比 副高教师比 两院院士 长江学者 千人计划 杰出青年	重点学科 特色专业 精品课程 规划教材 双语示范课 硕博士点 创新引智基地	评估结果 教学成果奖 示范实验室 人文社科基地 社会声誉	图书总量 图书生均量 校舍面积 生均建筑面积	媒体报道数 优博论文数 杰出人才 教学团队层次 国家定位 校友捐赠

其一，指标设计过于表面化、片面化、统计化，过于注重显著的输出性指标和培养单位的硬实力指标，忽视了教师职前培养实践性指标、输入性指标和候选教师个体发展指标。

其二，指标中的一些重要因子，如师资、生源等采取按起点评价排行；而另一些重要因子，如学校声誉、学科建设、专业认可等采取结果评价排行；核心因子倚重先进（"985"和"211"高校）、综合及理工学科类高校——这样容易导致出现"评价—招生—办学—评价"循环链的"马太效应"，不利于激励和引导地方师范院校教育学科的健康发展。

其三，这些指标设计标准相对过高，核心指标体系过于简单化，不利于反映出地方师范院校教育学科和教师教育的实际水平和建设努力之程度。

三　培养机构内部的自我评价

除了政府制定的国家标准评价和社会质量排行以外，我国部分高水平的教师职前培养机构还较为重视教师人才培养的内部自我评价和管理。师范生的实习实践课程是教师职前培养质量评价的一个非常重要的课程模块的评价领域。师范生通过实习实践课程及其观察、交互、学习活动习得一线的教学、教学管理、活动设置等教师相关的专业知识、专业技能及专业经验，因而这一模块内容历来为发达国家教师职前培养及其质量评价所重视。

本研究以华中师范大学关于教师职前培养阶段的实习质量评价指标体系的个案[①]为例，简要分析我国教师职前培养机构内部的自我评价质量

---

① 华中师范大学实践教学管理办公室：《华中师范大学教育实习工作评价方案》，2005年，http：//jwc. ccnu. edu. cn/showNews. aspx？id＝245。

体系。

与其他师范院校相比,华中师范大学 2005 年推出的教育实习评价质量指标体系具有典型的代表性和教师教育特色,见表 3—5。

第一,指标划分较细,操作性更强。华中师范大学 2005 年实习质量评价方案划分为四个项目,每个项目下设三到四个指标,每个指标下又设有若干的观察指标(观测点);每个观察指标根据其质量评价的价值赋予不同的分值(2—5 分居多,最高值为 10 分)。以其中的"班主任工作"指标为例,其赋值为培养机构(大学指导教师)对师范生实习质量评价总分的 30%,其下设有"了解情况"、"制定计划"等 9 个具体观察指标,除了"工作能力效果"外,其余各项赋值均为 3 分,观察指标覆盖了中小学校实习教师班主任工作的大部分教育环节,其赋值也突出了班主任工作"能力效果"的侧重,指标体系设计全面、具体、可操作,赋值重点突出、细致合理。

第二,指标体系包括培养机构和实习学校对实习生教育实习(质量)成绩的评价,评价观察点覆盖面较广。从表 3—5 中不难发现,该方案对实习生教育实践评价不仅包括培养机构,也包括实习学校,并且两者的评价指标相同而赋值略有差异——培养机构(大学指导教师)对实习生实习质量评价以及实习学校对实习生实习质量评价的指标都是基于实习内容和专业品行的"行为表率"、"教学工作"、"班主任工作"和"教育调查",不过四大指标之间的比例关系前者为 1:4:3:2,后者为 1.5:4:3:1.5,反映出"教学工作"、"班主任工作"是培养机构和实习学校评价实习生实习质量的主体内容,其价值和分量是毋庸置疑的;而区别在于前者对于实习生的"教育调查"更为看重,而后者对实习生的"行为表率"更为关注。此外,虽然培养机构和实习学校在"教学工作"、"班主任工作"两大指标赋值上是相同的,但是其具体的观察指标设置却依据各自评价主体的观察情境予以区分。

第三,指标体系中的"实习准备"、"实习管理"等维度指向了教师教育工作者的教育服务和管理质量,将这些维度纳入实习生对院系实习准备和对实习单位实习管理的逆向评价,形成了实习运作相关方的互评互助的良性循环。华中师范大学 2005 年实习质量评价方案中还有两个项目维度指向了师范实习生对培养机构和实习学校的教育工作和管理服务质量的评价,这是该方案的一大亮点。通过师范实习生与培养机构、实习学校的两两互评，不仅可以反映出师范实习生实习实践课程参与情况及其质量水平，更能够突出培养机构、实习学校"以人为本，协助共进"的现代教师职前培养质量评价的先进理念。从对应的观察指标可以看出，师范实习生的教学环节和实习指导（指导认真、指导效果、一线指导教师、大学指导教师）的质量在表3—5中被予以了高度关注。

表3—5　　华中师范大学教育实习质量评价指标体系（2005）

项目	指标	观测点	值	项目	指标	观测点	值
实习学校对实习生的评价	行为表率（15%）	实习态度	5	教育实习工作管理评价	实习准备（30%）	基地状况	4
		为人师表	5			导师状况	3
		热爱学生	5			领导重视	3
	教学实习（40%）	认真备课	6			实习计划制订	3
		教学仪态	4			实习点的落实	3
		教学设计	4		实习过程（50%）	师生比	3
		教学方法	6			实习动员	3
		三字一话	4			微格训练	4
		教学秩序	4			模拟教学	4
		教育技术	6			领导督查	8
		课外辅导	3			一线指导教师	10
		批改作业	3			实习生	10
	班级管理（30%）	了解班级	4			大学指导教师	6
		管理计划	4		总结评估（20%）	实习生	6
		配合工作	4			指导教师	5
		日常管理	4			实习生	5
		主题班会	3			领导小组	5
		个别教育	4			指导教师	5
		家长工作	3			实习生	5
		独立克难	4			实习评估	5
	教育调查（15%）	教育调查	3				
		调查选题	4				
		报告论证	8				

续表

项目	指标	观测点	值	项目	指标	观测点	值
实习生教育实习成绩评价	行为表率（10%）	实习态度纪律	3	实习生对院系实习管理的评价	实习准备（15%）	授课计划	2
		为人师表	4			落实学校	4
		教学相长	3			人员准备	3
	教学工作（40%）	教案	4			学习文件	2
		预讲	4			实习动员	4
		讲课	4		实习内容（40%）	教学环节	8
		教学方法	8			教学时数	5
		教学组织	4			认真听课	3
		教学效果	8			实习评议	3
		课外辅导	4			了解班级	4
		批改作业	4			管理计划	4
	班级管理（30%）	了解情况	3			主体班会	5
		制订计划	3			教育调查	8
		方法态度	3		实习管理（30%）	专人负责	5
		日常工作	3			指导认真	5
		集体活动	3			指导效果	4
		个别教育	3			关心学生	3
		家访工作	3			遵守规章	6
		工作能力效果	6			组长负责	4
		自我评价	3			宣传工作	3
	教育调查（20%）	选题意义	4		实习总结（15%）	鉴定总结	4
		掌握材料	4			按时提交	4
		结构表述	4			院系总结	4
		论述分析	4			成果交流	3
		结论建议	4				

　　华中师范大学关于师范实习生教育实习质量评价的指标体系仍处于不断完善的过程中。通过个案的简单分析，不难看出：在教师职前培养质量竞争日趋激烈的今天，我国的教师职前培养机构开始自觉强化内部的自我评价及其管理，虽然其指标体系存在理论依据以及科学的专业论证欠缺等不足，但足见在当前教师教育专业化和大学化的背景下，国内各职前培养

单位都面临着评价重构和质量范式重塑的历史使命。

第二节　新时期教师职前培养方案的比较分析

自 2001 年、2002 年国家相继颁布《国务院关于基础教育改革与发展的决定》和《关于"十五"期间教师教育改革与发展的意见》以来，中国正式确立了从师范教育向教师教育转型的改革方向；历经 10 多年，中国教师职前培养已经基本实现了"大学化"、"开放化"和"多元化"转型。在这一期间，我国以小学教育本科为代表的教师职前培养专业得到了迅速的发展，一些典型案例或培养机构不仅在培养模式上继承或沿革了以前中等师范的优良传统，而且注意迎合了教师教育现代化和社会用人单位的多元需求，从而涌现出像首都师范大学、上海师范大学、南京晓庄学院、湖南第一师范学校（院）这样的时代典型。

人才培养方案是高等学校人才培养的顶层设计和纲领性文件，是培养目标转化为教育教学实践的桥梁。透过培养方案可以一览该培养机构的教师职前培养理念、方法、模式和过程，甚至在一定程度上可以推断出人才培养的基本质量水平。美国的"选择性"教师职前培养质量认证（如TEAC等）即以培养机构的人才培养方案作为评价的基本蓝本和依据，足见其在教师职前培养质量评价领域的分量和价值。

一　专业培养目标和培养规格的比较

本研究选取了开设有小学教育本科专业的东部两所师范大学、中部两所师范学院和中西部两所综合高校（大学/学院），截取了它们 2013 年的人才培养方案文本进行比较研究。六所高校小学教育专业均办学悠久、各有特色，同时样本高校地区分布均衡、办学水平差异适中，能够代表中国教师职前培养质量的中上水准；同时为了避免差异过大，样本高校的选择上回避了开展"免费师范生"、"全科小学教师"等改革试点的培养机构。

这六所教师职前培养机构分别为：浙江师范大学、杭州师范大学、湖南第一师范学院、湖北师范学院、湖北科技学院、重庆三峡学院。六所高校的小学教育本科专业人才培养的背景大体一致，即都具有职前（师范）教育背景、专业培养归口于教育（教师）学院、目前主要采用分科模式培养小学教师,见表3—6。为了便于分析比较,行文中隐去各高校名称,随机以"高校1—高校6"代指。

表3—6　　　　　　　　六校基本情况

	师范大学		师范学院		综合院校	
	浙江师大	杭州师大	湖南一师	湖北师范	重庆三峡	湖北科技
职前背景	√	√	√	√	√	√
教育归口	√	√	√	√	√	√
分科培养	√	√	√	√	√	√

专业培养目标是专业人才培养方案的灵魂。小学教育本科专业的培养目标是针对小学教师职前培养国家方针、政策和标准的集中体现,同时也是现代社会对高层次、高素质的未来的小学教师专门人才培养需求的集中诉求。小学教育专业本科人才培养目标体现了教师职前培养机构对小学候选教师理想轮廓的承载化、具体化、个性化,并进一步体现为培养规格(培养目标的具体、描述性、操作化属性)在各个维度上的综合。

譬如,2007年湖南省率先在全国开展农村小学师资数量和质量调整计划,在《中共湖南省委、湖南省人民政府关于建设教育强省的决定》中通过采用"定向培养"为湖南地区农村小学培养10000名合格教师。2010年,湖南第一师范学院在全国率先探索"初中起点、二四分段、分科培养、定向就业"的六年制本科小学教育专业师资培养模式,并在其培养目标和培养规格中得以具体体现。

(1)湖南第一师范学院2013版小学教育本科专业人才培养目标表述为:为县以下农村小学培养热爱教育事业,基础知识宽厚,专业知识扎实,德、智、体、美全面发展,综合素质较高,具有实施素质教育、具有一定研究和管理能力的本科层次的小学教师。

(2)湖南第一师范学院2013版小学教育本科专业人才培养规格表述为:

①培养正确的人生观和价值观,塑造热爱农村小学教育事业的职业品德,形成高尚的师德修养和求实创新的进取精神。

②掌握小学教育的基本理论、基本知识和基本技能,具有从事小学多门课程教学和小学教育教学研究的能力及校本课程开发的能力。

③具有从事班级管理、少先队辅导工作的能力。

④普通话达到二级乙等及以上水平；掌握一门外语，具有较强的听、说、读、写、译的能力；掌握计算机基本知识，具有较强的计算机应用能力。

⑤具有良好的人文与科学素养及较高的艺术修养。

⑥掌握科学锻炼身体的基本方法，达到国家规定的大学生体质合格标准，具有健康的身心素质。

表3—7是六校小学教育本科专业人才培养目标的汇总情况。

表3—7　　　　　　六校小学教育本科专业培养目标表述的比较

高校	小学教育本科人才培养目标
1	培养德、智、体、美等全面发展的，能主动适应现代社会、政治与经济、科技与教育发展需要的小学教育师资以及从事小学教育教学研究、小学教育管理等工作的专门人才。毕业后能在小学、教育科研和教育管理部门从事教学、科研、管理工作
2	培养德、智、体等全面发展的，能主动适应现代社会、经济、科技与教育发展需要，具有尊重学生、理解学生的意识，亲近、观察、倾听与研究儿童的能力的小学教育师资以及从事小学教育教学研究、小学教育管理等工作的专门人才。毕业后能在小学、教育科研和教育管理部门从事教学、科研、管理工作
3	基于小学教师专业化的发展趋势，学生通过本科阶段学习，成长为适应时代要求和小学语文教育改革需要，德、智、体、美全面发展，学科素养和教师专业素养高度整合，掌握本专业的基础理论知识，掌握小学教学和教学科研等专业技能，具有小学教育的专业情感，能在小学从事小学教学工作，富有教学创新能力的高素质小学教师，以及向更高层次发展的专业人才
4	为县以下农村小学培养热爱教育事业，基础知识宽厚，专业知识扎实，德、智、体、美全面发展，综合素质较高，具有实施素质教育和具有一定研究和管理能力的本科层次的小学教师
5	培养德、智、体、美、劳等全面发展，热爱小学教育事业，热爱儿童，熟悉小学教育政策法规，具有良好的思想品德、职业道德和社会公德，具有宽厚的文化基础知识，一定的人文素养、科学素养和艺体素养，具有初步的教育科研能力和一定的管理能力，具有健康活泼的个性，掌握小学教育的基本理论、基本知识和基本技能，能够胜任小学教学各科教学和班主任工作，并能从事教育、科研、管理的小学教育专门人才
6	培养德、智、体全面发展，适应基础教育改革和发展需要，系统掌握现代基础教育理论和小学教育专业知识，厚基础、宽口径、高素质的小学教师、小学教育科研人员、心理健康教育人员等教育工作者
共性	培养具有德、智、体、美全面素质，掌握小学教育专业基础知识、基本理论和基本技能，具有良好的教育理论素养和一定的教育教学实践能力，能够在小学从事教学与教学研究的教师和教育管理人员

通过比较不难发现，六所教师职前培养机构的小学教育本科专业的培

养目标表述的共性有三:第一,专业素养和品质全面。在六校小学教育本科专业人才培养方案中"培养德、智、体、美全面发展的高素质小学师资"均言之凿凿。第二,专业知识和技能扎实。六校均要求掌握小学教育专业的基础知识、基本理论和基本技能。第三,胜任力强。具备良好的教育理论和教学实践的素养和能力,能够从事小学教学工作、教学研究或教学管理。而六校小学教育本科专业的培养目标的差异化表述主要集中在两个方面:一是表述中是否有"能主动适应"社会和职业的外部需求;二是表述中是否有"面向农村地区"。

此外,综合六校小学教育本科专业的培养规格表述得到高频词统计情况,见表3—8。

表3—8　　　六校小学教育本科专业培养规格表述的高频词统计

序	频次	表述的意义
1	6	德、智、体全面发展的素质;师德和政治素养;热爱小学教育事业和学生;良好的教育教学能力;扎实专业知识;适应专业改革与发展;胜任小学教学或管理
2	5	教育理论知识;班级管理;计算机应用能力;身心健康;创新精神和能力;教育教学研究
3	4	理念先进;校本课程或课程开发;英语应用能力;艺术修养
4	3	儿童保健知识;人文与科学素养
5	2	多科教学;适应社会或地区需求
6	1	少先队辅导工作;热爱农村

专业培养规格是专业培养目标的具体化和诠释化,反映出本科专业人才培养的最基本要求,应是小学候选教师所应有素质的最基本标准。从表3—8中可以看出,在培养规格上,六校小学教育本科专业的培养规格表述上具有如下特征:①高频"热"词集中在:"素质全面发展"的共性要求、专业理念与师德方面的共性要求、专业能力和专业知识方面的共性要求、教师专业化和小学教学工作胜任力方面的要求、班级管理技巧、现代信息技术、良好的身体和心理素质、一定的创新精神和教育教学研究能力等。②高频"冷"词集中在:少先队辅导工作、热爱农村基础教育、多科教学要求以及适应社会或地区的外部需求等。六校在专业培养规格上突出了候选教师(师范生)的全面发展,从专业理念与师德,到专业知识,再到隐性课程素养均有涉及;但是大多数教师职前培养机构的专业培养规格

表述没有面向基层、面向农村同时未兼顾到社会和地区的发展需求。

与国家 2012 年颁布的《小学教师专业标准》相比，上述规格要求与国家颁布的内容要求基本一致。但从表 3—8 中，我们也发现一些与当前教师教育、基础教育改革与发展的新要求在六校小学教育本科专业的培养规格表述中并没有得到充分体现，如准教师的教育法律意识、教师的个性品质培养和专业化的自我发展、学生学习指导能力、班主任协同教育、心理辅导和创新工作能力等方面的要求，反映出我国教师职前培养机构需要尽快结合时代需求，修订和更新各自的人才培养目标和培养方案。

通过比较，还可以发现：六所教师职前培养机构的小学教育本科专业的培养目标和规格均"覆盖全面、标准较高"——"专业品质全面且优秀、专业知识和技能扎实、胜任力强"是六校培养目标的共通之处；又如在湖南第一师范学院的小学教育本科人才培养规格中明确培养"具有从事小学多门课程教学和小学教育教学研究的能力及校本课程开发能力"的小学教师。表 3—8 中"全面发展素质、师德和政治素养"等一系列同时出现的高频热词更是凸显了现代化社会对高素质、全科化、专业成长式、研究复合型小学师资的迫切需求。

然而，从世界范围的教师职前培养实践来看，教师尤其是小学教师的专业成长必须历经"预备教师（师范生）—新教师—合格教师—成熟教师—优秀（卓越）教师"这样一条发展路径。在这条路径上，教师职前培养奠定了预备教师专业发展的职业动力系统（职业向往、职业愿景、职业动机）和职业素质系统（专业品质、专业知识和专业技能）的重要基础；新教师入职以后通过实践教学、管理和入职、职后培训才能够胜任小学教育教学、科研和管理工作——因而教师职前培养不可能让师范生"一蹴而就"地成为优秀（卓越）教师。因此，这一阶段的预备教师（师范生）的培养目标和规格应当趋于理性：一方面，大多数师范生由于受到自身经历、个性气质、经济条件和培养过程的影响，在短短的四年内还达不到或只能接近优秀乃至较高的培养目标和规格的要求；另一方面，少数师范生由于各种资源和自身条件上的优势，在优秀、负责任的教师教育工作者的专业引导下才能完全达到各培养机构制定的上述标准。从这个意义上讲，六校小学教育本科专业人才培养目标和规格的表述，既体现了国家和时代赋予我国小学教师的历史使命，又是飞速发展的当今社会对现代化教师职前培养的复合需求，是一种理想化状态的优秀准教师的标准；在当下我国教师教育生源质量二流甚至下滑的现实条件下,各校趋于"高、大、全"的职前培养质量标准并不利于因地制宜地培养合格师资,也不利于教师职前培养质量评价和质量保障工作的开展。

二　专业课程结构和课程设置的比较

(一)国内外相关研究经验

从世界范围来看,各国教师职前培养课程体系一般可以划分为三大类①内容:第一类是通识(普通)教育课程,面向解决"凭什么教"的问题;第二类是学科专业课程,面向解决"教什么"的问题;第三类是教育专业课程,面向解决"怎么教"的问题。

三者之间的比例关系受到各国的历史传统和专业质量评价机构和政府相关部门的影响。一般而言,第一类课程所占比例在1/3或以上水平;而注重教师教育"学术性"的国家(如美国),其第三类课程(教育专业课程)的比例较小;而注重教师教育"师范性"的国家(如德国、俄罗斯),其第一类课程(普通教育课程)、第二类课程(学科专业课程)的比例较小②。当前,世界各国都开始注意到教师教育职前课程的"学术性"与"师范性"的平衡,如美国教师教育职前的三类课程比例已经从20世纪五六十年代的4:4:2调整为近似4:3:3。

以美国小学师资培养的教师教育职前本科阶段课程体系为例,第一类是通识(普通)教育课程,主要包括自然科学类(高等数学、物理、化学)课程、社会科学类(经济学、社会学、东西方文明)课程、人文科学类(人类学、伦理学、文学、哲学、历史)课程、艺术类(音乐、戏剧)课程和语言类(古典文学、演讲、外语、英语语言学)课程;第二类课程主要统筹小学教学的主干科目(语文、数学、科学、外语等)课程;第三类课程主要包括教育基本理论类(教育哲学、教育历史、教育基本理论等)课程、教学方法与技能类(各科教材分析、各科教法、教育心理学、发展心理学、教育评价与测量等)课程和教育实践课程。美国小学师资培养的职前课程体系具有一定代表性,反映出教师教育发达国

---

① 参见朱旭东、李琼等《教师教育标准体系研究》,北京师范大学出版社2011年版,第96页。

② 同上书,第97页。

家"普通教育课程文理渗透具有广博性，学科专业课程面向中小学，设置主修与副修专业具有针对性，教育专业课程理论性与实践性相结合，具有实用性"①。

近代以来，中国教师（师范）教育课程设置先后师从日本、德国、前苏联和美国；然而直至 2007—2013 年"教师教育大转型"之际，其课程体系结构仍几乎沿袭了 20 年前的"老师范"陈旧格局。"学科本位、结构单一、缺乏活力、陈旧散乱……"，我国教师教育研究者对于当前中国教师职前培养最为忧虑的还是课程设置和课程体系结构；对此，有学者进行了问题梳理②，见表 3—9。

表 3—9　　　　　　　　近年我国教师职前培养课程研究状况梳理

	问题	文献数	典型文献
课程目标	目标笼统，缺乏细化	12	闫枫（2006）
	目标定位不清	13	孙彦等（2006）
	没有面向基础教育	11	李英梅（2005）
	缺乏对教师专业化发展的新理论、新要求的反映	10	刘慧阳（2005）
	目标的学科本位	5	邓三英（2005）
	职前培养目标与职后培养目标相互脱节	2	李国栋（2006）
课程内容	整体结构不合理	75	滕明兰（2004）
	选修课比例偏低	13	刘莎莎（2004）
	课程设置缺乏层次性、连贯性	6	郭黎岩（2006）
	教育专业类课程整体薄弱	73	钟启泉等（2005）
	教育专业技能类课程弱化	11	温荣（2006）
	教育专业态度类课程缺失	1	杨文芳（2006）
	教育专业研究类课程缺失	4	余文森（2007）
	学科专业课程过于细分，综合性不强	9	于海滨等（2006）
	各学科及其课程内部分立，融合性弱	8	万明钢（2005）
	实践类课程薄弱	78	湖南师大（2005）
	通识类课程固化，综合性课程和思想道德课程比例大	15	李英梅（2005）

---

① 参见曾洁珍《若干发达国家教师教育课程的比较分析》，《教育导刊》2003 年第 10 期。

② 参见朱旭东、李琼等《教师教育标准体系研究》，北京师范大学出版社 2011 年版，第 83—88 页。

续表

	问题	文献数	典型文献
课程结构	课程内容残缺、陈旧	48	李英梅(2005)
	课程内容未能配合新课程改革要求	14	王泽农等(2003)
	课程内容理论性强,单一空泛,脱离一线实践	41	姚云(2003)
	课程内容多分科,少综合	9	李国栋(2006)
	课程内容追求理论体系的"高、大、全"	1	袁强(2007)
	职前培养目标与职后课程内容衔接不上	1	李国栋(2006)
实施管理	教学方式单一,"满堂灌"形式突出	14	袁贵仁(2005)
	重知识理论传授	13	赵伶俐(2007)
	师资力量薄弱、不可持续	5	管培俊(2003)
	局限于大学课堂	1	李国栋(2006)
	考试内容与形式单一	3	田如琼(2006)
	课程管理模式落后	1	郭警修(2006)
	课程资源有限	2	郭黎岩(2006)

资料来源:转引自朱旭东、李琼等:《教师教育标准体系研究》,北京师范大学出版社2011年版,第80—82页。

1. 课程目标不合理

课程目标定位不清,一直徘徊于"学术性"与"师范性"的争议中,使得培养规格与综合高校区别不大;课程目标宏大宽泛,缺乏操作标准说明;课程目标面向基础教育的特性不突出;课程目标未能及时更新和回应教师专业化需求;课程目标的职前阶段与职后阶段衔接不到位。

2. 课程结构不合理

第一,课程结构失衡。首先,重第二类(学科专业)课程、轻视第三类(教育专业)课程,一、二、三类课程比例结构接近3.5:5.5:1,其比重已经严重失衡[①]。其次,重必修课程、轻视选修课程,两者的学时比重为4:1到5:1,学分比重差距更大,且学生没有真正意义上的自主选择权。最后,重理论课程、轻视实践课程,后者经常放在第七学期,以短期

[①] 参见严燕《非师范院校教师教育的困境与超越》,《教师教育研究》2005年第4期。

集中下校实习的形式"走个过场",且学时和学分比重不超过 5%①。

第二,由"老三门"组成的教育专业课程依旧薄弱。教育专业类课程是解决准教师(师范生)面向中小学校和学生"怎么去教"的问题,这是中小学师资培养最重要、最核心和最能体现专业价值的环节;然而仅靠数十年不变的"教育学"、"心理学"、"语文或数学教学法",无法为准教师提供系统科学的专业知识和专业技能的养成与训练。面向 21 世纪现代化的教师教育社会需求,普遍缺乏"教育专业技能类课程、教育专业态度类课程和教育研究类课程"② 以及教育信息化课程,难以满足教师专业化的质量标准。

第三,学科课程趋向泛学科化,"去师范、综合化"的倾向明显。由于我国高等教育系统受到层次定位的影响较大,各师范院校纷纷向建设学科齐全、外表光鲜的综合大学看齐;其教师教育职前课程设置注重学科专业的系统分割,内容庞杂但缺乏内在的学科逻辑,忽视了学科专业知识之间的密切联系和内在教育逻辑,更鲜有与中小学教育实际需求的专业知识链接;其中的学科教学法课程被人为地孤立起来,其边缘化的地位反映出我国教师职前培养的"师范"特性被追求"高、大、全"的泛学科化人为倾向压制。

第四,通识教育课程固化、僵化,缺乏选择性。自 20 世纪 80 年代恢复基础教育教师师资正式培养以来,我国教师职前培养的通识教育课程就被固定为:政治德育类课程、工具类课程(主要是大学英语课程、计算机常识课程)和少量的体育类课程。这些课程的授课内容缺乏人文关怀,内容和形式单一,不能为准教师的未来专业发展提供宽广的文理知识,"尤其是综合性的交叉课程更少,无法适应中小学课程日益综合化的要求,而且在通识教育课程内部多为必修,少有选修课程开设,可供选择性小"③。

第五,实践课程短少、形式化的问题严重。中国教师教育"大学化"后,中等师范的"师范实践"传统并没有被大多数的师范学院或非师范

---

① 参见李其龙、陈永明《教师教育课程的国际比较》,教育科学出版社 2002 年版,第181—185 页。

② 参见温荣《教师教育课程设置的研究》,《成都教育学院学报》2006 年第 3 期。

③ 参见郑开玲《论教师职前教育专业化的转型》,硕士学位论文,广西师范大学,2006年。

院校继承，新建本科院校和普通师范院校一方面追求办学的"高、大、全"，将教师职前培养"边缘化"；另一方面，这些高等教育机构照搬其他专业人才培养的"精工实习"或"集中实习"模式，实践课程设置追求"短、平、快"，缺乏逻辑系统性和质量保障意识。实践课程的开设集中在第七学期，时间仅有一个多月（2013 年以前），加之平时与中小学校缺乏专业沟通和交流，实习基地少且关系不稳定，实习组织松散随意，实习经费和实习指导匮乏，实习过程失控或流于形式；除了集中实习，这些高等教育机构还会开展"教育见习"，但是"教育见习"仍然面临着上述"时间短少、指导放任"等问题，且更加不受师生和学校管理者的重视。此外，理论课程与实践课程缺乏逻辑联系和相互促进的良性循环，实践课程同样面临着指导理论陈旧、脱离中小学教育教学实际，师范生实践课程的学习效果不佳，对未来教师职业的愿意度随着实践课程的开展有下降的趋向[①]。

3. 课程内容不合理

首先是课程内容缺乏前沿性和综合性、交叉性知识，内容更新慢；其次是课程理论性过强，脱离基础教育实际；此外，职前阶段与职后阶段教师教育课程内容衔接不够，内容重复、缺乏延续性和渐进性。

4. 课程管理不合理

大学课堂仍旧流行"满堂灌"的单一教学形式，缺乏中小学真实环境和模拟教学、翻转课堂等灵活有效的教学形式。一方面，现代化教学媒体滥用泛用，大学课堂内缺乏师生有效沟通交流、课程评价单一，一些教师教育工作者和管理者自身素质有待提高；另一方面，由于在教师职前培养课程管理整体上缺乏自主权，一些教师职前培养机构的课程管理积极性不高。

此外，邹强（2013）等学者具体研究了湖北地区六所教师职前培养机构的人才培养方案。在对湖北省六所本科师范院校小学教育专业人才培养方案的比较分析中，他们将问题总结为：（1）专业培养目标定位为培养"多面手型"的小学教师，目标结构多元但定位偏高；（2）专业培养沿用中师（浅范综合）、高师（学科本位）或综合高校（分科教学）的

---

① 参见雷虹《教育学课程应该如何帮助他们？——高等师范院校师范生对教育学科之教学需求的调查分析》，北京师范大学出版社 2003 年版，第 35 页。

培养方案，特色模糊；（3）专业学科归属相互矛盾，教育学科属性与教学学科属性现实中（尤其是师范生就业过程中）排斥或纠结；（4）"分科培养"与"综合培养"相分立，课程设置缺乏内在的共通标准或者缺乏规范化执行；（5）校际间在课程数量与质量要求上区别较为显著（教育专业课程门数最大差值达到 9、学科专业课程达到 8、实践课程达到 13；专业课的总学分最大差值达到 29、必修课达到 22、选修课达到 17、实践课程达到 30），课程建设参差不齐、各自为政[1]。针对上述问题，他们提出了如下建议：一是专业培养目标应在坚持"本科层次小学教师基本素质要求"的基础上兼顾科研、管理等多元能力目标；二是小学教师"综合培养"不仅在理论上要统一认识，在实践操作层面上应当体现"三性一体"（大学教育的"共性"、教师教育的"个性"、综合培养，有所侧重的"特性"以及融合专业知识、专业能力和专业素养为一体）的专业培养特色；三是应依据教育部 2011—2013 年出台的小学教师专业系列标准，逐渐规范专业课程设置，尤其需要"加强实践课程和形式多样、方式灵活、具有多重教育价值的、有助于拓展学生能力与素质"[2] 的实践课程。

（二）六校培养方案课程设置的比较研究

2012 年后，我国政府相继出台了中小学教师专业标准和教师教育职前课程改革意见，在充分意识到教师教育改革问题迫切性后，中国各地区的高等教师职前培养机构开始系统修订 1999 年、2000 年制定实施的专业人才培养方案及其课程设置。新版人才培养方案大多反映和汲取了教师专业化发展和有关案例的成功经验，在一定程度上缓解或改善了上述课程设置的问题。对六校 2012—2013 年版修订后的课程设置（结构）进行横向、纵向和专向的比较，情况如下。

1. 纵向比较

从六所高等教师职前培养机构 2012—2013 年版人才培养方案中的课程设置来看，修订后的课程体系结构与 2010 年以前相比变化相当显著，见表 3—10。

---

　　① 参见邹强、吴亚林《小学教育本科专业人才培养方案的比较分析》，《教师教育论坛》2014 年第 2 期。

　　② 同上。

表3—10　　　　　六校小学教育本科培养方案课程设置的比较

	合计		通识课程（凭什么教）		学科课程（教什么）		教育课程（怎么去教）			
							理论与方法		实践课程	
	学时	学分	学时	学分	学时	学分	学时	学分	学时	学分
高校1（%）	3330 100	167 100	938 28.2	42 25.1	536 16.1	38 19.2	996 29.9	59 35.3	870 26.1	28 16.8
高校2（%）	3624 100	160 100	870 24.0	45 28.1	598 16.5	35 21.9	1046 28.9	63 39.4	1110 30.6	17 10.6
高校3（%）	4014 100	165 100	1170 29.1	48 29.1	576 14.3	31.5 19.1	1308 32.6	64.5 39.1	960 24.0	21 12.7
高校4（%）	3052 100	173 100	808 26.5	45 26.0	688 22.5	40 23.1	656 21.5	41 23.7	900 29.5	47 27.2
高校5（%）	3552 100	180 100	968 27.3	60 33.4	576 16.2	36 20.0	928 26.1	51 28.3	1080 30.4	33 18.4
高校6（%）	2582 100	160 100	704 27.3	45 28.1	592 22.9	36 22.5	776 30.1	47 29.4	510 19.8	32 10.6
平均	3359 100	167.5 100	910 27.1	47.5 28.4	594 17.7	37 22.1	952 28.3	56 33.4	903 26.9	30 18.0

注：由于部分大学学时统计时没有将实践课程学时纳入比例计算导致学时比例与学分比例失衡（一般学时比例高于学分比例），为了避免上述情况，本表中实践课程1周折算为30学时，而未标注学时的少数选修课程1学分折算为16学时；同时本表中将"学科（大类）基础课程"、"专业主干课程"、"专业方向课程"、"教师教育课程"等按照方案中的课表细目对应"凭什么教"、"教什么"、"怎么教"分别归类"通识课程"、"学科课程"、"教育课程"。

（1）通识（普通）教育课程大幅度压缩，其所占比重下降明显。在表3—10中，六校通识（普通）教育课程的平均学时数为910，平均学分数为47.5，分别仅占六校总课程平均学时数、平均学分数的27.1%和28.4%。具体来看，六校中通识（普通）教育课程学时数比重最高为29.1%，最低为24.0%；六校中通识（普通）教育课程学分数比重最高为33.4%，最低为25.1%；六校中通识（普通）教育课程学时/学分比重浮动范围在6%—7%的较小范围内且整体位于25%—30%的比例区间，低于几年前的35%—40%的区间水平。从学时比重与学分比重对应关系来看，六校通识（普通）教育课程的学时与学分的对应关系（27.1∶28.4）非常稳定。

（2）学科专业课程的分类不尽相同但结构比较基本稳定。六校的小学教育本科专业人才培养方案关于"教什么"的回答集中在专业核心课程（或称为专业课程）、专业方向课程（或称为学科课程），有的还将少量学科专业课程分散在大类基础课程和专业选修课程之中。整体来看，学科专业课程的平均学分所占比重稳定在20%—25%，而其平均学时所占比重不太稳定（在14%—23%之间浮动）。六校学科专业教育课程的学时与学分的对应关系普遍为"低学时、高学分"状态，反映出样本高校对小学教师"教什么"的问题价值基本认同，但在现实状况下，一些样本高校较为忽视对教材教法等教学内容类课程的开设和执行保障，其学时与学分赋值脱节的倾向也反映出我国教师教育工作者在该领域的相对匮乏或固化。与以往基本情况相比，学科专业课程无论从课程设置科目还是学时和学分数量和结构上的变化都不大。

（3）教育专业课程整体的学时尤其是学分设置数量大幅提升，其所占比重显著增长。在表3—10中，六校教育专业课程（含专业核心课程、专业平台课程、实践类课程等）的平均学时数达到了1855，占六校平均总学时数的55.2%（其中理论课程与实践课程分别占总比重的28.3%、26.9%）；六校教育专业课程整体的平均学分数达到了86，占六校平均总学分数的51.4%（其中理论课程与实践课程分别占总比重的33.4%和18.0%）——用一半左右的时间和学分赋值来教授师范生如何进行教育教学，相对应2010年版及以前的人才培养方案（1/3—2/5之间）有了大幅度提高。

（4）教育专业课程中的教育理论类课程和教育方法类课程比重保持缓慢上升，实践类课程的学时尤其是学分设置增长明显。在表3—10中，六校实践类课程的平均折算学时数为903（约30周），占六校总折算学时数的比重达到了26.9%；平均学分数为30，占六校总折算学分数的比重达到了18.0%——相对于2010年版及以前的人才培养方案（实践课程学分比重不足15%）有了较为明显的增加。

2. 横向比较

从六校2012—2013年版小学教育本科专业人才培养方案的相互比较（含与2012年出台的《教育部关于教师教育课程设置的意见》、同期欧美国家小学教师职前课程设置比较）不难发现：

（1）六校的"学时学分比"大体统一为 20：1（3321：166），按我国教育学界的通常算法（实践课程不计算在内）约为 15：1（2456：166）；15：1 的均值低于《教育部关于教师教育课程设置的意见》的 18：1，但基本与国际通行标准 16：1 相当。六校中，"学时学分比"最高的为 24.3（通常算法为 18.5），最低的为 16.1（通常算法为 13.0），反映出我国教师职前培养机构课程设置的内部差异较大，且设置并没有参照教育部颁布的职前课程设置标准，随意性较强，反映出相关规范及时落实的缺失。

（2）六校的"学时/周"（方案周期按 16 周×8 计算）平均值为 25.9 学时（通常算法为 19.2 学时）——平均每天 5.2（3.8）课时，与欧美发达国家水平大体相当；六校"学时/周"分布的区间为 20.2—31.4 学时（通常算法为 16.1—23.9 学时），较大的分布区间反映出各样本高校的课程设计充分考虑到学校的师资、办学条件和特色等因素，其课程量的设置安排较为灵活并非"千校一面"。较为宽松且差异较大的周学时安排为师范生的专业发展、自主学习、自主修炼、专业认证、培养兴趣爱好以及提升社会实践能力等方面提供了充足的"第二课堂"、"第二通道"、"拓展学堂"等课余活动的时间和空间上的保障，也为各校开展类学分课程设置和个性化人才培养方案设计提供了可能，为彰显小学教师职前培养现代化特色和气息提供了充分展示的舞台。

（3）六校的学分在三大类课程上的分配情况和差异情况各不相同：①普通（通识）教育课程差异较小。②学科专业课程差异反映在大类基础课程和部分专业选修课程的整合程度的差别上。③教育专业课程差异较大，尤其体现在实践课程方面（譬如在学分赋值方面，高校 3 的实践课程为 21 学分，高校 4 则为 47 学分，相差 1 倍有余；又如在学时安排方面，高校 6 的实践课程总学时仅 17 周（510 学时），而高校 2 则为 37 周 1110 学时，同样相差 1 倍有余）。六校小学教育本科专业人才培养方案基本的共性特征在于：扭转了 2010 年以前"重学科专业课程，轻教育专业课程"的不良倾向，课程设置的重心开始向面对中小学解决"怎么去教"的教育专业课程。通识教育课程基本稳定在 25%—30%，学科专业课程基本稳定在 20%—25%，教育专业课程基本稳定在 45%—55% 的区间，三大类课程的学分设置比例大体为 3：2：5。与欧美发达国家普遍的 3：3：4 相比，这一比例中的解决"怎么去教"问题的教育专业课程比重略高，而解决"教什么"问题的学科专业课程比重偏小；反映出我国教师职前培养机构在"大学化"过程中仍普遍较为重视"学术性"而忽视"师范性"；课程设置上仍偏重教育理论类课程，对于通识教育大类课程、教材分析、教法研究、技能实践课程及其指导的重视程度还需要进一步提高。

（4）六校的学时分布与学分分布基本一致，但是部分高校的实践课程设置的学时与学分比例并没有统一计量标准，比如表3—10中的高校5与高校6修得33学分和32学分分别需要的学时为36周（1080学时）、17周（510学时），计量标准相差几乎一倍。基于这样的原因，各高校三大类课程的学分比重与学时比重都略有差异，差异最大的体现在教育专业课程中的实践课程，差异最小的集中在学科专业课程。一些样本院校在通识教育课程设置中采用了"大类基础课程"等形式将文理综合知识和社会学、经济学等人文社科主干课程吸纳到小学教育本科专业人才培养的职前课程中来；还有一些样本院校在抓好人才培养课堂课程设置的同时，积极开展"第二课堂"、"第二通道"、"拓展学堂"等课余课程，并配套设置Ⅱ类学分支持其质量。

3. 专门比较

（1）必修课程与选修课程的比较。

必修课程是实现专业人才培养目标的主要路径，有着深厚的专业历史和知识沉淀，或能够成为培养某些品质、技能形成的必要条件。而选修课程则是体现教育"人本主义"价值取向、样本高校自主办学权以及各培养机构特色资源的"舞台"。系统严谨、循序渐进的必修课程体系与灵活自由、多元有趣的选修课程体系相匹配，能够为小学教师专业培养的课程设置增添活力和张力，有助于提升和体现教师教育"在大学"的时代特征，有助于巩固和推进通识教育课程的多元化、持续化的教育影响，有助于调动和发挥培养机构师资的个性化和特性化资源的能量，有助于培养与拓宽师范生的兴趣爱好和专业视野。

六校小学教育本科必修课程与选修课程的匹配结构各有侧重，但鲜有特色，见表3—11。

表 3—11　　　　　　　六校必修课程与选修课程匹配结构情况

	合计		通识课程（凭什么教）		学科课程（教什么）		教育课程（怎么去教）			
							理论与方法		实践课程	
	必修	选修	必修	选修	必修	选修	必修	选修	必修	选修
校 1 学分（%）	128 76.6	39 23.4	42 25.1	4 2.4	28 16.8	10 6.0	37 22.2	16 9.6	21 12.6	7 4.2
校 1 学时（%）	2624 78.8	706 21.2	856 25.7	72 2.2	488 14.7	178 5.3	590 17.7	276 8.3	690 20.7	180 5.4
校 2 学分（%）	120 75.0	40 25.0	37 23.1	8 5.0	32 20.0	10 6.3	38 23.8	18 11.3	13 8.1	4 2.5
校 2 学时（%）	2248 74.1	784 25.9	576 19.0	128 4.2	462 15.2	190 6.3	490 16.2	226 7.5	720 23.7	240 7.9
校 3 学分（%）	125 76.2	39 23.8	35 21.3	10 6.1	35 21.3	10 6.1	38 23.2	15 9.1	17 10.4	4 2.4
校 3 学时（%）	2703 77.8	771 22.2	700 20.1	170 4.9	598 17.2	160 4.6	655 18.9	231 6.6	750 21.6	210 6.0
校 4 学分（%）	138 79.8	35 20.2	38 22.0	7 4.1	28 16.2	8 4.6	35 20.2	10 5.8	37 21.4	10 5.8
校 4 学时（%）	2636 78.6	716 21.4	680 20.3	128 3.8	490 14.6	132 3.9	566 16.9	156 4.7	900 26.8	300 8.9
校 5 学分（%）	138 76.7	42 23.3	48 26.7	12 6.7	30 16.7	8 4.4	35 19.4	14 7.8	25 13.9	8 4.5
校 5 学时（%）	2678 75.4	874 24.6	776 28.2	192 5.4	542 15.3	160 4.5	610 17.2	192 5.4	750 21.1	330 9.3
校 6 学分（%）	129 80.6	31 19.4	38 23.8	7 4.4	30 18.8	6 3.8	37 23.1	10 6.3	24 15.0	8 5.0
校 6 学时（%）	2098 81.3	484 18.7	604 23.4	100 3.9	478 18.5	114 4.4	580 22.5	196 7.6	380 14.7	130 5.0
均学分（%）	130 77.8	37 22.2	40 24.0	8 4.8	30.5 18.3	8.5 5.1	36.5 21.9	14 8.4	23 13.8	6.5 3.9
均学时（%）	2498 77.6	722 22.4	698 21.7	132 4.1	510 15.8	155 4.8	582 18.1	213 6.6	698 21.7	232 7.2

注:由于部分大学学时统计时没有将实践课程学时纳入比例计算导致学时比例与学分比例失衡（一般学时比例高于学分比例），为了避免上述情况，本表中实践课程 1 周折算为 30 学时。

如表 3—11 所示，六校小学教育本科必修课程与选修课程的匹配情况呈现出如下特征和趋势：①必修课程与选修课程的结构比例较为稳定，其学时/学分占总学时/学分的比重稳定在 1/4—1/5 的区间。②必修课程在三类课程学时/学分分配中，其内部比例关系为 2.8:2.0:5.2（其中理论课程为 2.3、实践课程为 2.9）／3.0:2.3:4.7（其中理论课程为 2.8、实践课程为 1.9）；选修课程在三类课程学时/学分分配中，其内部比例关系为 1.8:2.1:6.1（其中理论课程为 2.9、实践课程为 3.2）／2.2:2.3:5.5（其中理论课程为 3.8、实践课程为 1.9）。比较而言，选修课程学时/学分的结构比例关系浮动差异更大，且针对"怎么教"的学科专业课程赋予了更多的学时（集中于实践课程）和学分（集中于理论课程），但在通识（普通）教育课程上"颇为吝啬"；而必修课程更倾向于针对"怎么教"的学科专业理论课程花费更多的学时，同时针对实践课程则赋予更高权重的学分（但是学时/学分比明显不足）。③六校小学教育本科必修课程与选修课程在针对"教什么"的学科专业课程领域内差别较小（40%以内浮动）；而在另外两大类课程领域的差别较为明显（浮动区间超过 80%）。

从必修课程与选修课程的课程设置的具体内容上看，六校必修课程可以大体划分为"教育心理学类"课程、"学科方向类"课程和"综合其他类"课程三大课程模块体系，见表 3—12。

表 3—12　　　　　　　六校课程设置具体内容频数基本情况统计

频次	教育心理学类	学科方向类	综合其他类
6	教育原理、教育心理学	小学语文、小学数学课程论	现代教育技术
5	教育学基础、初等教育学、教育哲学、课程与教学论、教育科研方法、教师专业发展、师德与教育法规、综合实践活动、发展心理学	无	声乐、舞蹈
4	中外教育史、德育论、教育统计或 SPSS、普通心理学、心理学基础	现代汉语、写作、儿童文学、数学史	绘画、教师口语、课件制作
3	心理咨询、教育名著选读、教育管理学、班级管理、教育社会学	文学名著选读、古代文学、中外文学、文学概论、小学语文教材分析、小学数学教材分析、高等数学、概论与统计、线性代数	写作、简笔画、三笔字、自然和社会科学基础、小学生行为观察

续表

频次	教育心理学类	学科方向类	综合其他类
2	卫生与儿童保健	小学英语教学论、有效教学、数学思维方法、解析几何、微积分初步、案例教学	课堂教学行为、游戏活动指导、其他
1	无	小学竞赛数学、小学科学教学论、小学品德教学论	无

综合比较表3—12可以发现，六所高校专业必修课程设置具有如下共同点：其一，六所高校专业必修课程的组成部分基本一致，专业必修课程主要包括教育心理学类课程、学科方向类课程和综合其他类课程三大模块；三大模块中，教育心理学类课程的六校内部一致性和学时学分比重较强，反映出我国教师职前培养机构课程设置方面的共同认识。其二，在教育学心理学类课程设置中，教育理论课程约占2/3，心理理论课程约占1/4。两类课程中除了心理咨询、卫生与学生心理保健等少数课程外，其他主要课程如教育学基础、教育科研方法、现代教育技术、课程与教学论、普通心理学、教育心理学、儿童发展心理学等都是六校普遍共同开设的课程。整体而言，教育学心理学类课程是六校必修课程中最稳定、最常设的课程模块。其三，在学科方向类课程设置中，小学语文教学论、小学数学教学论两门课程是六校均开设的课程，而且小学语文和小学数学两大学科方向汇集了超过4/5的必修课程；现代汉语、写作、高等数学、初等数论等课程是六校中开设较多的必修课程，而小学语文和数学的有效教学、案例教学、教材分析以及语文和数学以外的学科教学法等课程只有两三所高校开设。其四，在综合其他类课程设置上，六校均以体现小学教育本科专业特色的艺术基础课程和教师专业技能课程为主体。杭州师范大学小学教育本科人才培养方案具有典型代表性——其2013年版人才培养方案将艺术基础与欣赏（含美术、音乐和舞蹈）以及教师专业技能训练（含书写、口语和学生行为观察与指导）专门列入"大类基础课程"（必修）且占到这一模块约一半以上的学时/学分比重，这一点在其他五所培养机构新版人才培养方案中均有所反映。

六校的选修课程开设的内容主要涵盖：通识教育拓展领域（如经济学、社会学、自然科学基础等）、实践能力拓展领域（如素质修炼课程、专业观察等）、教师身心发展领域（如网球、排球、文学鉴赏、影视欣赏等）和教师知识与技能训练领域（如家庭教育学、教育管理学、教师礼仪等）等课程模块；其学时/学分及其占总学时/总学分的比重比较，前者在 0.8—1.2 的范围内，后者稳定在 0.20—0.25 的区间。与欧美等发达国家相比，我国教师职前培养机构的课程设置中的选修课程的内涵和外延还需要进一步更新和丰富，选修课程与必修课程的比重仍有待进一步提升。此外，通过表 3—11 还能够发现，与必修课程相反，选修课程的内部结构和学时/学分比例关系凸显出其更加关注实践课程学习时间的充足性，但在通识（普通）教育课程的拓展内容方面却显得安排不足。

（2）学位课程的比较。

部分培养机构将小学教育本科培养中的核心课程冠以"学位课程"，如浙江师范大学小学教育本科人才培养方案中，"儿童发展心理学"、"小学语文教学论"、"小学数学教学论"、"小学生行为观察与指导"、"课堂教学行为训练"5 门专业课程被界定为"本专业最核心的课程，是学习其他专业课程的基础"。而另一所来自东部地区的培养机构将其"学位课程"的外延界定为学科方法论课程（教学法）、大学语文、大学数学、教育学、心理学等 8 门。对此，其他高校方案中虽未明确统一为学位课程，但从专业核心课程或专业基础课程的设置中可以推断出：①六校普遍认同小学教师职前培养的核心基础在于对教育对象——小学生的学习和身心发展的专业认知；②六校普遍重视"怎么教"，只有两所培养机构在关注"怎么教"的同时也关注到"教什么"。学位课程的界定和提出，对于专业课程设置结构及其权重有着深刻的质量评价范畴的影响。

（3）教师教育课程的比较。

虽然国家教育部对教师教育课程设置进行了规范，但是从对 2012—2013 年版小学教育专业人才培养方案的教师教育课程设置的实际情况来看，各样本高校对于教育部指导意见的领会和执行情况略有差异；但总体而言有如下共性特征，见表 3—13。

表 3—13　　　2012 年《教育部关于大力推进教师教育改革的意见》
四年制本科教师教育课程设置要求（总学分 32）

分类	领域	建议模块
理论类	儿童发展与学习	儿童发展、小学生认知与学习
	小学教育学基础	教育哲学；课程设计与评价；有效教学；教育政策与法规；学校教育发展；班级管理；学校组织管理
	小学学科教育与活动指导	小学学科课程标准与教材研究；小学学科教学设计；小学跨学科教育；小学综合实践活动
	心理健康与道德教育	小学生心理辅导；小学生品德发展与道德教育
	职业道德与专业发展（理论类不少于 24 学分）	教师职业道德；教育研究方法；教师专业发展；现代教育技术应用；教师语言；书写技能
选修	自行安排（选修类不少于 8 学分）	
实践	教育实践（实践类不少于 18 周）	教育见习
		教育实习

注：1 学分 = 18 课时，并经考核合格。

①没有严格遵循教育部指导意见中关于教师教育（职前）课程设置在数量和学分上的总体要求。表 3—13《教育部关于大力推进教师教育改革的意见》明确指出：四年制本科教师教育（职前）课程设置总学分应不少于 32 学分，其中理论课程不少于 24 学分，选修课程不少于 8 学分，实践课程完成的学时不少于 18 周；但是在对六校小学教育本科人才培养方案的考察比较中发现：大多数样本高校人才培养方案中的教师教育课程总学分只有 10—20 学分，其中只有选修课程接近指导意见的标准；即便加上部分分散于学科专业课程和教育专业课程的学分，也仅有少部分样本高校达到指导意见的基本标准。此外，各样本高校的学分/学时接近于 1：16，低于指导意见的 1：18。

②理论类课程在儿童发展与学习、小学教育学基础、小学学科教育与活动指导等领域课程设置偏少，部分培养机构由于师资、资源等因素制约没有在人才培养方案上体现出一些重要的小学教师职前培养模块。譬如六校中某师范学院的课程设置中，缺少对跨学科、综合活动、学校组织管理

等这些"凭什么教"一类通识模块课程的有效设置;并且从其教师教育(职前)课程体系的设置来看,必修课程集中于针对"教什么",而解决"怎么去教"问题的教育专业课程几乎全部纳入选修课程体系之中,见表3—14。

表3—14　　　某师范学院2013年小学教育本科人才培养方案
师范类教师教育课程设置一览表(17学分)

分类	名称	学分	学时	学期	性质	备注
教育理论类	小学生发展与学习	2	32	2—3	必修	此类必修计8学分
	小学教育学基础	2	32	4—5 ·	必修	
	学科教学设计	1	16	5—6	必修	
	学科课程标准及教材研究	1	16	5—6	必修	
	班级管理	2	32	5—6	必修	
	中外教育史专题	2	32	3—4	选修	
	教育研究方法	2	32	4	选修	
	教育评价	1	16	5	选修	
	教育哲学	1	16	6	选修	
	教师职业道德与政策法规	1	16	2—3	选修	
教育技能类	教师口语	1	16	1—2	必修	此类必修计7学分,选修计2学分
	教师职业技能训练*	3	48	6	必修	
	才艺特长*	1	16	3—7	必修	
	书写技能	1	16	3—7	必修	
	教学课件制作	1	16	5—6	必修	
	小学生心理辅导	1	16	5—6	选修	

注:*为Ⅱ类创新学分,不占总学分;1学分=16课时,并经考核合格。

③选修和实践类课程由于指导意见规制较少,因而各培养机构大体能够结合自身办学传统和办学特色,制定出灵活多样的课程模块;虽然多数样本高校仍然保留教育实习和教育见习两大传统项目,但是更多的教师教育选修课程的加入和校本课程因地制宜的开发使得2012—2013年版的小学教育本科人才培养方案变得更契合于培养机构办学历史、特色和资源水平。然而值得注意的是,在教师教育(职前)课程多元化的同时,教育实习和教育见习两大传统项目设置的学时/学分赋值比例正在缓慢下降,

教育见习在一些培养方案中已经与普通的选修课程的学时/学分赋值无异(偏低)。一方面,由于传统惯于设置在大四上学期就业季,教育实习的学时一直没有能够突破8周;另一方面,集中下校实习的师范生比例正逐年下降且得不到有质量保障的大学教师实习指导,分散实习者日趋受到考研、就业等现实因素的干扰而无心完成实习实践课程,他们实习的过程由于缺乏强有力的监督而失去了质量——教师教育(职前)课程改革过程中,原本处于核心位置的实践课程(教育实习)质量正在被无情地削弱。

(4)实践课程和Ⅱ类学分课程的比较。

在本科专业中,小学教育这一类本科专业比较特殊。不同于其他普通文理专业,小学教育专业是小学教师职前培养的承载专业,是现代小学教师职前培养的主要渠道,因而其培养目标与普通文理专业的"宽口径、厚基础"侧重不同,其职业品质、技能的专业指向更为明确。本科,意味着"专业"与劳动力市场的"职业"并不完全对口的关系;本科的根本在于通识,即文理渗透的广博专业知识。换句话讲,本科毕业后,这些学生需要一个"社会化"和"职业化"的过程;而在这一点上,小学教育面临的内外部社会化需求的压力更大。

对小学教育雇主——中小学校长以及湖北地区地方教育相关领导的访谈显示出,在中小学校长和教育部门领导对于中小学教师的现实需求和偏好中,排在第一位的是胜任力强,用人单位或校领导期望新教师"一来就能用,一用就顶用"。第二位的是有基础、懂教育、是行家,即具有良好的专业知识和心理素质,了解行业运作和教师职业特征。第三位是品质端正、工作态度积极、好学肯干。上述前三位的要求需要通过师范生的社会化实践活动内化到小学教师职前培养的课程体系和教育教学中去,因而小学教育这类专业在四年培养过程中更倾向于教师人才的"社会化"、"职业化"基础上的"通专结合,以专为主"的本科特性。反映到本科专业人才培养的课程设置上,则体现为对拓展型的面向基础教育实践和师范生社会化活动的实践课程以及课余课程——Ⅱ类学分课程的设置及其质量偏好。

表3—15是东部地区某师范大学小学教育本科(2013—2014年版)人才培养方案中关于实践课程的模块体系。通过这一模块体系可以清晰解读出培养机构对实践课程的结构划分:第一块为基础性实践课程,课程宗旨为通过实践训练能够为成为合格准教师奠定专业基础,主要包括军事训练、思想政治理论课程的社会实践、教育见习三个必修课程,以及基于小

学教学需求的六门选修课程（在教学和教育两个领域各选择一门）；第二块为提高性实践，是师范生实践素养提升的主阵地，主要包括必修的传统项目教育实习、毕业论文以及反映对现代小学教师研究能力的教育研习（有的培养机构方案中称之为习明纳、行动研究），选修项目为小学教学中的指导或研究项目三选一；第三块为创新性实践课程，是师范生实践素养走向自主创新的主要课程平台，主要包括科研训练项目、创新创业教育和社团活动课程。

表 3—15　　　某师范大学小学教育本科 2013—2014 年人才
培养方案实践课程体系

课程类别	修读性质	课程名称	学分	总学时	开设学期	备注
基础性实践	必修	军事训练	1	2 周	1	
		思想政治理论课社会实践	2	2 周		
		教育见习	2	2 周	3—4	
	选修	学科课标与教材研究	1	2 周	2 短	三选一
		教育文献检索	1	2 周	2 短	
		案例教学方法	1	2 周	2 短	
		小学课件制作	1	2 周	4 短	三选一
		基础教育热点问题研究	1	2 周	4 短	
		学术规范训练	1	2 周	4 短	
		小计	11			至少修读 17 学分
提高性实践	选修	小学生写作与指导	1	2 周	6 短	三选一
		教案设计及说课	1	2 周	6 短	
		质的研究方法 B	1	2 周	6 短	
	必修	教育研习	1	2 周	7	
		教育实习	7	7 周	7	
		毕业论文	8		8	
		小计	19			至少修读 17 学分
创新性实践	选修	科研训练项目				
		创新创业教育		至少修读 4 学分		
		社团活动课程				

　　该人才培养方案实践课程模块体系并不是六校中最完整的,但其对于实践课程的划分逻辑是非常清晰和实在的,具有较强的时代性和代表性。在这一模块体系中,教育见习、教育实习分别为基础实践课程、提升(核心)实践课程组予以重点关注,并且通过教育研习得以相互连接和拓展。此外,该实践课程体系逻辑条块清晰简单、重点突出,作为创新实践课程的选修模块与近年来国家政策对于大学生创新创业实践能力的要求,以及师范大学生的现实生活联系紧密。这一培养方案关于实践课程模块体系的内部课程关系,尤其是选修课程的排列存在逻辑相关、现实相关等问题;且方案中缺乏对于师范生身份演变成为教师身份的专业发展指导性课程模块;而作为创新实践课程的选修模块涵盖内容可以进一步依据当下师范生社会化的迫切需求进行系统拓展和充实。

　　表3—16是六校小学教育本科人才培养方案中对Ⅱ类学分课程的课程词频的统计。通过表3—16不难发现:在六校小学教育本科人才培养方案中,传统项目(见习实习、毕业论文)和政治、军事项目出现频次较高;而能够反映出各培养机构办学理念和特色的项目(如学科竞赛、辅修学科自主学习等)出现的频次位于中游;但是能够反映现代小学新教师社会化的内在需求的基于小学教育教学的Ⅱ类学分课程(如教案设计、教育研习、素质训练、专业成长等)频次最低,反映出当下我国教师职前培养课程设置中对师范生身心发展最重要的问题——“如何实现社会化”关注缺失。

表3—16　　六校小学教育本科人才培养Ⅱ类学分课程的高频词统计

序	频次	课程名称
1	6	教育实习、毕业论文(设计)、教育见习、军事训练
2	5	创新创业、社会实践
3	4	学科竞赛、职业规划、就业指导
4	3	辅修学科自主学习、才艺特长
5	2	教案设计、教育研习、素质训练
6	1	习明纳、行动研究、专业成长

　　"窥一斑而知全豹。"在前人研究的基础上，本研究方案的专业比较显示出：我国教师职前培养机构在教师人才培养方案上缺乏内在共通的一致性认识，表现为学科和教育专业课程设置的随意性、分散性和实践课程设置的"老三门坚挺"（老）、"低成本维持"（僵）和"放羊式管理"（散）；而为数不多的设置"共识"集中于普通教育课程国家规定的思想政治课程、英语课程、体育课程和计算机课程。虽然教育部在2005年前后开始预热教师职前课程体系的改革，并于2011—2013年大力推出了教师职前课程改革标准和中小学、幼儿园教师专业标准（试行），但是在一些培养机构的新版（2013年版）人才培养方案中一些必要的课程模块（如儿童发展、小学生认知与学习、课程设计与评价、有效教学、小学跨学科教学、小学生品德发展与道德教育）仍鲜见踪影，并且其课程设置在儿童发展与学习、小学教育学基础、小学学科教育与活动指导、心理健康与道德教育前四大领域中仍受制于传统的"老三门"课程或因缺乏必要师资而显得较为薄弱。此外，在基于培养机构所在地区（东部与中部、西部）的比较中可以发现，东部高校2012—2013年版小学教育本科人才培养方案的教师职前培养模块设计更贴近教育部2012年《意见》的教师教育课程模块要求，其设置的"儿童发展"课程模块、"小学生认知与学习"课程模块、"课程设计与评价"课程模块、"有效教学"课程模块均有1—2门课程正常开设和运作，围绕基础教育师资培养规律和现实需求的课程设置基本成型，这一点是中部和西部教师职前培养机构所没有及时做到或力所不逮的。

第三节　教师职前培养质量标准化评价的困境

　　"看着眼前参加比赛的、经过选拔的较为优秀的师范大学生，我还是不禁担心：如果我的孩子以后给他们教，我能放心吗？"武汉市某重点实验小学一名资深语文教师如是说。

一　困境：教师培养的"大学病"

　　教师培养越来越多地放在大学，教师培养也患上了"大学病"。

　　进入2010年以来，中国教师教育改革已经从发展重心、规模层次上，由"三级师范"转向了"二级师范",基本实现了"教师培养在大学",教师教育大学化运动仍如火如荼地发展,但是研究者通过对湖北师范教育联盟、湖北小学教育专业联盟 2013 年、2014 年、2015 年三年师范生技能竞赛观摩的质性总结,不免要给我国教师教育大学化运动泼上一瓢冷水:中国教师教育大学化"水土不服",已经患上了教师培养的"大学病",而且病得不轻。

(一)病症 A:师范大学生的"乐教"问题

1. "多元开放"的教师教育政策改革影响到师范大学生的"乐教"

进入 21 世纪以来,中国教师教育将国际教师教育发展经验中的"多元、开放"因子萃取,并几乎照搬到高等师范院校的人才培养之中。自 1999 年开始,我国师范院校取消了定向就业、对口就业传统,改为市场双向(师范生、中小学校)选择、地方教育主管部门核定编制的非定向模式,再到 2005 以后的"定向、非定向、跨专业"的多元就业模式。这一变革,在某种程度上削弱了师范专业的职业价值;而在由封闭培养到开放培养过程中,师范生和师范院校没有时间和预案做好充分的心理准备。

(1)多元开放的教师资格改革显著影响了师范大学生的"乐教"。

2007 年前后,我国教师资格考试筹备已久的新改革由浙江省和湖北省拉开序幕。改革自 2011 级(2015 届)师范生开始,教师资格不再免试发放给师范生,与非师范生相同,师范生也必须通过"国标省考"来确保"县聘校用"的教师资格。对此,师范生意见明显,情绪和抱怨较大:研究团队所在中部地区和湖北省的师范生显然非常不解:"改革以后,师范生(就业)还有什么专业优势?""改革了可好,别人读大学相当于读了两个专业(一个非师范和一个师范),我们读大学只相当于读了半个专业(一个师范还得与非师范竞争)。"甚至有的学生半开玩笑地嘀咕:"谁制定的政策,他家肯定没有孩子读师范。"诚然,科学地看待这一问题,里面不无既得利益者(师范生)的惰性和惯性,但是从另一个角度来讲,改革从制度设计上并没有注意保护师范生的专业身份及其就读积极性,其消极影响将持续发酵并显现其伤害性。

(2)多元开放的办学、就业格局显著影响了师范大学生的"乐教"。

与中等师范生不同,师范大学生在身份认同上首先将自己定位为"大学生",然后才是"师范大学生"。作为一名大学生,他们的就业期待和专业愿景明显要更加多元和宽广；尤其在我国确立多元、开放教师教育办学格局后，师范大学生对教师职业和师范专业的就业格局预期有了较大的变化，至少在地方师范院校里师范大学生就业的悲观情绪开始滋长，考取大城市基础教育师资编制的"可怜"信息不断刺激着他们的神经，而其他诸如中等职业技术学院、高等职业技术学院等二本线下机构每年考取对应师资编制的"可怕"信息更是严重挫伤了他们的职业向往和专业积极性。虽然，多元开放的办学、就业格局是教师教育的大势所趋，但是一夜之间突如其来的巨大反差，还是让师范大学生感到备受冷落、措手不及。

2. 师范大学生对师范专业的认同度不高

研究者对湖北小学教育专业联盟的六所本科院校和三所专科院校的小学教育本科专业的 2013 年、2014 年专业认同度情况进行了随机访谈，经比较和归纳后发现：没有一所院校的认同数据高于全校专业认同度的平均值；而师范生对师范专业最不认同的影响因素依次为就业没有专业优势、就业待遇偏离预期、就业后发展空间狭小、课程不感兴趣。在回答"为什么当初选择师范专业"这一问题时，得到最多的答案是"当时分数所限，没得选也不知道哪个专业好"以及"父母觉得读师范好就业、稳定"。这一答案显示出师范大学生大多并没有专业发展的主动性和积极性，并不"乐教"。

3. 师范生在大学里没有得到真正的专业筛选

无论是入学的"一次选择"还是大一读完后的"二次选择"，许多大学都抛弃了中等师范学校对学生开展专业筛选的传统：诸如对大学生的相貌、身高、身材、发音、品格等因素进行基本筛选，或根本没有开展专业筛选，其质量选择仍"唯高考分数论"，师范专业在大学里的地位很大程度上也取决于其高考分数的名次。

此外，我国师范院校内部的"二次选择"机制有不少流于形式：由于观察期后，师范大学生对师范专业的课程设置多有失望，且随着他们对本专业就业真实情况的了解和比较，师范专业大学生人头数"入不敷出"的危机日益凸显；加之教育学院或教师教育学院等师范院系的经费拨款与学生人头数直接挂钩，使得这些院系对于专业的"二次选择"阳奉阴违或消极懈怠——久而久之，一些对教师职业和师范专业并不期待的"师范生"得益于此而继续留在教师职前培养队伍之中,这些"迷惘"甚至并不"乐教"的学生对整个师范班级的消极影响也难以完全估量……

(二)病症B:师范大学生的"适教"问题

1. 大学师范专业的师资匮乏、缺乏整合

与以往中师封闭教育系统相比,大学师范专业教育的系统更为开放和融通,尤其是外聘教师的加盟,使得专业教学师资更为灵活和来源广泛。然而不容忽视的一个现实问题是,大学师范专业教育的师资实际上比较匮乏,在地方师范院校这一点尤为明显:一方面,大学师资必须迈过(博士)研究生学历门槛,而专业精通且对口的教师教育工作者实在寥寥;另一方面,教育理论和心理学博士在师范院校里更为普遍,更能开展团队研究,也更有话语权,师范专业领域(如教学法、教育法学、经济管理)的博士或教师往往孤军作战、独木难支,这种局面加重了这些领域专业师资的匮乏。与此同时,大学往往更注重经济效益而大量聘请质量参差不齐的外聘教师,而不太重视校内师范专业教育师资资源的整合。由此可见,师资问题造成了我国师范大学生教育教学基本技能培养的质量难以满足日益增长的一线需求,培养"适教"的师范大学生任重道远。

2. 大学师范专业的指导、训练不充分

现代教育体制下,大学教师既面临着课堂教学的任务,也面临着科学研究、学科建设、学生管理和社会服务的任务。因而,大学教师的工作岗位看似轻松,实则不然。尽管如此,世界先进大学的教育理念还是认为:在大学里,人才培养仍然是也将长期是"第一要务"。教师职前培养中,大学教师对师范大学生的专业指导是人才培养最关键的教育工作内容。在美国,师范院校的大学教师必须在师范大学生实习期间给予至少6次的实地教学指导;在英国,四名指导教师相互配合,构筑成师范大学生专业成长指导的密集网络;在德国和日本,准教师们需要在一线中小学校系统生活并接受一个学期以上的专门指导……然而,在中国,大学教师与师范大学生的见面次数几乎屈指可数,更遑论指导的频率和满意程度;其指导训练亦不充分、有效。

譬如,在2014年、2015年的湖北小学教育专业联盟师范生技能竞赛的评委办公室里，研究者所参与"教学技能"、"朗诵与演讲"两个小组分别对师范大学生的竞赛表现进行了总结。评委们对选手的整体素质基本满意，但是对部分选手的基本功，尤其是普通话发音、音准，多音字读法、教师仪态、朗诵的感情表达、学生学法指导等方面表示较为失望。事后与跟联盟单位领队沟通想法时，各师范院校均反映由于缺少专项经费，师范生缺乏专门场所开展专项技能系统训练，导致比赛时出现"临时抱佛脚"、"仓促应战"的状况，其现状短期内恐难以彻底改变。

3. 师范大学生的师范可塑性不如中等师范生

从经验分析上来看，我国普通师范大学生多为高中起点，而中等师范生多为初中起点，两者的毕业年龄差异为 2—4 年，前者的毕业起薪和职业起始的自我期望应远大于后者，这种内心的冲动致使前者的专业发展受到自我意识的阻碍或桎梏；从发展心理学的视阈来看，后者比前者更具有特殊行为——师范行为的可塑性和教学张力：这种可塑性和张力主要体现为教学领域的肢体表达的大胆、到位，语言模仿、表达的准确性，教学成就的自信、授课动机和师范技能训练的单纯性，等等。

总之，在"乐教"、"适教"两大方面，中国教师职前培养质量及其质量评价体系正遭受着"大学病"的折磨。归结病因，找准症结所在，已然十分重要。

二　症结：多元因素制约教师职前培养质量评价

事实上，教师培养的"大学病"不能否定也不能诘责中国教师教育改革的大学化运动及其方向——从世界各国教师教育发展的基本经验比较和趋势分析，这一方向本身也是时代和生产力发展的必然要求。那么，问题出在哪里？

客观地讲，困境和问题的症结在于：中国教师教育改革步子迈得较大，但是质量评价和保障体系没有及时跟进；关键的质量评价和质量保障机制的缺位导致了在本土化过程中教师培养预期质量目标与现实培养质量之间的残酷分野。

教师职前培养需要专业的质量评价和质量保障体系作为可持续科学发展的支撑。教师培养质量在评估专业视角下，至少应包括教师教育机构质量、教师教育课程质量、教师教育教学质量、教师候选人质量等几个方面。与美、英、德、日等发达国家相比,我国教师职前培养质量专业评价、认证与保障体系还没有完整地构建起来,面临着非常突出的主客观问题和困境,许多方面迫切需要进行重新设计和改革优化。质量评价和质量保障体系的缺位是影响我国教师职前培养质量的关键,而这一要素系统的缺位源于现实多元因素的制约。

（一）评价客体的质量受制于多因素的影响

教师职前培养的"质量"界定起来并不简单,其水平和规格受制于利益相关方的多种因素的复合影响。如前所述,教师教育职前阶段的师范生培养质量从入校的一刻开始,就受制于生源起点的质量,师范生对专业和教师职业的认同,师范生的学习主动性、积极性、有效性,培养机构的平台资源、师资水平、管理水平、质量保障水平,培养机构合作办学实践基地与实践课程运作水平,培养机构主管部门的行政管理水平和确保教师职前培养质量的成本投入……此外,相关的经验分析和实证研究还揭示出,培养机构的（政府）定位层次、所在的区域、服务的对象（经济状况）、学科类型（侧重）等因素对教师职前培养质量及其标准化评价都将产生显著而深刻的影响。

尽管如此,发达国家的经验显示:教师职前培养对于国家、社会、社区和个体的重要的未来价值仍然值得学者们和利益相关方投入人力、物力、财力去研究标准并制定质量评价和保障的规则。21 世纪以来,世界主要发达国家如美国、德国、日本、澳大利亚等国的中央政府纷纷开始调整和修订教师职前培养质量标准化评价的框架性标准,更加注重师范生作为新教师的"输出"质量,更加注重师范生培养过程中的教学质量、课程质量和实践质量,更加注重作为整体品质的师范生的师德、专业知识、专业技能和专业准备素养的综合发展。

因此,基于现代化社会和个体发展需求的教师职前培养质量评价研究和标准化模型构建的巨大的未来（潜在）价值,必须通过因素分析、实证研究、结构方程建模找出我国教师职前培养简化模型的核心因子,验证和分析其动力源、系统路径及其强弱关系,克服教师职前培养质量评价受制于现实利益相关方及教学运作过程的校内外多因素的难题。

（二）评价主体非专业、非独立的属性

由国内教师职前培养现状分析可知，我国目前还没有真正建立起专业的、独立于教师职前培养机构和高等教育行政系统的、有经验和权威性的第三方社会评价主体。已有的质量评价以国家教育部主导"本科教学工作水平评估"为外部质量保障、高等教育机构自身的"院校研究"为内部质量保障为主流，少数的社会学者主导的大学评价研究组（如上海交通大学、网大、武书连等）以及极少数的社会第三方数据分析机构（如麦可斯）作为补充。

评价主体的非专业、非独立的属性状态不利于我国教师职前培养质量标准化评估的科学化、现代化进展，不利于培养机构、社会、师范生对于评估或评价结果的利用和反馈，也不利于真正意义上重视和提升我国教师培养的质量水平。欧美发达国家的经验表明，教师教育的质量评价主体与客体间必须形成一种政府委托代理机制，即作为一种相对独立的专业评价部门，接受政府对教师教育机构职前培养质量评价、认证与保障委托代理；不论是第三方专业委员会还是教育主管部门委托成立的评估认证中心，其质量评价、认证与保障的专业主体必须是实在的、明确的且从事系统工作的专门组织。当前，我国教师职前培养质量标准化评价的主体正在相关部门的专业努力下逐步明确；接下来应进一步保障质量评价主体的多元化、科学性和专业性，确保我国教师职前培养质量评价的信度和效度。

（三）评价指标体系的非线性和标准化困境

从国际经验来看，教师专业的全国标准是各级教师职前培养质量认证、评估与保障指标和标准的"风向标"和"指南针"。在我国教师职前培养质量评价长期处于"无标可依"的尴尬局面时，根据我国《教师专业标准（试行）》不断完善相关质量评价标准体系中的"合格"标准，进一步制定出符合不同层次定位、不同地区办学实际的"合格后"的标准簇并将之方案化、常态化，应成为我国教师教育改革的当务之急。

伴随着教师教育"大学化"进程的深入，在我国教师职前培养的承载主体已由"中等/高等师范学校"转移到各级师范大学、师范学院的二级学院（教师教育学院、教育学院、初等教育学院等）。然而由于我国城乡社会经济、教育发展的严重不平衡,广大农村地区教师职前培养工作仍离不开中等/高等师范学校的参与。在教师教育"三级师范"转向"二级师范"并将逐步转向"一级师范"的当下和未来一段时期内,我国教师职前培养质量标准化评价指标体系必须面向我国教师职前培养机构发展的不平衡和多样性特征,对其质量的标准化评价不能强制式地采取"命令式"、"统一化"或"一刀切"。由于评价主体、客体的现实状况决定了我国教师职前培养质量评价只能在国家(中央政府)标准化框架下,采取因校制宜、因地制宜的基本方针,通过质量分层和模型分层构建的基本方法,研究编制若干基于培养机构定位层次、所在区域、服务对象的标准化[①]的质量评价体系及其现代化保障体系。

例如:本研究(2014,N=216;见表3—17)关于小学教师职前培养课程(四年制本科)教育部指导模块的认同程度、实施难度反馈的一项调查中,不同学科基础和历史底蕴的教师职前培养机构[②]对标准化课程设置及其模块内容的认同和实施难度反馈的情况是大相径庭的:在认同程度与实施难度显著(超出两个度量单位及以上)背离的有教育哲学模块、课程设计与评价模块、有效教学模块、班级管理模块、学校组织管理模块、跨学科教育模块、教师专业发展模块等现代小学教师核心素质养成的职前培养课程模块;这些课程模块的背离反映出不同学科基础、历史底蕴的教师职前培养机构对于标准化课程设置、执行、反馈等关键环节的不同理解以及实施起来的难易程度的差别,这种关键课程模块的差别将导致人才培养质量的后续、深刻的连锁反应。而仅有现代教育技术应用模块、教师语言模块、书写技能模块、教育见习模块、教育实习模块等政策指导性和传统性课程模块的认同和实施难度反馈情况大体一致。综合两个方面的现实状况,我国教师职前培养质量评价指标体系必须进行非线性的分层设计。

---

① 这里的"标准化"更多地偏好于中央政府确保教师职前培养质量基本(合格)标准的框架性的评价指标体系。

② 众所周知,中国教师职前培养直接由师范教育演化而来,当前教师职前培养机构的格局分布按其办学渊源可分为三类:无师范底子(以下简称院校A)、合并了的师范院校(以下简称院校B)以及由师范院校升格而来(以下简称院校C)。

表3—17　　　小学教师职前培养课程模块认同程度、实施难度反馈

类	领域	模块	院校 A 无中师底子	院校 B 合并中师	院校 C 中师升格
理论	儿童发展与学习	儿童发展	3—D	4—C	4—C
		学生认知与学习	4—E	4—D	5—D
	教育学基础	教育哲学	3—C	3—B	2—D
		课程设计与评价	3—E	4—C	4—B
		有效教学	3—E	4—C	4—B
		教育政策与法规	3—C	3—D	2—C
		学校教育发展	2—D	2—B	2—B
		班级管理	3—B	3—D	4—D
		学校组织管理	2—D	3—B	2—B
	学科教育与活动指导	课程标准与教材研究	4—C	4—B	4—B
		学科教学设计	4—E	4—D	5—C
		跨学科教育	2—D	4—B	3—C
		综合实践活动	3—D	4—C	3—B
	心理健康与道德教育	学生心理辅导	4—D	3—C	3—C
		学生品德发展与道德教育	4—E	4—D	5—D
		教师职业道德	3—C	4—D	5—D
实践	职业道德与专业发展	教育研究方法	4—C	5—B	3—E
		教师专业发展	4—B	5—B	4—C
		现代教育技术应用	4—C	4—C	4—B
		教师语言	3—C	4—B	5—A
		书写技能	4—B	4—B	4—B
		教育见习	5—C	5—B	5—B
		教育实习	4—D	5—C	5—C

　　注：认同程度从"不认同—认同"分别对应"1—5"；实施难度从"容易—困难"分别对应"A—E"。

　　因此，针对不同定位的培养机构，教师职前培养质量评价的标准化推进如何因地制宜，制定各个学年段教师培养的"框架性的合格/优秀标准"并鼓励各级师范院校在办学中凸显鲜明有效的人才培养质量特色，成为了当前我国教师职前培养改革及其现代化质量保障体系构建必须跨越和解决的难题。

（四）教师职前培养方案运作、执行存在质量差异

实证调查和教师职前培养机构人才培养方案的比较分析表明:我国教师教育的制度设计、培养方案和课程设置存在或多或少的缺陷与不足,虽然新版（2012 年以后）的人才培养方案参照国家教育部的指导意见和国际经验进行了调整,然而我国教师职前培养的有效课程模块设计和研究的最新成果并没有相应的师范生的培养结果作为反馈;相反,一些问卷尤其是质性（访谈）研究揭示出我国教师职前培养方案在运作和执行过程中,存在随意性、固定化、边缘化等许多问题,人才培养方案中的核心质量课程（如教育见习、教育实习、教材分析、教学法等）因为培养机构资源、平台和师资的缺乏,造成了各培养机构在其运作和执行质量上的差异。

大量的核心课程领域涌入了大量的非专业教师或外聘研究生;通识教育及其拓展的 II 类学分课程大多得不到有效执行和检测,艺术类拓展课程在场地师资上捉襟见肘,教师专业技能及专业发展课程讲多练少、枯燥乏味,小学教师教学实务和班级管理课程缺乏一线教学经验支持、纸上谈兵,教师职前培养实践课程理论化,实践能力培养和师范生社会化过程中大学教师指导不足或指导态度消极,培养机构与中小学合作关系表浅甚至只是为了应付检查……这些在人才培养方案中并不能直接显露的现实操作性问题对我国教师职前培养质量评价是一次沉重的打击。

我国教师职前培养课程设置经历了漫长的"学术性"与"师范性"的争论,通过这场争论学术界明确了教师职前培养的本质属性为实践性。教师教育发展的历史和经验证明:无论是突出"学术性"还是"师范性"都必须以促进教师个体专业成长为最终目标,质量评价必须聚焦到实践教学改革及其实际效果中来;培养"会教能管"、"科研反思"、"多科+专长"、"会反思+会成长"的中小学教师不仅是社会人才竞争的时代需求,更是教师专业发展的历史必然。

（五）质量标准化评价的成本与收益问题

前文已述,美国教师职前培养质量评价和保障体系的演进历史经验显示:日趋完备同时也日益复杂的 NCATE 标准在 21 世纪初期开始受到越来越多教师职前培养机构的抵制,一些学者呼吁基于质量成本与质量收益均衡的新型质量评估和保障体系的构建。解制繁琐的质量标准化评价方案的运动最终促成了美国 TEAC 路径选择性质量评价运动的兴起。TEAC 的质量评估方案采用对提交质量评估的申请/培养机构的人才培养方案进行专

业审查，并派遣专家组实地考察培养机构的人才培养实际状况，最终两相比照确定评价结果。TEAC 方案模式已经得到越来越多美国和欧洲国家教师职前培养机构的认同；其得到世人认同的主要原因在于这种评价方案或思路充分考虑到质量标准化评价的成本与收益的平衡，在抓住质量评价考察核心要素的同时，提高了单位时间和单位资源内的质量评价产出。

　　然而 TEAC 方案模式近年来也遇到了发展瓶颈：质量评价的低成本使得培养机构教师人才培养的特色质量和支持质量大都被忽视，质量评价的一味简化并不意味着能够较好、较完整地反馈培养机构真实的培养质量；近年来，接受 TEAC 方案评估的美国高校数量开始出现下降。由此可见，只有结合质量与成本这两大评价的价值要素，借鉴质量经济学中的"质量成本"管理模式并在质量评价或评估过程中较好权衡两者的比重结构关系，才能有效推动教师职前培养的质量标准化评价走向科学、可持续。

第四章　分析:教师职前培养质量评价的关键策略

第一节　教师职前培养质量评价的关键策略

进入 20 世纪 90 年代以来，伴随着收费并轨、扩大招生、院校调整等重大政策的实施，中国师范教育在教师教育转型过程中逐步融入高等教育体系之中，教师教育大学化进程中，中国教师职前培养机构的层次和定位也随之发生了变化：原有的少数师范大学、师范学院得以扩充，而大量存在的中等师范学校则撤并关停了大半。这种教师职前培养机构由"师范大学—师范专科—中等师范"三级转向了"师范大学—师范专科"二级。进入21 世纪后，随着高等教育扩大招生效应的发酵，高等师范专科学校的教师职前培养职能也开始部分被新建本科和独立学院、职业学院取代。当前，教师职前培养的机构重心转向师范院校，而且"师范大学—师范学院"二层协同发展的教师职前培养新格局已然成型。

中国高等教育（含教师教育）及其人才培养机构（高校）发展状态基本受制于政府的层次定位：1999 年国务院、教育部出台了"211 工程"（面向 21 世纪着力建设 100 所重点高等学校和重点学科），2008 年国务院、教育部又批准了"985 工程"（着力建设一批世界一流大学和一批一流学科）。为此中国高校纷纷铆足干劲，争夺两大称号及其背后的资源、品牌、效益和荣誉。获得"211 工程"、"985 工程"光环高校的实力得到显著提升，而没有获得者则长期处于"生源—师资—办学—资源—生源"停滞发展的恶性循环之中。此外，各省区地方高等教育机构也有重点支持和非重点支持的分野：一些新建本科院校和改制学院（尤其是师范学院）倘未抓住时机升格为大学，则往往不会进入到省市地方政府的重点支持行列，其办学前景和人才培养质量将在一段时期内在"合格线"水平上下挣扎。

　　21 世纪以来，我国研究高等教育高校分类的学者（如潘懋元、周长春、马陆亭、陈厚丰、刘念才、邹晓平、武书连等）在汲取欧美发达国家高等教育分类已有经验的基础上，结合我国实际后认为，大学的学科群属性、大学的主要社会职责、学术水准是中国高等教育及其人才培养机构分类的三大主要维度（此外，还有隶属关系、建校时间、颁发文凭层次等维度）①。在当前高等教育理论界，按照人才培养目标和政府层次定位并结合大学的主要社会职责、学术水准两大维度的高等教育机构"四分法"正占据着社会舆论和学界研究的主流。研究型、研究教学型、教学研究型、教学型的界定和指标体系探索虽仍处于初步阶段，但其标准框架下的"大学/学院"的分野已然逐渐清晰：在武书连（2002）的社会评价体系②中，研究型、研究教学型高等教育机构（133 所）有 97.7% 是大学建制；而在余下的教学研究型、教学型的高等教育机构中，大多数（749所，占 84.3%）为学院建制。

　　实质上，中国高等教育机构（含教师教育机构）的运作过程和质量评价中，基于政府定位的"大学/学院"建制是最核心的影响要素。

　　与美国等西方发达国家不同，中国的"大学"（University）与"学院"（College）的划分并不是按照学科群的视角进行的，两者不仅意味着名称的区别，更反映出办学历史、办学资源、办学成果、办学经费的政府定位的层次区别。在中国，但凡冠以"学院"的高等教育（教师教育）机构，无一不想摘掉"学院"的小帽而戴上"大学"的高帽。正因如此，学者和社会舆论口诛笔伐的"盲目升格"、"追求高大全"、"千校一面"、"攀比升大学"等功利主义或"理性主义"的办学行为天天都在发生。

　　对此，我国政府在 2000 年以后开始收紧"学院"升格为"大学"的指标，提高其准入门槛。按照 2006 年 9 月 28 日教育部发布的《普通本科学校设置暂行规定》，大学和学院都应当具有较强的教学、科学研究力量，较高的教学、科学研究水平和相应规模，能够实施本科及本科以上教育。两者之间的最大区别主要表现在办学规模、学科专业、师资队伍、教学实力和科研实力等方面，体现出对办学历史、教学资源尤其是师资队伍的更高要求。

---

① 参见陈厚丰《中国高等教育分类研究现状述评》，《大学教育科学》2010 年第 1 期。
② 参见武书连《再探大学分类》，《中国高等教育评估》2002 年第 4 期。

表4—1明确显示出中国"学院"与"大学"的准入标准的层次差异。

表4—1 中国"大学"与"学院"的标准提要

领域	学院	大学
在校规模	本科5000人以上	本科8000人以上
学科专业	1个以上学科门类	3个以上学科门类，每门类至少2个硕士点
师资队伍(18:1)	280人以上，研究生和副高以上占30%，正高10人以上	研究生占50%，博士占20%以上，副高以上、正高人数分别不少于400人、100人*
教学成果	评估为良好以上	2个国家级或省级一等奖以上
科研成果	学院：较高 大学：近5年年均科研经费500万元（人文社科类）/3000万元（其他类）* 近5年科研成果获得省部级以上奖励20项，其中国家级2个以上* 设有省部级以上重点实验室和重点学科各2个以上 10个以上的硕士点，5届以上硕士毕业生**	
基础设施	学院：土地面积500亩以上，生均60平方米以上 总建筑面积15万平方米以上，校舍建筑面积生均30平方米以上； 教学科研行政用房生均面积15（人文社科）、20（理工农医）、30（体艺）平方米以上 生均仪器设备值3000（人文社科）、4000（体艺）、5000（理工农医师）元以上 生均适用图书100（人文社科师范）、80（其他）册以上 有专业针对性的实习实训场所 大学：高于学院；少数民族和边远地区条件适当放宽	
办学经费	稳定切实	稳定切实，相对充足
领导班子	政治素质、管理能力、业务水平较高	

注：*和**为学院升格为大学公认相对高门槛的指标。

资料来源：教育部关于印发《普通本科学校设置暂行规定》的通知，教发〔2006〕18号文件。

一方面，这种差异在办学规模、办学条件（学科专业、基础设施、办学经费）、教学水平、领导班子等方面并不明显。

1999年扩大招生和2002年院校调整以后，从中国的"学院"升格为"大学"路径中，在校生规模达5000人或8000人早已不是问题；由于我国高等教育受到计划经济体制的影响，学科专业趋同发展且普遍追求"高大全"，除了少数新建地方院校因为硕士点覆盖产生暂时障碍外，多数"学院"追求升格为"大学"在学科专业覆盖这方面也没有问题；基础设施和办学经费方面由于标准比较笼统，执行起来灵活，因而问题也显得不大；教学水平和领导班子方面的标准也具有较大弹性，且教学水平方面的量化指标由于省级奖项的存在，使得"达标"并不算困难。

另一方面，这种差异集中体现在师资、科研（学科平台）两大方面。

由于对师资结构，尤其是高学历、高职称师资同时有数量和比例方面的较高要求，中国的"学院"升格为"大学"首先需要面对自身师资队伍建设和人才引进发展的问题。如表 4—1 所示，中国的"学院"升格为"大学"需要培养 100 名教授（正高）和 400 名副教授（副高）专任教师，这对于新建地方院校和边远地区、贫困地区和中小城市地区的地方院校来讲是一个必须在时间、经费、宣传、人事等方面"做出一番努力"的门槛；与此同时，这些"学院"还必须想方设法地加强对在编专任教师的学历要求，"博士化"对于多数这样的"学院"青年教师而言，早已不是什么新鲜的字眼。只有"引进"和"培养"双管齐下，中国的"学院"升格为"大学"才能顺利迈过师资这道门槛。

科研（学科平台）的要求更为具体，对于部分中国的"学院"而言也算得上是标准"严苛"的：首先，近 5 年年均科研经费标准较高。以人文社会科学为主的"学院"为例，按国家级课题经费每项平均 15 万元，省部级课题经费每项平均 5 万元计算，年均科研经费要达到 500 万元需要每年立项国家级课题 10—20 个，加上省部级课题立项 40—70 个，这对于本科历史单薄、师资队伍结构不够优化、科研氛围不够浓厚的一部分"学院"而言需要一定时间由量变到质变的积累才能够突破门槛。其次，近 5 年科研成果获奖方面的要求也相当"不低"，近 5 年科研成果必须获得省部级（含）以上奖励 20 项，其中国家级科研奖励不少于 2 项。前面一条由于省级一等奖计算在列因而可能性较大，但是由于我国国家级科研奖励获得非常不容易，因而这道门槛的突破对于多数"学院"来讲，似乎"可遇不可求"。最后，硕士点的数量和时间上的要求对于多数新建地方院校和普通地方院校来讲，是它们升格为"大学"最大的障碍和门槛。在目前学位授予权收紧的大背景下，10 个硕士点对于新建本科院校而言至少需要 3—5 年分 2—3 个批次进行打造和建设，再加上培养出 5 届毕业生至少需要 7—8 年，因而这道门槛就能够将多数新建本科院校的升格历时锁定在 10—15 年之后。

从另一个角度来看，中国政府对高等（教师）教育机构的定位，非常明确地显示出各教育机构在教育教学条件、师资队伍、经费资源、文化氛围、办学历史等人才培养支持体系层面上的差异：中国的"学院"，在上述若干方面一般与"大学"存在着差异，对于多数新建和学科平台条件不具备的"学院"而言，这种差异是显而易见或者是短时期内还无法"升跃"的。

中国的"师范学院"和"师范大学"的关系可以参考上述大学与学院的层次差异性。虽然由于师范的学科专业特色，一些办学历史悠久、学风教风浓厚的地方师范学院在教师教育领域或教育学科方面与一些非师范大学的差距并不是"不可逾越"的；但整体而言，中国的师范大学无论从办学历史还是从办学的硬件和软件来说，都显著超过了师范学院的平台、资源和能力的范畴。

数据显示（见表4—2）：目前地方高校里达到"师范大学"标准且冠以"大学"之名的高校数量还仅为省均1所，有的省区（如湖北省、甘肃省、西藏自治区、宁夏回族自治区等）还没有；若算上开设师范专业的综合性大学，大陆各省区的"师范大学"平均数约为3所。比较而言，我国"师范学院"层次的高校数量（含综合性学院）约为省均6所，且集中分布在人口密集的山东、河北、四川以及中部六省，若将高等师范学校计算在内则约为省均7所。整体而言，东部地区的教师教育（机构）综合实力领先，中部和西部地区的"师范大学"层次高校数量相对不足。

表4—2　　中国大陆"师范大学"与"师范学院"分布的稀缺性比较（2010）

领域	开设师范专业的大学 *	开设师范专业的学院 **
东部	京2（4）、沪2（4）、津1（2）、辽2（9）、苏2（7）、浙2（6）、闽1（2）、鲁2（7）、粤1（5）、冀1（3）、桂1、琼1	京0、沪1、津3、辽3（7）、苏9（11）、浙5、闽5（6）、鲁12（13）、粤9、冀12（13）、桂6（9）、琼1（2）
中部	黑1（4）、吉2（4）、晋1（5）、豫1（3）、赣1（3）、皖1、湘1（4）、蒙1、鄂1（5）	黑5（8）、吉5、晋4（6）、豫18（20）、赣8（9）、皖16（18）、湘15（17）、蒙1（2）、鄂13（14）
西部	川2（4）、瑜2（3）、黔1、滇1、青1、新1（2）、藏0（1）、宁0（1）、甘0（2）、陕1（7）	川10（12）、瑜5、黔8（10）、滇6（13）、青0、新4（5）、藏1（2）、宁1、甘4（7）、陕6
总计	38（108）	196（241）

注：港、澳、台方面数据未统计在内；* （ ）为加上开设师范专业综合大学后的合计数，** （ ）为加上高等师范专科学校后的合计数，统计不含开设师范专业的职业技术学院。

由此可见，基于政府定位的"大学/学院"建制不仅是我国教师教育"大学化"转型视野下的教师职前培养机构分类的大势所趋，而且也是我国教师职前培养质量标准化评价模型（指标体系）质量分野的关键要素，"大学/学院"的质量分层不仅在理论和实践上具有重要的价值，而且基于这种分层的方法（而不是按照"部属/省属"或"师范/非师范"等维度划分）在地域分布、规模数量甚至在服务对象、设置结构、生源水平、管理水平、特色模式等方面具有体系上的内敛性、可比较性和可操作性。因此，本研究认为："大学/学院"的考察分野是突破我国教师职前培养质量标准化评价"质量分层"难点的关键所在，基于"大学/学院"而不是其他维度的考察，也有助于在"大学/学院"定位层次质量分层的基础上，后续调查研究进行相关维度（如"城市/农村"、"理工/文教"等潜在相关维度）的二次细分，从而有助于质量标准化评价体系的丰富和贴近我国教师职前培养质量标准化评价内外部需求的现实状况。

第二节 教师职前培养质量评价的分类分层

进入 21 世纪以来，教师职前培养质量评价分类分层政策及其研究在世界各国蓬勃兴起。这一时期，世界主要国家均制定或更新了各自的教师专业标准和教师职前培养质量标准化（或非标准化）评价标准。在"未来教师——专业人才"视野下，这些国家的专业标准对教师职前培养质量评价的专业要求存在"品行"、"知识"、"技能"等共性内核。总的来看，世界教师职前培养质量评价的专业取向开始从注重相关资源"输入式"复合目标审核逐步转向既重视资源"输入式"的过程评价，更注重学生培养"输出式"的多元绩效评价[①]。

一 教师职前培养质量评价定位

全美教师教育认证委员会（NCATE）历经 20 世纪五六十年代的"目标本位"、70 年代的"课程本位"、80 年代的"专业教育知识本位"，至今形成了以未来教师（师范生）人才培养的"专业品行"、"专业知识"、

① 参见洪明《美国教师质量保障体系历史演进》，北京师范大学出版社 2010 年版，第 346 页。

"专业技能"作为内核的教师职前培养质量认证指标体系。这一"多元绩效本位"指标体系与全美专业教学标准委员会（NBPTS）和新教师评估与支持州际联盟（INTASC）达成职前、入职、职后三位一体的"教师培养和发展的连续统一体"质量标准保障体系。其后成立的教师教育认证委员会（TEAC）在"学生服务"、"学生反馈"等学生培养方案领域也遵循了这一三维认证指标结构。

英国于 2007 年 9 月开始实施《教师专业标准》，该标准将专业化教师分为合格教师（Qualified Teacher Status）、普通教师（Teachers on the Main Scale）、资深教师（Post Threshold Teachers）、优秀教师（Excellent Teachers）和高级教师（Advanced Skills Teachers）五级，并规定了每级教师所应具备的素质，包括专业品性、专业知识和专业技能三个方面。

德国于 2004 年底出台了首部全国性的教师教育标准。新标准主要针对基础教育阶段教师提出了具体的 4 类 11 项能力标准，其中涉及教师职前培养阶段需要达到的标准主要包括：教学组织设计、情境教学设计、社会文化教育、价值引导教育、教育诊断能力、标准运用能力、职业理解认知、自我提升发展等。

在学习和借鉴世界主要发达国家有益经验以及凝练中国教师培养本土化理念的基础上，2012 年 2 月教育部出台了《小学教师专业标准（试行）》（以下简称为《标准》）。《标准》本着"学生为本、师德为先、能力为重、终身学习"的指导思想，从"专业理念与师德"、"专业知识"、"专业技能"三个维度出发，对中国小学教师专业标准的 13 个领域进行了要求与规范。

研究以《标准》为蓝本，通过比较和筛选，从蓝本的 60 项中选取了 38 项与教师职前培养阶段关系密切且适合师范大学生认知评价的观察指标，设定如表 4—3 所示。

表 4—3　本研究关于教师职前培养质量评价定位的指标体系设定

专业品行（100 分）				专业知识（100 分）				专业技能（100 分）				
职业理解	学生观行	教育观行	个人修养	学生发展	学科知识	教育教学	通识知识	教学设计	组织实施	激励评价	沟通合作	反思发展
理想敬业	学生安全	教育规律	爱心耐心	教育法规	学科体系	教学理论	教育国情	教学计划	情境教学	赏识评价	有效沟通	反思改进

续表

专业品行（100分）				专业知识（100分）				专业技能（100分）				
道德师表	<u>尊重学生</u>	品德教育	自我调节	<u>学生学习</u>	相关知识	认知阶段	艺术知识	教学方案	兴趣教学	多元评价	家校合作	<u>探索研究</u>
职业理解	学生观行	教育观行	个人修养	学生发展	学科知识	教育教学	通识知识	教学设计	组织实施	激励评价	沟通合作	反思发展
合作交流	信任学生	兴趣教育	勤奋进取	<u>学生身心</u>		课程标准	教育技术	班级活动	<u>教学方法</u>			
	<u>了解学生</u>	养成教育							三字一话			

注：标记下划线的为权重 2 的观察指标，其他观察指标原始权重为 1。

研究采用李克特（Likert）5 段问卷量表的设计，1—5 的数字分别代表"不合格"、"合格"、"一般"、"良好"、"优秀"五种质量评价定位认同度。2011 年 11 月开展的预调查表明，研究题设均通过了 Cronbach α 信度检验、Wilks'λ 值检验和组间效应效度验证以确保题设的有效性和适合度。为了了解师范生和教师教育工作者关于教师职前培养质量评价是否受到培养机构层次定位的影响，研究者进行了系列问卷调研，表 4—4 是四校师范生对教师职前培养质量（标准）的评价定位得分情况。

2012 年 12 月至 2013 年 2 月间，研究者对湖北地区的部属师范大学 A、省属师范大学 B、省属师范学院（省会）C 和省属师范学院 D 的师范大学生[①]进行了问卷调查和随机访谈。共发放问卷 660 份，回收 558 份，回收率为 84.55%；其中有效样本 548 份，有效率为 83.03%。研究还对部属师范大学 A、省属师范学院（省会）C 和省属师范学院 D 进行了随机抽样访谈，目的是深入和补充研究评价定位及其差异性背后的原因和具体情况。

整体来讲，表 4—4 中的质量评价定位得分高低分布呈现显著的阶梯状，即对应学校 A（部属师范大学）、B（省属师范大学）、C（省属师范学院）和 D（省属师范学院）的层次定位，其在三个维度上的得分分别

---

① 考虑到大学一年级师范生对教师职前培养阶段教育教学的适应期以及大学四年级师范生紧张的实习和备考，研究选择大学二、三年级师范生作为问卷调查对象；同时，访谈对象中补充了部分大学一、四年级的师范生。

为：（1）82.0、80.2、79.3、78.6；　（2）76.1、72.8、72.0、71.0；
（3）82.6、80.5、79.4、78.7。总得分依次为：学校 A＝240.7、学校 B＝
233.5、学校 C＝230.7 和学校 D＝228.3。显然，在总得分和维度二（专
业知识）得分上，学校 A（部属师范大学）和学校 B（省属师范大学）
与学校 C、D（省属师范学院）之间拉开了一定的距离。

表4—4　关于教师职前培养质量评价定位的得分情况（加权平均数）

观察指标	A	B	C	D	观察指标	A	B	C	D
1. 理想敬业 *	4.1	3.9	3.7	3.7	21. 认知阶段 *	3.9	3.7	3.7	3.6
2. 道德师表 *	4.2	4.1	4.0	4.0	22. 课程标准 *	3.9	3.8	3.5	3.6
3. 合作交流	3.9	3.8	3.6	3.6	23. 教育国情	4.0	4.1	4.0	4.1
4. 学生安全	4.2	4.1	4.1	4.1	24. 艺术知识 *	3.6	3.5	3.6	3.6
5. 尊重学生 *	4.2	4.2	4.1	4.1	25. 教育技术 *	3.8	3.6	3.5	3.4
6. 信任学生	4.1	4.0	4.0	4.1	维度二	76.1	72.8	72.0	71.0
7. 了解学生 *	4.2	4.0	4.0	4.0	26. 教学计划 *	4.2	4.2	4.1	4.0
8. 教育规律 *	4.1	4.0	4.0	3.9	27. 教学方案 *	4.1	3.9	3.8	3.8
9. 品德教育	3.9	3.8	3.5	3.6	28. 班级活动	4.0	4.0	4.2	4.1
10. 兴趣教育	3.9	3.8	3.7	3.7	29. 情境教学 *	4.0	4.0	3.8	3.7
11. 养成教育	4.2	3.9	3.9	3.8	30. 兴趣教学	4.0	3.8	3.7	3.8
12. 爱心耐心 *	4.2	4.3	4.4	4.2	31. 教学方法 *	4.0	3.8	3.8	3.7
13. 自我调节	4.0	3.8	3.9	3.8	32. 三字一话 *	4.2	4.1	4.2	4.1
14. 勤奋进取	4.0	4.1	4.2	4.1	33. 赏识评价 *	4.1	4.2	4.1	4.1
维度一	82.0	80.2	79.3	78.6	34. 多元评价	4.1	4.1	4.1	4.2
15. 教育法规	3.7	3.5	3.4	3.3	35. 有效沟通	4.3	4.1	4.0	4.0
16. 学生学习 *	3.9	3.7	3.7	3.6	36. 家校合作	4.2	4.0	3.9	3.8
17. 学生身心 *	3.8	3.6	3.6	3.5	37. 反思改进	4.4	4.2	4.1	4.2
18. 学科体系 *	3.8	3.5	3.6	3.5	38. 探索研究 *	4.2	4.0	3.9	3.9
19. 相关知识	3.7	3.6	3.7	3.6	维度三	82.6	80.5	79.4	78.7
20. 教学理论 *	3.8	3.6	3.4	3.3	整体得分	240.7	233.5	230.7	228.3

注：＊为权重 2 的观察指标，其他观察指标原始权重为 1。

具体来看，评价定位的结果有如下特征：

第一，从质量评价定位得分的专业结构来看，维度三（专业技能）

的最高得分、最低得分和整体加权平均得分最高；维度一（专业品行）仅次之，而维度二（专业知识）得分相对较低。

第二，从质量评价定位得分的级差情况来看，维度二（专业知识）的得分级差达到了5.1分，明显高于维度三（专业技能）的3.9分和维度一（专业品行）的3.4分。此外，学校A（部属师范大学）和学校B（省属师范大学）与学校C、D（省属师范学院）之间的级差略大于学校C、D（省属师范学院）内部之间的级差。

第三，从质量评价定位得分的项目指标比较来看，维度一（专业品行）中的"爱心耐心"、"道德师表"、"学生安全"、"尊重学生"、"了解学生"以及维度三（专业技能）中的"有效沟通"、"教学计划"、"三字一话"等项目的最高得分均达到或超过了4.2分且最低得分在4.0分，反映出这些观察指标的质量评价定位较高；而维度二（专业知识）中的"艺术知识"、"（教育教学）相关知识"、"教育法规"，甚至包括"学科体系"、"教学理论"、"学生身心"、"教育技术"等指标项目的得分均不高于3.8分，处于本次指标观察的"洼地"，反映出我国教师教育专业知识学习体系的明晰性和有效性及其构成的教育理论学科、教法学法学科、教育心理学科、教育技术学科、艺术教育学科的理论和实践教学质量水平尚待提高。

二 教师职前培养质量评价定位差异性研究

为了进一步探究造成师范生对教师职前培养质量评价差异性的影响因素，本研究采用SPSS17.0软件对有效样本数据进行了多元逻辑回归分析。

表4—5是对回归模型的拟合优度的整体检验，最终的整体拟合优势检验值为737.450，显著性概率为0.000，均有统计意义。

表4—5　　　　　　　　　　逻辑回归模型的拟合度检验

Model	Model Fitting Criteria	Likelihood Ratio Tests		
	−2 Log Likelihood	Chi—Square	df	Sig.
Intercept Only	831.370			
Final	737.450	118.230	30	.000

教师教育人才培养的质量评价既是一种客观水平（人力资源水平、物质支持水平、资源管理水平等），也是一种主观感受（课程体验、成就

体验、兴趣体验、情感体验等）。研究假设学校层次、性别、学校所在区域、生源所在区域、学生类型、是否免费、学生年级、学生专业类型、学生家庭人均收入水平等因素可能造成师范生对教师职前培养质量评价的差异性，即：

H_0：师范生人才培养的质量评价与学校的客观条件、学科的差异性和学生个性化差异、家庭背景有逻辑关联；上述因素可能成为影响评价差异性的核心要素。

具体来讲，分类如下（第一项为参照变量，其余为考察变量）：

H_1：学校层次①：师范大学/师范学院；

H_2：性别：男/女；

H_3：学校所在区域：非省会城市/省会城市；

H_4：生源所在区域：来自城市/农村；

H_5：学生类型：定向师范生/非定向师范生；

H_6：学生年级：大三/大二；

H_7：专业类型：文科/理科；

H_8：学生家庭人均收入：50000 元以上/10000 元以下、10000—19999元、20000—29999 元、30000—39999 元、40000—49999 元。

调查有效样本分布情况如下：学校 A、B、C、D 有效样本量分为 N = 128、N = 116、N = 182、N = 122；其中男性 46 名、女性 502 名，理工学科专业学生 168 名、文史教学科专业学生 380 名，定向师范生 21 名、非定向师范生 527 名，大学二年级学生 297 名、三年级学生 251 名，来自农村地区的学生 311 名、来自城市地区的学生 237 名，家庭收入分布情况从低到高的五个批次的数量分别为 109 名、152 名、136 名、108 名和 43 名。

表 4—6 是所考察培养机构的教师职前培养质量评价定位的多元逻辑回归关于各个变量的偏回归系数（t 值的显著性）、Wald 检验值和优势比拟值。结果显示，在教师职前培养理论课程评价定位水平上，学校层次和所在区位、专业类型和家庭人均年收入水平等因素依次对质量评价结果有显著的影响。

---

① 由于本研究的时代背景，教师教育"大学化"转型已经不可避免，虽然这一时期全国尤其是面向农村和部分城市地区服务的中等师范院校不会马上消亡；限于研究精力，本研究聚焦于师范大学和师范学院两个层次。

表4—6　　　　　　　　　　　多元逻辑回归结果

考察变量	"专业品行"质量评价定位			"专业知识"质量评价定位			"专业技能"质量评价定位		
	偏回归系数	Wald检验值	优势比拟值	偏回归系数	Wald检验值	优势比拟值	偏回归系数	Wald检验值	优势比拟值
师范学院	-.606*	4.156	.843	-.734**	6.586	.573	-.588*	3.871	.893
女	-.262	.421	.752	-.426	1.292	.649	-.270	.428	.760
省会城市	.672	5.163	1.931	.475*	4.798	1.136	.610*	5.453	1.318
来自农村	-.276	1.002	.747	-.055	.051	.915	-.267	1.001	.733
非免定向	.582	1.054	1.789	.452	.719	1.541	.566	1.034	1.767
大三	.625	3.214	1.880	.387	.604	1.332	1.121*	5.282	3.078
理科	.623*	4.102	1.815	.186	.343	1.202	.645*	4.110	1.912
1万以下	-.994**	7.608	.403	.012	3.827	1.394	1.094**	8.206	.343
1万—2万	-.713*	6.239	.528	.097	.035	1.290	-1.013*	3.789	.325
2万—3万	-.520	1.773	.580	.086	.026	1.288	-.750	1.753	.462
3万—4万	-.278	2.238	.641	.391	.447	1.475	-.806	1.748	.434
4万—5万	.468	1.694	1.242	.550	1.540	1.643	.534	1.192	1.710

注：＊表示 P≤.05，＊＊表示 P≤.01；Sig. = 2 tails。

（一）学校定位层次和所在区位的影响

（1）就读师范学院的师范生对"专业品行"习得质量的评价比拟值为就读师范大学的师范生的0.843倍，反映出我国师范大学的师范生对教师专业认同度和师德修养的主观感受要略高于师范学院的师范生。

（2）就读师范学院的师范生对"专业知识"习得质量的评价比拟值为就读师范大学的师范生的0.573倍。与此同时，在省会城市就读的师范生对"专业知识"习得质量的评价比拟值为其他地区的1.136倍，反映出：一方面，我国师范学院在专业课程尤其是核心课程（教材教法、综合活动设计等）的授课内容、方法、效果以及院校所在区域背后的人力（师资水平、教学管理）和物力（教学条件、教育技术）资源上与师范大学有着显著的差距,且距离师范生的教学质量预期还有相当大的提升空间;另一方面,从访谈情况来看,师范学院的师范生对"专业图书"、"自习空间"、"专业指导"等专业知识学习的需求还不能得到有效满足,这些对师范生的专业成长产生了不利影响。

（3）就读师范学院的师范生对"专业技能"习得质量的评价比拟值为就读师范大学的师范生的0.893倍,高于其"专业知识"的相对评价水平。与此同时,在省会城市就读的师范生对"专业技能"习得质量的评价比拟值为非省会城市地区师范生的1.318倍,反映出我国地方师范学院相对注重师范生的专业技能培养和实习实践,尤其是处于省会城市的师范学院能够较为方便地与周边成片的中小学校建立起类似教师专业发展学校（PDS）的"大学—中小学校"合作组织,在系统化地开展实践课程和中小学校教师"一线课堂"的积极影响下,这些学校的师范生在教学设计、教学组织、班级管理和教育观察等专业技能方面均得到一定程度的锻炼提高。通过访谈还得知,相对于师范大学,师范学院尤其是非省会城市的地方师范学院的实践课程开展遇到了一些困难:譬如合作的中小学校期望收益值过高、中小学校合作章程等长效机制尚未建立和有效运作、合作中的政府支持和经费支持不明晰等;在师范生联合（合作办学）培养方面,产生问题的根源主要集中在双方的"角色定位"、"合作态度"和"指导效果"三个方面的分歧。

（二）学生专业类型影响

（1）所学专业类型为理科的师范生对"专业品行"质量的评价比拟值为文科师范大学生的1.815倍。对此,可能的解释有:第一,文科大学生更加感性,理科大学生更加理性。以对小学教育本科专业师范生的访谈为例,被访谈对象对于教师职业的认识往往从教师职业的使命感、荣誉感、责任感等感性范畴开始,而理科师范生对教师职业的认识则以教师职业的客观社会地位以及与自身综合素质的定位符合度为基点。第二,与文科师范生不同,理科师范生在进入高校选择专业时,较充分地考虑到了教师职业的专业特征和发展规划,因而其目标性和专业发展考虑从一开始就更为明晰。

（2）理科师范生对"专业技能"质量的评价比拟值为文科师范生的1.912倍,反映出理科师范生在专业技能方面的习得水平和自信水平显著高于文科师范生。"理强文弱"的"专业技能"培养质量差异化的背后是师范院校资源管理话语权和专业技能培养模式的动态差距。即将实施的"全科型"小学教师培养改革可能在一定程度上弱化这种差异;不过由于现代教师教育体系的开放性,文、理科非师范专业的大学生均能够通过教师资格考核进入教师培养的广阔渠道,因而这一差异性的影响因素仍不容忽视。

（三）学生家庭人均收入的影响

（1）相对贫困（家庭人均收入 10000 元以下以及 10000—19999 元）师范生群体对"专业品行"质量的评价比拟值分别为相对富裕（家庭人均收入 50000 元以上）师范生群体的 0.403 倍和 0.528 倍。这反映出学生家庭收入和家庭条件的不同,对教师职前培养这一专业服务过程的质量和成本的意识是有差别的:相对贫困师范生群体对教师职前的专业认识受到家庭、社会观念的影响更深刻,他们对于教师职业的专业特性认识偏好于物质和成本层面,缺乏对教师专业发展前景和质量门槛的全局考虑。

（2）相对贫困师范生群体（家庭人均收入 10000 元以下以及 10000—19999 元）对"专业技能"质量的评价比拟值分别为相对富裕的师范生群体的 0.343 倍和 0.325 倍。同样反映出这一弱势群体在教师职前培养过程中的主动性、积极性不高,强烈的成本意识下接受的教师教育专业技能的培养质量不能令其满意,同时现有的师范院校班级管理制度由于缺乏对师范生的专业发展引导,也不能令这一群体正确认识到所学技能的专业性和适用性。

前苏联教育家马卡连柯曾指出,培养人就是培养他对前途的希望。然而从对省属师范院校的师范生的访谈情况来看,多数师范生对就业与职业未来的前途感到疑惑和忧虑,并且这种情绪从大学一年级就已经开始出现并一直持续影响师范生的教师职前培养生涯,而在相对贫困的群体中这种"抑郁"表现得更为显著。

（四）其他影响要素

学生年级对教师职前培养的质量评价的差异性也会产生一定影响。这种影响主要体现在"专业技能"上:相对于大学低年段师范生而言,从大学三年级开始,高年段师范生已经显著感受到了培养过程中的实践课程和专业合作组织带来的教育收益。

三 小结与思考

在我国师范教育向教师教育转型的当下,教师专业发展和教师职前培养的水平需要设置标准化、专业化、多元化的质量门槛。教师教育的质量观和管理水平主要体现在对未来教师——师范生的"专业品质"、"专业知识"和"专业技能"的培养过程中。面对世界发达国家一浪高过一浪的教师教育质量改革的国际竞争,肩负着建设"教师教育强国"、"高等教育强国"、"人力资源强国"和"文化强国"的中国教育需要重树质量标准和监控机制;而中国教师职前培养则应当"以生为本、夯实教学、分层推进"。

第一,师范大学尤其是部属师范大学应以一流(或卓越的、优秀的)教师教育质量标准为标杆,树立"学生为本、专业服务"的教师教育质量观。相对于地方师范学院和师范学校,师范大学在生源、师资、办学条件、办学经验等方面占据着显著的优势,有条件成为教师教育发展的领军模范。然而,目前我国师范大学均朝着综合大学的发展目标阔步前行。教师教育学科建设是否一流?教师教育人才培养质量是否一流?教师教育专业服务是否一流?这些问题归结为一种优质评价定位的质量观。部属师范大学应当放眼全球,以世界一流教师教育作为参照标杆,树立"学生为本、专业服务"的教师教育质量观。通过内涵建设,达到"学为人师,行为世范"的示范质量标准,在校园文化中凸显"尊师重教、创新求实"的师范氛围。

第二,鉴于学校层次定位不同,地方师范学院和师范学校对于教师人才培养质量的认识应当形成有层次、有侧重、有特色的多元质量观。地方师范院校应积极开展院校研究和自我审查,切实以教师教育为学校的工作重心和发展特色,在校园内真正形成"尊师重教、特色创新"的良好发展氛围;进一步加强内涵建设,强化实践课程教学改革,进一步推进"大学—中小学校"合作组织长效机制的建设,满足和推进地方基础教育师资队伍建设和中小学校办学水平。

第三,地方师范学院和师范学校在师范生"专业知识"的培养方面应进一步加大资源投入,确保专业图书、电子数据库、自习教室、微格教室等硬件设施满足贫困师范生的专业知识学习和专业发展的需要。另外,应针对贫困师范生的合理需求加大资助力度和专业指导力度,并进一步提高师资的专业层次及其教学水平,引导一部分教师改变"满堂灌"、"念书稿"、"一言堂"等陈旧、低效的教学方式;融合多元教育教学评价方式和创新学分制改革实践,切实提高教育教学管理水平,从而保障我国教师职前培养质量及其评价水平不断提升。

第三节　教师职前培养质量评价的体系设计

教师作为学校教育最为重要的人力资源，其人才培养质量及可持续发展日益受到社会关注。对未来教师质量标准的要求关乎到国家与地区之间的人才竞争和发展战略。当前，教师职前培养的质量标准化评价（模型）体系设计则关乎教师职前培养的质量保障的现代化水平，必须在已有经验和调查研究的基础上，统揽全局并进行质量分层，通过结构方程建模构建具有中国特色的教师职前培养质量标准化评价模型。

一　质量分层视野下的教师职前培养质量评价维度和通用模型

在已有研究经验和实践基础上，本研究认为：

（1）在分层视野下，教师职前培养质量标准化评价至少应当涉及两个维度的问题：第一，我国教师职前培养质量标准化评价的"合格水平"（指标体系）与"卓越水平"（指标体系）如何界定和区分；第二，我国教师职前培养质量标准化评价的"大学水准"（指标体系）与"学院水准"（指标体系）如何界定和区分，并适当参照培养机构所在的区位、历史等特征进行质量分层，见图4—1。

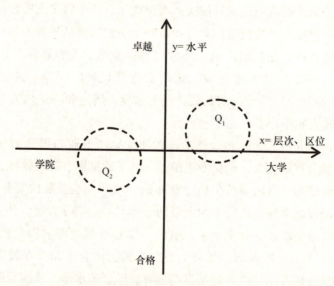

图4—1　分层视野下的教师职前培养质量标准化评价的双维度

前文分析和涉及的其他影响要素如师范生专业类型、师范生的家庭人均年收入水平（贫困程度）等由于标准的可操作和质量评价细分等问题，暂不列入本研究考察研究的主要维度。

（2）教师职前培养质量评价标准化模型的分层构建至少需要考虑三个层次系统。

第一，支持质量层次（质量评价培养支持系统）。教师职前培养是一项系统工程，其人才培养质量很大程度上与培养机构的办学定位、办学区位、办学理念、办学条件、入学生源、师资水平等系列要素有直接联系。研究将这一系列要素通称为"培养支持系统"。按照我国教师职前培养的政府定位和区位定位实际情况，将"大学/学院"作为教师职前培养支持系统两个定位层级进行差异区分。在分层构建质量评价模式时，充分考虑到"起点—输入"的系列差异。

第二，核心质量层次（质量评价核心要素系统）。教师职前培养的质量评价应当以"合格教师"、"师范生学习和个体品质的成就"或"新教师的专业综合素养"作为评价的基本目标价值取向。如前所述，围绕"合格教师"评价，在学者层面上我国学者通过10余年对欧、美、日、澳等发达国家教师职前培养的系统比较和借鉴，提出了"专业品质"、"专业知识"、"专业能力"的"三要素"论；国家层面上我国在2011—2013年前后相继出台了《教育部关于大力推进教师教育课程改革的意见》《幼儿园教师专业标准（试行）》《小学教师专业标准（试行）》《中学教师专业标准（试行）》《中小学教师资格考试暂行办法》等规定，进一步明确了"专业品质"（含师德）、"专业知识"和"专业技能"作为中小学教师专业素质要求和质量评价的核心要素。

第三，特色质量层次（质量评价特色要素系统）。随着时代的发展，社会生产力的提高，中国社会对中小学教师人才培养质量提出了更高要求。尤其是我国城乡社会经济二元分离背景下，农村地区中小学教师培养和专业成长出现严重"断档"问题，如何培养满足社会需求的高质量、复合型教师成为本研究绕不开的话题之一。教师职前培养的质量评价应当面向时代发展和社会需求，适当考虑到关于"卓越教师"、"复合教师"（专业知识专家型、专业技能专家型、专业知识应用型、专业技能多科型）质量评价要素。此外，质量评价的特色要素系统同时也是卓越/合格水平的重要区分和观察层次。在我国，师范大学与师范学院由于支持平台、办学资源、资源管理、教学管理、师资水平、课程设置、学生服务等方面的差异和差距，在历史文化和办学理念的作用下，两种不同定位的培养机构会因此形成各有特点、适合于本校当前发展的教师人才培养的专业特色和办学特色。

结合上述经验研究和实践分析，可根据地区教师职前培养机构（如师范院校）的"办学层次"（大学/学院）和"服务区域"（城市/农村）构建质量分层评价模型，见图4—2。

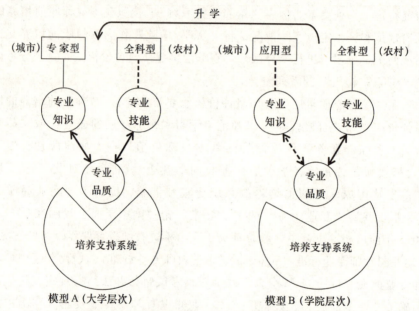

注：1. 圆圈部分为培养质量评价核心要素；方框部分为培养质量评价特色要素。
　　2. 实线部分表示直接或较强关联；虚线部分表示间接或较弱关联。

图4—2　（义务教育段）教师职前培养质量评价标准化分层模型结构图

如图4—2所示，模型A所代表的大学层次与模型B所代表的学院层次在"支持质量"层面、"核心质量"层面、"特色质量"层面均有所区别。首先，在"支持质量"层面，大学层次的培养机构普遍优于或高于学院层次的培养机构；其次，在"核心质量"层面，大学层次的培养机构对师范生的专业知识、专业品质相较学院层次的培养机构更为关注；最后，在"特色质量"层面，大学和学院两类层次的培养机构受到办学历史、所在区域、服务对象等复合因素影响,其人才培养的类型特色成为了其办学文化、办学模式、办学品牌等特色质量的核心载体。

二 质量分层视野下的教师职前培养质量评价指标要素体系

在已有研究经验和实践基础上,本研究认为,教师职前培养质量评价指标要素体系可以依据标准化质量整体水平的适用范围划分为"通用标准体系"、"简化标准体系",前者涵盖了对培养机构的"支持质量"层次、"核心质量"层次、"特色质量"层次的"合格水平"和"卓越水平"质量评价指标可能涉及的核心要素,后者主要包括对培养机构"支持质量"层次和"核心质量"层次的"合格水平"质量评价指标可能涉及的核心要素。

从表4—7来看,质量分层视野下的教师职前培养质量评价指标要素体系主要有 8 个一级潜在指标要素、38 个二级潜在指标要素和若干三级潜在观测指标点要素。(1)硬件指标主要分解为办学条件、办学经费、图书资源、实践条件四个二级指标,下设若干三级观测指标点。二级指标的划分充分考虑到教师职前培养的办学特点和办学实际以及相关研究所证实的影响大学生培养质量的主要因素。(2)软件指标主要分解为教学氛围、师资水平、第二课堂和学科平台四个二级指标。对此,相关研究论述较为强调教学氛围、师资水平和学科平台建设这类资源建设型指标要素,而教师职前培养办学的实践属性和受教育者的专业成长属性使得"第二课堂"、"第二通道"、"课余课程"等内容补充型指标要素成为现代化教师职前培养不容忽视的重要环节。(3)管理指标主要分解为领导效果、队伍素质、办学理念和执行效果。在此,结合研究访谈和质性研究的经验,强化了对中层干部队伍素质以及管理(尤其是教学管理)的执行效果和水平的关注。(4)专业品质指标可以分解为爱国守法、爱岗敬业、为人师表、专业基准、专业反思五个指标和若干三级观测指标点。从二级指标设置来看,这一指标的内涵和外延相当广泛,其核心要素在于准教师的道德素养、职业风貌、专业基础素质和专业反思习惯。(5)专业知识指标可以分解为学生心理、教育原理、课程教学、学生评价、活动设计、专业发展六个二级指标。不难看出,这里的二级指标体系基本涵盖了准教师一线教育教学所必须具备的主干知识结构框架体系。(6)专业能力指标可以分解为实习实践、教育教学、班级管理、协同教育、信息技术、体艺特长、专业观察七个二级指标。专业能力指标要素的划分学界尚没有详尽且一致的标准，上述二级指标体系基本涵盖了最新研究和时代政策对小学准教师专业能力的基本要求。其中，专业观察能力是师范生成为小学准教师必备的基础性能力；而协同教育能力是欧美各国能力标准中重要的标准簇因素。（7）特色内涵指标一般分解为特色文化、特色模式、特色品牌、社会声誉四个二级指标和若干三级指标观测点。基于高等教育系统的现代教师职前培养的特色内涵依赖于各大学/学院的特色化办学历史所积淀的办学特色文化，以及在此背景下围绕人才培养多年来形成的特色办学模式甚至是特色办学品牌，并借此获得社会声誉上的特色办学推动力量。（8）特色外延指标一般分解为特色宣传、特色项目、特色成果、优质生源四个二级指标和若干三级指标观测点。其二级指标体系反映出特色办学内涵基础上的外显成就，如特色办学宣传、所开展的特色项目，取得的特色成果，并最终反映到获取更多和更有特色优质生源这一根本办学资源的未来竞争中来。

表4—7　　　　　教师职前培养质量评价的"通用"指标
要素体系结构（合格标准/卓越标准）

层次	I指标	II指标	III指标（观察）
支持质量	硬件	P1. 办学条件	占地、行政教学科研用房、生均资源、仪器值、事业费等
		P2. 办学经费	充足性、持续性、结构性、质量成本（教学经费、教学科研经费、公用经费、学生经费、相关专项经费）
		P3. 图书资源	图书总量、生均图书数、电子图书、图书数据库、利用率等
		P4. 实践条件	实践场地、实践仪器、实践基地、合作单位、合作保障等
	软件	P5. 教学氛围	教师风貌、学生风貌、校园风貌、教学氛围、校园文化
		P6. 师资水平	生师比、博士教师比、高级教师比、教师科研产出、学者名师
		P7. 第二课堂	自由度、整体架构、自主活动支持、创新学分管理、协同创新等
		P8. 学科平台	学位点、重点学科、重点基地、重点项目、协同平台、平台效用
	管理	P9. 领导水平	学历水平、专业背景、管理思路、管理过程、决策能力
		P10. 队伍素质	学历结构、职称结构、服务意识、满意度、服务效果
		P11. 办学理念	学校定位、专业定位、培养理念、办学模式、办学愿景
		P12. 执行效果	管理成效、管理事故、管理规划

续表

层次	Ⅰ指标	Ⅱ指标	Ⅲ（观察）
核心质量	品质	P13. 爱国守法	热爱祖国、热爱人民、热爱社会主义、遵纪守法等
		P14. 爱岗敬业	热爱学生、热爱教育、热爱岗位等
		P15. 为人师表	教师礼仪、文明礼貌、言行表率、团结友爱、诚信互助等
		P16. 专业基准	三字一话、沟通表达、写作、演讲等基本功；专业教学知识和技能；教师教育道德；学生产出等
		P17. 专业反思	终身学习；行动研究；专业反思态度、情感、方法、改进等
	知识	P18. 学生心理	心理常识、教育心理、发展心理、变态心理、心理矫治等
		P19. 教育原理	教育原理、教育规律、教育原则、教育内容、教育方法等
		P20. 课程教学	学科教学结构、学科教学对象、学科教学原则、学科教学方法等
		P21. 学生评价	学生评价范围、学生评价原则、学生评价方法、学生评价改进等
		P22. 活动设计	一般教学活动设计、学科教学活动设计、班级教育活动设计等
		P23. 专业发展	专业发展理念、专业发展案例、专业发展方法、专业发展路径等
	能力	P24. 实习实践	实践合作关系、实践实施、实践效果、学生收获、实践共同体等
		P25. 教育教学	教学设计、教学组织、教学执行、教学考核、教学评价、反思等
		P26. 班级管理	班级组织、班级评价、班级活动、特殊群体教育等
		P27. 协同教育	班级合作、年级合作、校际合作、家校合作、项目合作等
		P28. 信息技术	操作系统、PPT制作、多媒体制作、远程学习等
		P29. 体艺特长	体育、音乐、美术、舞蹈、其他特长等
		P30. 专业观察	学生观察、教学观察、管理观察、活动观察、问题观察等
特色质量	内涵	P31. 特色文化	教育特色文化、学习特色文化、管理特色文化、服务特色文化等
		P32. 特色模式	教育特色模式、学习特色模式、管理特色模式、服务特色模式等
		P33. 特色品牌	教学品牌、科研品牌、服务品牌、文化品牌等
		P34. 社会声誉	社会评价、社会口碑、育人声誉、用人反馈等
	外延	P35. 特色宣传	文化载体、媒体报道、社会影响、社会舆论等
		P36. 特色项目	教学项目、平台项目、服务项目、文化项目、交流项目等
		P37. 特色成果	教学成果、平台成果、服务成果、文化成果、交流成果等
		P38. 优质生源	生源质量、优质生源、特色生源、联合培养等

　　表4—8是基于"合格标准"的教师职前培养质量评价的"简化版"指标要素体系。与表4—7相比，"简化版"指标要素体系在一级指标上的区分主要体现在将"特色质量"层次替换为"整体质量"指标，其他

二级指标基本不变，而对三级指标观测点进行了核心项目抽取简化，并赋予该抽取简化项目理念。在这些理论的指导下，一级指标下的核心（重点观测）二级指标被分别确定为办学条件、办学经费、实践条件、师资水平、办学理念、执行效果、专业基准、课程教学、实习实践和整体水平（质量吸引力）。

表4—8　　　　　　　　教师职前培养质量评价的"简化"
指标要素体系结构（合格标准）

层次	I 指标	II 指标	核心指标（理念）
支持质量	硬件	P1. 办学条件	核心项目：办学基本条件、图书情况、财务支持、人事政策、实践合作关系和效果等
		P2. 办学经费	
		P3. 图书资源	核心理念：教师职前培养的硬件支持质量主要体现于对师范生培养的全方位质量保障
		P4. 实践条件	
	软件	P5. 教学氛围	核心项目：师资结构、教师教学研究效果、教师服务模式和质量、教师产出等
		P6. 师资水平	
		P7. 第二课堂	核心理念：教师职前培养的软件支持质量主要体现于师资队伍的质量水平和人格品质，言传身教是教师职业传承的主要脉络
		P8. 学科平台	
	管理	P9. 领导水平	核心项目：办学定位、办学战略、办学规划、办学文化、办学思路等
		P10. 队伍素质	
		P11. 办学理念	核心理念：教师职前培养的管理支持质量主要体现于学校领导对学校师范生培养的谋划水平
		P12. 执行效果	
核心质量	品质	P13. 爱国守法	核心项目：三字一话、沟通表达、写作、演讲等教学基本功；教学知识和技能；教育道德；学生产出等
		P14. 爱岗敬业	
		P15. 为人师表	核心理念：教师职前培养的品质核心质量主要体现于未来教师（师范生）的综合水平，师德、价值观等教师教育道德因素在其中起着决定性作用
		P16. 专业基准	
		P17. 专业反思	
	知识	P18. 学生心理	核心项目：学科课程教学结构、学科课程教学效果、学科课程教学督导、学科课程教学方法改进、学科课程选择等
		P19. 教育原理	
		P20. 课程教学	核心理念：教师职前培养的知识核心质量主要依靠学科课程教学来保障，学科课程教学的结构、方法、督导、改进和选择是未来教师（师范生）知识学习体验和质量评价的基本维度
		P21. 学生评价	
		P22. 活动设计	
		P23. 专业发展	

续表

层次	I指标	II指标	核心指标（理念）
核心质量	能力	P24. 实习实践 P25. 教育教学 P26. 班级管理 P27. 协同教育 P28. 信息技术 P29. 体艺特长 P30. 专业观察	核心项目：实践合作关系、实践实施、实践效果、学生收获、实践共同体等 核心理念：教师职前培养的能力核心质量主要依靠实习实践项目来保障，实习实践项目的支持、计划、协同、效果改进是未来教师（师范生）能力培养习得和质量评价的基本维度
整体质量	整体	P31. 整体水平	核心项目：优质生源、教师口碑、社会声誉、项目品牌、校友反馈、社会评价等 核心理念：教师职前培养的整体质量体现为对未来教师（师范生）和用人单位（中小学校）的吸引程度，这有赖于支持质量和核心质量诸多因素的整合优化，从侧面反映这些因素的协同质量

注：加下划线二级指标为核心指标要素。

这一"简化版"指标要素体系汲取了美国教师职前培养选择性路径 TEAC 方案的经验，将纷繁复杂的教师职前培养观察指标体系的三级指标观测点进行了核心项目梳理，强化了对影响培养机构教师职前培养质量的核心指标要素结构文本的专业审核（下一步将实地观测），具有更强的现实可操作性和可观测性。不过由于指标覆盖和指标简化本身存在不足，其质量评价的现实适应面不如"通用版"的教师职前培养质量评价指标要素体系。

第五章 模型：教师职前培养质量评价的分层化路径

第一节 调研准备与说明

一 调研平台与支持

2012—2014 年，研究团队所在单位在研究期间搭建起了几个关键研究平台和教学研究项目，为本研究提供了有力的平台支持、经验支撑和调研便利。

第一，学科建设平台支持。经过两年培育，教育学（一级学科）2012 年底获批"湖北省重点学科"；2013 年初，依托重点学科建设的研究平台（湖北省教师教育研究中心）获批"湖北省人文社会科学重点基地"；与此同时，小学教育专业获批"湖北省专业综合改革试点专业"。

第二，教学研究项目支持。2013 年初，研究团队参与的"师范生实践能力培养的'3S'模式"获评"湖北省第七届教学成果一等奖"；2013 年 4 月，"（小学）班级管理"获批为国家级精品课程，研究团队参与其开题和研讨交流；2014 年 7 月，"师范生教学技能有效培养的实践课程模块创新研究"获批为 2014 年中央部委属高校与地方高校支持合作计划（国家级教学改革）项目，研究团队中张炜副教授、范丹红副教授作为核心成员参与前期研讨；2014 年底，孙利副教授科研课题"班主任职业生涯质量评价指标体系研究"获批国家社科课题，本研究的核心团队有两人参与其中。

第三，专业联盟协作支持。2012 年，研究团队所在单位加入了湖北地区 22 所师范院校组成的"湖北师范联盟"（以下简称"师范联盟"）；2013 年 3 月，研究团队所在单位会同湖北师范学院、湖北理工学院等 9 所本科师范院校成立了"湖北省小学教育专业联盟"（以下简称"专业联盟"）；在 2013 年 11 月、2014 年 11 月师范联盟两次召开的"师范生教学能力竞赛"以及 2013

年 5 月、2014 年 5 月、2015 年 5 月专业联盟三次召开的"（小学教育）师范生教学技能竞赛"中，研究团队作为评委和领队教师深入参与了合作，积累了相关经验。

此外，学校的人文社会科学省级重点示范实验室"湖北省教师素质训练中心"开展的"行知实验班"和学校正在开展的"师范生实践能力培养'4S'模式"改革，这些都为本研究提供了非常充足和难得的研究资源、共享信息以及独到、良好的研究环境。一些同行和资深教授如中国华东师范大学李家诚教授、台南大学林进才教授、美国肯尼索大学郑斌耀教授等在国际教师教育经验交流方面的指导和报告也给本书写作带来了非常受用的研究启示。

二　调研思路与准备

通过已有研究和实践经验，教师职前培养的质量评价标准化模型构建和分析思路为：

第一步，按照内核要素构建一个标准化的简化内核模型——"中国教师职前培养质量评价指标因子结构方程模型——简化类"（Structural Equation Modeling of Pre - service Teacher Education in China for the Quality Indicators - simple，以下简称"模型SMTCI-S"）和一个标准化的通用扩展模型——"中国教师教育职前培养质量评价指标因子结构方程模型——通用类"（Structural Equation Modeling of Pre - Service Teacher Education in China for the Quality Indicators - General，以下简称"模型SMTCI-G"）。首先，通过取样充分性分析、决断（CR）值分析剔除低负荷项目；其次，通过模型系数分析调整其模型结构达到较优，确定模型后进行系数标准化；最后，通过路径分析并结合模型外延的实践价值对模型的动力系统和运作路径进行阐释。

在模型SMTCI-S核心要素经验探索的基础上，模型SMTCI-G通过项目分析［取样充分性分析、决断（CR）值分析、因子载荷检验］后进行质量分层处理，划分为若干分层模型分别进行结构模型的系统分析。

第二步，按照分类分层的视阈构建两个标准化的综合扩展模型——"中国教师职前培养质量评价指标因子结构方程模型——大学类"（Structural Equation Modeling of Pre - service Teacher Education in China for the Quality Indicators - universities，以下简称"模型SMTCI-U"）和"中国教

师职前培养质量评价指标因子结构方程模型——学院类"（Structural equation Modeling of Pre‑service Teacher Educationin China for the Quality Indicators‑colleges，以下简称"模型SMTCI‑C"）。模型 U 和模型 C 分别为对照支持质量层、核心质量层和特色质量层全部要素，面向服务城市和农村的师范大学和非师范大学（模型 U）以及师范学院和非师范学院（模型 C）进行验证性因子建模。首先，同样通过取样充分性分析、决断（CR）值分析剔除低负荷项目，筛选有效项目进入模型建构；其次，通过模型系数分析和组间结构效应分析调整其模型结构达到较优，确定模型后进行系数标准化；最后，通过路径分析对模型的动力系统、运作路径和指标价值进行阐释。

上述四个现代模型的关系如图 5—1 所示。

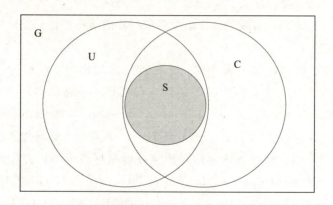

图 5—1　教师职前培养质量评价标准化模型建模思路示意图

与上述在实践调研过程中逐步优化的研究思路相对应，研究实践可以分为两个实施阶段。

第一个阶段主要运用量的研究方法，进行问卷研究和结构方程模型分析，时间上可以按照科研方法侧重分为：（1）量的研究阶段 A——集中在 2012 年 5—12 月（预调研）以及 2013 年 3—6 月；（2）质的研究阶段 A——集中在 2012 年 9 月至 2013 年 6 月同步开展。这一阶段的主要目标为通过调研了解实际情况，完成教师职前培养质量评价的简化模型 SMTCI‑S 的建模与分析，并通过质性研究和访谈提炼出通用因子。

第二个阶段主要运用量的研究与质的研究相结合的方法，进行专题访谈和日志叙事研究，时间集中在 2013 年 7 月至 2014 年 1 月（专业访谈）

以及 2014 年 3—12 月（综合问卷）。对两块内容的综合和分析调整主要涉及湖北、湖南和浙江的师范大学、综合大学与普通学院，并得到了湖北师范教育联盟和小学教育专业联盟相关院校的大力支持。

第二节 简化模型SMTCI-S建模与分析

一 采样与检验

（一）研究准备

以研究团队成员张炜副教授、潘海燕教授、范丹红教授主持的教学、科研课题为依托，2011—2014 年通过所在单位开展的武汉·中国光谷地区"8 + 1"教师专业发展学校①构建了"三位一体"的新型协同培养模式。在这一地方政府支持、一线地区中小学校积极参与和所在单位教师教育特色化平台自主式生长②的背景下，研究团队从 2011 年到 2014 年的三年中，围绕教师职前培养质量标准化评价这一核心问题，在结合对利益相关群体（师范生、教师教育工作者、用人单位、政府相关行政部门）系统调研访谈的基础上，开展以教师职前培养服务评价的核心质量和综合质量保障为主要内容的结构方程模型建模、数据检验、系数标准化以及路径分析。

在上述准备基础上，研究分为前期预测阶段（2011 年 3—6 月进行前期试测，11—12 月分析）和正式测试阶段（2012 年 3—4 月进行正期实测，5—6 月分析）。

（二）研究数据检验

2012 年 3—4 月间研究团队对湖北地区的华中师范大学、湖北大学、湖北第二师范学院三所高校大一年级至大三年级师范生（N1 = 432；N0 = 412③）进行了李克特 10 段量表问卷调查；2013 年 3—4 月对湖北地区"湖北省小学教育专业联盟"相关专业发展学校的中小学教师和管理者进行了访谈验证。

---

① 参与学校主要有武汉市旭光小学、武汉市卓刀泉小学、武汉市鲁巷小学、武汉市楚才小学、武汉市光谷第四小学、武汉市光谷第六小学、武汉市光谷第八小学、武汉市光谷第九小学。协同合作学校还有武汉市光谷第一中学、武汉市光谷实验中学、武汉市光谷第一小学、武汉市光谷第二小学、武汉市中华路小学等。

② 2012—2014 年，研究团队所在单位通过学科建设和自身内涵发展，创设出"行知实验班"、"教师素质能力认证"等有助于进一步探索和验证本研究项目研究效果的专业平台，为本研究顺利开展提供了支持。

③ 取样和 CR 值检验有效样本量 N1 为 432 人，验证后进入建模的有效样本量 N0 为 412 人。

数据分析采用 SPSS17.0 和 Amos7.0① 软件，检验如下：

1. 取样充分性检验

通过 KMO（取样充分性）和 Bartlett 球形（单位矩阵假设）检验来实现对数据取样充分性的初步检验。KMO 指标是用来比较观测单位的相关系数值与偏相关系数值的关键指标之一，其值越接近于 1 则表明对这些变量进行因子分析或结构方程模型（SEM）建模的效果越好。Bartlett 球形指标用来判断数据的相关系数矩阵（Correlation Matrix）是否为单位矩阵。

如表 5—1 所示，研究的有效数据的 KMO 指数超过了 0.80；而 Bartlett 球形检验的自由度为 526，其卡方值为 4348.312，通过了 5% 显著水平检验，证明原始数据的相关系数矩阵不是一个单位矩阵，即可进入下一步检验。

表 5—1　　　　　　　　原始数据的 KMO 和 Bartlett 球形检验

Kaiser – Meyer – Olkin Measure of Sampling Adequacy	.831
Bartlett's Test of Sphericity Approx. Chi – Square	4348.312
df	526
Sig.	.000

2. 项目分析

为了有效鉴别不同受试者对试题项目的反应程度，以排除趋同设计或不能有效鉴别选项的试题项目，研究还采用 CR（Critical Ratio）值检验方法。CR 值检验采用样本得分的高分组在某一试题项目得分之平均数与低分组在同一试题项目得分之平均数的差异，对该差异进行是否通过 5% 水平的显著性 t 检验。CR 值检验在施测中首先对有效样本在各试题项目得分进行降序排列，在此基础上抽取预测样本的前 25%（N = 108）和后 25% 分别作为高、低分组，运用独立样本的高低分 t 检验的方法对高、低分两组受试者在每一题项上平均得分进行 CR 值的 5% 显著度比较。如对应试题项目的 CR 值大于 2.90 或通过 5% 水平的显著性 t 检验，则表明接受方差不均的前提假设，也就表明这个试题项目能够有效鉴别不同受试者的反应，应保留；反之则结合因子载荷检验情况进

----

① 2012 年 9 月后将 Amos7.0 升级为 IBM Amos21.0，2012 年 9 月后的 Amos 分析采用新版本软件进行。

行剔除①。

CR 值检验可以反馈数据试题项目的区分度,而因子载荷则能够反映数据的内部会聚程度和对该项目方差的解释力。通过 SPSS17.0 软件,研究者将原始数据进行了主成分分析,经过正交旋转后,各因素的因子载荷作为因子得分进入了后续的组间方差分析。项目 CR 值分析和因子载荷检验的计量情况如下。

表5—2 显示,除 P4、P27、P28、P29 四项外,其余 28 项的 CR 值均大于 2.900,通过了 5% 水平的显著性检验。因子载荷检验显示,经过正交旋转后的 P4、P27、P28、P29 四项的载荷系数小于 0.45,且显著低于其他试题项目系数,因而这四项予以剔除。

表5—2　　　　原始数据的项目分析(CR)和因子载荷检验

题项	F	CR 值	载荷	题项	F	CR 值	载荷
P1. 专业基准	.009	11.211	.803	P17. 服务模式	.967	6.637	.000
P2. 专业知识	.572	9.371	.000	P18. 教师产出	.686	8.287	.000
P3. 教学技能	.035	8.580	.000	P19. 学校定位	2.134	3.856	.000
P4. 教育常识	6.098	.915	.361	P20. 办学特色	1.313	3.157	.002
P5. 学生产出	1.966	7.670	.000	P21. 办学战略	2.231	3.377	.001
P6. 课程结构	.946	9.912	.000	P22. 办学文化	2.498	5.122	.000
P7. 课堂质量	1.201	7.368	.000	P23. 基本条件	2.773	4.219	.000
P8. 教学督导	.052	9.377	.000	P24. 图书情况	.000	3.372	.019
P9. 改善情况	1.289	8.606	.000	P25. 领导水平	3.969	4.019	.000
P10. 选修课程	.181	8.348	.000	P26. 财务情况	2.401	3.015	.039
P11. 合作关系	.008	8.702	.000	P27. 人事情况	1.031	1.622	.106
P12. 指导情况	1.037	6.523	.000	P28. 一体化	1.518	1.062	.290
P13. 学生收获	.041	7.132	.000	P29. 产学研	.000	1.052	.287
P14. 共同体	.724	6.181	.000	P30. 教学反思	.377	5.126	.000
P15. 师资结构	1.310	8.066	.000	P31. 社会声誉	.720	2.960	.003
P16. 教学研究	1.202	6.190	.000	P32. 学生来源	.102	8.551	.000

注:cutpoint ≥ 108;Equal variances assumed。

---

① Nunnally, J. C., *Psychometric theory* (2nd ed.). New York: McGraw-Hill, 1978. J. C. Nunnally 指出,因子分析中的因子载荷在经过旋转后,取其大于 0.45 者并结合特征根(Eigenvalues)进行抽取。

最后，研究还将筛选出来的项目进行因子得分和组间交互分析。六因素维度进行了内部一致性 Cronbach α 系数检验和多元变量方差（MANOVA）的效度分析，检验结果为：（1）上述六因素构成的总因子 Cronbach α 系数为 0.851，FAC1 - 6 的 Cronbach α 系数在 0.797—0.918 之间，表明这六因素之间具有很强的会聚性。（2）在 P - P 图确认因子簇的载荷得分为多元正态分布后，组间效度检验显示：各因子在性别、年级、院校层次三个控制变量的 Wilks' λ 显著度都大于 0.05，即控制变量的交互效应并不明显，只需考察控制变量的对应因子的主效应项；其结果是：整体上性别、年级和学校层次三变量的 Wilks' λ 显著度均大于 0.05，仅 FAC5 的"办学条件"在"院校层次"（大学/学院）变量上存在差异。

二　建模与分析

（一）模型SMTCI-S的建模

通过前面章节的策略分析和实地调研，在实证研究的基础上，研究者整理出教师职前培养（核心服务）质量评价核心指标因子简要汇总如表5—3所示。

表5—3　　教师职前培养（核心服务）质量评价"简化内核"指标因子简汇

核心层			支持层			整体
因素 1 学生水平	因素 2 课程教学	因素 3 实习实践	因素 4 师资水平	因素 5 办学思路	因素 6 资源管理	其他不便 分类因素
专业基准（a）	课程结构	合作关系	师资结构	学校定位	图书情况	一体化
教师道德	课堂质量	实施情况	教学研究	办学特色	管理水平	产学研
教学技能	教学督导	学生收获	服务模式	办学战略	财务情况	教学品牌
教育常识	改善计划	共同体	教师产出（b）	办学文化	人事情况	社会声誉（c）
学生产出（d）	选修课程					学生来源

注：（a）指新教师的口语发音、书写、仪态、信息技术、法律与社会常识、教育法规和伦理；（b）指教师教学成果、教师科研和社会服务成果、教师社会影响与声誉；（c）指学生就业情况、学生满意度、家长满意度、用人单位评价等；（d）指学生获奖、学生成果产出、校友获奖情况、学生进步发展情况等。

上述六因素和整体因素构成的指标因子簇反映出当前我国教师职前培养质量评价的核心范畴和最主要的标准要求;同时也是我国教师职前培养质量评价的简化模型因子集,构建模型SMTCI-S的指标试题设置内容也包括在其中。

指标因子集合确定后,需要根据理论经验和实际情况构建简化内核模型SMTCI-S。根据教师培养的实践生态研究、教师培养生态中的利益相关者理论和教师培养标杆管理方法,参考发达国家教师培养质量评价标准的已有经验,研究以"未来教师成长"为逻辑主线,以师范生(未来教师)、教师教育培养机构、社会用人单位(中小学校)整体关联的"生态圈"为考察对象;在借鉴国际一流经验标杆的前提下,以教师教育培养机构提供的教师教育全程质量的服务"支持"、师范生作为未来教师专业成长的表现"核心"为其重点考察的内容。

借用"资本转化"理论的视角不难发现,与普通高校人才培养过程类似,教师职前培养过程是教师教育机构文化资本作用于教学和科研从而累积人力资本的过程,只不过在这一过程中,教师职前培养更突出以教学技能为专业方向的教育实践活动。即教师教育培养机构的育人文化、师范文化和创新文化是教师人才培养的发端,通过文化育人(潜在课程)和师资育人(实在课程)的交互作用,师范生(未来教师)根据自身专业品质和专业基准,确立了自身发展目标,开展以教学为核心的专业知识的学习和专业能力的训练。

根据上述讨论,研究者将问卷试题项目设置为学生水平、课程教学、实习实践、师资水平、办学思路、资源管理六个基本维度。为了避免主题内容或由于集中而形成的意义暗示,各维度中的试题项目序号采用随机生成。

(1)"学生水平"维度。在问卷调查中,我们将"学生水平"维度设计为:学生的专业基准、学生的教师道德、学生的教学技能、学生的教育常识、学生的综合产出等项目的组合;在建模过程中,为了便于集中分析,分别用 a1、a2、a3、a5、a31、a32 表示"师范生对其口语、书写、仪态、信息技术等基本功培养质量的满意程度"、"师范生对其教师道德的教育满意程度"、"师范生对其教师教学技能培养质量的满意程度"、"师范生对其教师教育常识的教育满意程度"、"师范生对其社会声誉的满意程度"、"师范生对其综合产出的满意程度"。

（2）"课程教学"维度。在问卷调查中，我们将"课程教学"维度设计为：课程结构、课堂教学质量、教学督导情况、教学改进计划、选修课程安排五项的组合；在实践调研过程中，分别面向被试师范大学生将其表述为：a6"师范生对课程设置结构的满意程度"，a7"师范生对课程课堂教学执行的满意程度"，a8"师范生对课程教学管理反馈和教学督导管理的满意程度"，a9"师范生对课程教学改进效果的满意程度"，a10"师范生对选修课程设置和教学的满意程度"。

（3）"实习实践"维度。在问卷调查中，我们将"实习实践"维度设计为：实践基地合作关系、实习实践实施情况、实习实践学生收获、实习实践发展共同体、教学反思五个项目的组合；在问卷题目设置上，a11、a12、a13、a14、a30分别代指："师范生对培养单位与实践基地合作关系的满意程度"、"师范生对实习实践运作和开展情况的满意程度"、"师范生对实习实践过程中的专业收获的满意程度"、"师范生对培养单位与实践基地专业共同发展的满意程度"和"师范生对实习实践中教学反思指导质量的满意程度"。

（4）"师资水平"维度。已有研究表明，作为人才培养的核心，高校教师的整体素质结构和教学、科研水平和服务模式决定了人才培养的质量；教师职前培养受到教师教育工作者为人师表、学高身正的影响。据此，研究者将教师教育培养机构师资水平按照其专业运作的作用逻辑分解为：师资结构（起点）、教学研究（过程）、服务模式（过程）、教师产出（结果）四个环节；问卷第三部分的项目a15、a16、a17、a18则分别代指："师范生对培养单位师资结构的满意程度"、"师范生对培养单位教师教学研究服务的满意程度"、"师范生对培养单位教师服务方式方法的满意程度"、"师范生对培养单位教师教学、科研、社会服务和社会声誉的满意程度"。

（5）"办学思路"维度。已有研究经验显示：作为教师职前培养质量的重要组成，培养单位的组织领导是否得力，很大程度上制约了该单位的教师职前培养质量水平；而这一组织领导力主要体现为培养单位的办学思想。根据办学思想的外延结构，调查问卷中将"办学思路"维度分解为："师范生对培养单位办学定位的满意程度"、"师范生对培养单位办学特色的满意程度"、"师范生对培养单位办学实施行动和战略策略的满意程度"、"师范生对培养单位办学文化和氛围的满意程度"，这四项分别用指标 a19、a20、a21、a22 代指。

（6）"资源管理"维度。已有研究经验表明，高校提供图书和电子资源的充分合理性、高校教学辅助人员和管理人员的素质水平、高校财务健康运作和用于保障师生正常教学活动开展的经费支持、高校人事健康运作和师资优化等资源管理的整体水平能够为未来教师成长奠定良好的学术氛围和经验支持，有助于促进他们人力资本、文化资本、社会资本等个体资本的整合和提升。为此，在问卷中我们分别用指标 a23、a24、a25、a26 代指："师范生对培养单位提供的图书和电子资源充分合理性的满意程度"、"师范生对培养单位图书、实验、教学管理等教学辅助、管理人员素质和工作的满意程度"、"师范生对培养单位财务运作和奖学金、助学金、贷款实际支持的满意程度"和"师范生对培养单位人事组织安排和师资优化补充的满意程度"。

根据上述潜变量因素的内容分析以及相关理论和研究对于它们之间可能的转化关系的描述，研究构建了教师职前培养质量评价结构方程的原始理论模型，简称为"理论模型 I"。

如图 5—2 所示，第二级教育升学选择攻读师范的大学生首先在教师教育培养机构办学思路的指引下进行基于教育教学的专业知识和专业能力的学习和训练。这一训练的前提在于办学思路指导下的办学资源支持和师资资源教学，因而办学思路是模型运作的发端因素。在模型 I 中 a1—a32 为上述六要素的待估系数，e1—e32 为这些要素待估系数的残差项，z1—z5 为除动力项"办学思路"外的各要素的 z 统计系数。

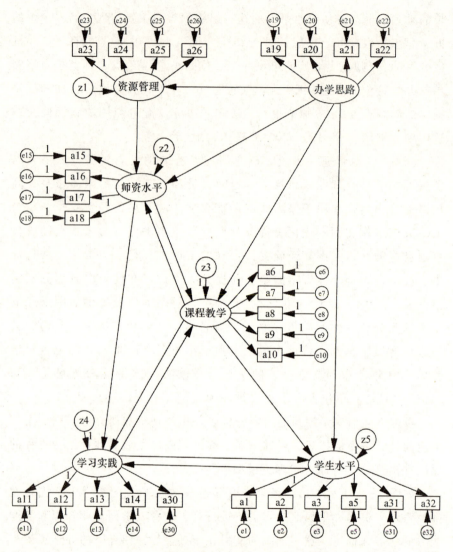

图 5—2　教师职前培养质量评价理论模型 I

（二）模型SMTCI-S 的修正与分析

1. 模型修正

结构方程模型分析对于模型的综合拟合优度指标有着较为严格的要求：（1）CMIN 值通常不应过大，且越小越好；CMIN/DF 值应在 2 以内；（2）模型的拟合优度 GFI、CFI、NFI、IFI 值大于 0.90 则表明模型内部一致性较高，可以接受和推广；（3）RMSEA 值小于 0.05；（4）其他的模型拟合优度指标如 AIC、EVCI 等值通常越小越好。

将正式测量的有效样本数据（N = 412）代入 Amos7.0，生成的原始 SEM 模型 I 的拟合系数检验显示：模型 I 的 CMIN 值较大，且 CMIN/DF 值为 11.20，远大于基标值 2；模型的 GFI、CFI、NFI、IFI 值均在 0.7—0.8 之间；RMSEA 值为 0.163。这说明理论模型 I 的整体拟合优度不佳，需要调整和修正。修正模型时主要考虑：

第一，参照模型修正指数。研究原始 SEM 模型 I 的路径系数发现："a17（服务方式）←师资水平"、"a12（选修课程）←课程教学"、"a26（财务情况）←资源管理"和"a32（学生来源）←学生水平"等项的修正指数很小，且其路径系数伴随的 P 值在 5% 水平上不显著，剔除后将提高模型的拟合度；而"e23↔办学思路"、"e22↔e23"、"e12↔e3"、"e15↔e16"、"e19↔e20"等项的修正指数最大，即通过增加两者关联的路径，可以显著减少模型的卡方值并改善模型拟合度。

第二，在不降低原始模型的拟合优度和理论解释价值的基础上，简化模型的变量与路径。在优化模型的过程中，我们将潜在变量"师资水平"和"资源管理"进行了整合。由于从现实的理论解释来看，师范院校的师资属于最重要的教师教育资源，其他资源管理是围绕师资管理进行的必要调配和保障，师资资源和其他资源是密切契合的有机统一体；在此基础上，将两者整合有利于简化路径、改善拟合优度，因而将第 15、16、18、23、24 项合并为统一的"资源管理"因素。

第三，参照模型的临界比率（Critical Ratio For Different）。如模型的临界比率（z 统计量）判断无显著差异，则考虑对显性因子项进行剔除。对理论模型 I 的方差进行临界比率检验的结果显示，a9（改善情况）、a22（办学文化）、a25（领导水平）、a30（教学反思）等项目因子鉴别度不够（临界比率值 > 10%），予以剔除。

2. 模型 SMTCI-S 的标准化与路径分析

通过对理论模型 I 的验证性因子修正，最后我们得到了简化了的"教师职前培养质量评价指标因子结构方程——简化内核模型"的路径系数（见图 5—3、图 5—4）及模型 SMTCI-S 的拟合优度情况（见表 5—4）。

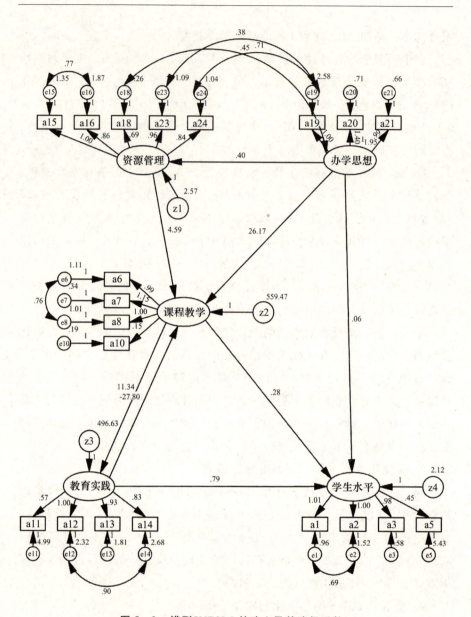

图 5—3　模型SMTCI-S 的确立及其路径系数

　　图 5—3 揭示出模型SMTCI-S 各主要因子间相互关联及其强弱关系。通过软件 Amos7.0 的标准化估值（Standardized Estimate）得到模型SMTCI-S 的标准化模型及其路径系数，见图 5—4。

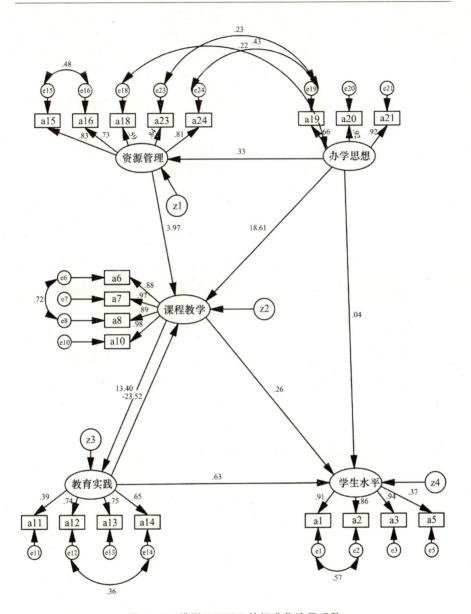

图 5—4　模型SMTCI-S 的标准化路径系数

图 5—3、图 5—4 揭示出各主要因子间相互作用的几条主要演进路径分别为:(1)"办学思路→课程教学→学生水平";(2)"办学思路→课程教学→教育实践→学生水平";(3)"办学思路→资源管理→课程教学→教育实践→学生水平"。此外,模型SMTCI-S 中的质量评价因子载荷

"e23"与"办学思路"、"e5"与"e11"、"e3"与"e12"、"e15"与"e16"、"e23"与"e19"、"e1"与"e2"等相互间影响力较为显著。

通过模型的标准化和路径系数的简化，研究初步揭示出：

（1）五大主要因素之间强弱关系为：①"办学思路→课程教学" ＞②"课程教学→教育实践" ＞③"资源管理→课程教学" ＞④"教育实践→学生水平" ＞⑤"办学思路→资源管理" ＞⑥"课程教学→学生水平" ＞⑦"办学思路→学生水平"，其中后三项即⑤、⑥、⑦为弱相关。

（2）主因素间"实习实践→课程教学"存在令人疑惑的最强负相关。

（3）各因素间的因子（不含因素内因子间）相互关联较强的有："e6↔e8"、"e5↔e11"、"e24↔e19"。

此外，表5—4显示出，SEM模型（SMTCI-S）的拟合优度与理论模型Ⅰ相比，有十分显著的提升。（1）模型SMTCI-S的CMIN值较小，且CMIN/DF值为11.20，在基标值2以内；（2）模型的GFI、CFI、NFI、IFI值均在0.940—0.990之间，证明模型的内在一致性优秀；（3）其RMSEA值为0.037，小于0.050的基标值；（4）相较于理论模型Ⅰ，模型SMTCI-S的AIC、EVCI指标均明显降低，这说明模型SMTCI-S的整体拟合优度非常好。

表5—4   模型SMTCI-S（S）与模型Ⅰ的拟合优度比较

模型	CMIN	DF	GFI	CFI	NFI	IFI	RMSEA	AIC	EVCI
Ⅰ	1857.46	166	0.735	0.796	0.761	0.796	0.163	1272.64	4.753
S	236.27	152	0.947	0.988	0.967	0.988	0.037	289.69	0.857

3. 模型SMTCI-S的效应分析

在系数分析的基础上，结构方程模型分析还可以揭示潜在变量之间、潜在变量与可测变量之间以及可测变量群之间的直接效应（Direct Effect）、间接效应（Indirect Effect）和总效应（Total Effect）。直接效应指由原因变量到结果变量的直接影响（路径系数）；间接效应指原因变量通过影响若干个中介变量对结果变量产生间接影响（若干变量之间路径系数的乘积）。直接效应与间接效应之和是总效应，它反映由原因变量到结果变量总的影响。

从表5—5中可以看出：由于间接效应测量的出现，各变量两两间的总效应大小和排序不再简单地与其路径系数或载荷系数一一对应：一方面，"办学思路↔资源管理"、"课程教学↔学生水平"等项目的总效应或直接效应上表现出较强的相关性；而"办学思路↔学生水平"、"办学思路↔教育实践"等项目在间接效应上关联性较为突出，反映出师范院校"办学思路"对于教师教育人才培养和教育服务质量评价具有不可忽视的重要作用。

表5—5　　SMTCI-S标准化模型的直接效应、间接效应以及总效应

		办学思路	资源管理	教育实践	课程教学
资源管理	总效应	0.333 **			
	直接效应	0.333			
	间接效应	0.000			
教育实践	总效应	0.858 **	0.162 **		
	直接效应	0.000	0.000		
	间接效应	0.858	0.162		
课程教学	总效应	0.062	0.012	− 0.072	
	直接效应	18.461 **	3.717 **	− 22.872 **	
	间接效应	− 18.399 **	− 3.705	22.800 **	
学生水平	总效应	0.577 **	0.120 **	− 0.017 **	0.032 **
	直接效应	− 0.061	0.000	0.723	0.271
	间接效应	0.637	0.120	− 1.229	− 0.238

注：** 表示在1%水平上显著；表中给出的均是标准化（Standardized）后的参数。

另一方面，从弱相关性上看，与图5—4显示的结果不同，"教育实践↔学生水平"、"教育实践↔课程教学"总效应并没有呈现出较强的关联性，"教育实践↔课程教学"甚至在直接效应上呈现一定的冲突。这反映出师范生对于"教育实践"与"课程教学"质量评价需求上的"两难"选择的现实困境：课程教学与教育实践在时间、空间、人力、财物资源等方面相互制约；这种制约关系直接反映出目前我国教师教育模式在

实践和理论"两手抓，两手硬"方面还缺乏突破（至少在师范生看来），对于教师教育课程质量和实践质量评价只能从间接效应（结合图5—4可以发现这种关联主要是"课程教学"对"教育实践"的促进，反之则不然）上发现两者关联。从长远来看，课程教学理论和教育实习实践之间缺乏紧密的质量联系也在一定程度上导致了两者对于新教师培养质量的弱影响力。

三　SMTCI-S 模型分析结论

实证研究显示：

（1）中国教师教育质量评价指标因子简化模型（SMTCI-S）具有较好的拟合优度，除在"基本条件"上受"院校层次"影响外，其模型的简约概括性和因子效度延展性均较好。

（2）根据中国教师教育质量评价指标因子简化模型（SMTCI-S），研究者进一步提炼出中国教师教育质量评价核心因子（因子簇），简要情况如表5—6所示。

表5—6　师范生培养（教育服务）质量评价核心指标因子（簇）简汇

因素1办学思路	因素2资源管理	因素3课程教学	因素4教育实践	因素5学生水平
学校定位	基本条件（a）	课程结构	合作关系	专业基准（b）
办学特色	图书情况	课堂质量	实施情况	专业知识
办学战略	师资结构（c）	教学督导	学生收获	教学技能
	教学研究	选修课程	教育实践共同体	学生产出（d）
	教师产出（e）			

注：因子簇（a）指生均占地面积、生均教学用房面积、生均固定资产值、生均教学科研仪器设备值等；（b）指新教师的口语发音、书写、仪态、信息技术、法律与社会常识、伦理与职业道德等水平；（c）指师资的学历、职称、年龄结构以及生师比的合理性等；（d）指学生获奖、学生成果产出、校友获奖情况、学生进步发展情况等；（e）指教师教学成果、教师科研和社会服务成果。

（3）中国教师教育质量评价指标因子简化模型（SMTCI-S）揭示出：师范院校办学思路（办学目标、战略规划、办学定位等）的质量水准具有"源"质量评价的重要作用。

（4）模型SMTCI-S中，教师教育质量评价的内在路径主要有：

① "办学思路→课程教学→学生水平"；

② "办学思路→课程教学→教育实践→学生水平"；

③ "办学思路→资源管理→课程教学→教育实践→学生水平"；

④ "资源管理→课程教学→教育实践→学生水平→办学思路"等。

其中路径②和③是其基本路径，反映出我国教师人才职前培养的一般运作过程和培养路径的实践价值导向；而路径①和④中的"课程教学→学生水平"和"学生水平↔办学思路"的路径系数显示出弱相关性，表明其通路并不畅通。

（5）模型SMTCI-S显示出，中国教师教育质量评价在"教育实践"与"课程教学"的关联上呈现出一定的冲突性（"课程教学→教育实践"的路径系数为13.84，"教育实践→课程教学"的路径系数为 -22.87），反映出我国教师教育质量评价受到现有人才培养模式在时间、空间、资源和理念上的制约和束缚；找到两者的内在契合点和契合度，通过理论与实践有效结合切实推进新教师质量是目前教师教育改革的当务之急。

（6）在后续研究设计中国教师职前培养质量评价指标系统时，其设计框架和主要指标因素构建应充分考虑以下指标（簇）之间的内在关联和效度：

① "办学思路↔学生水平:学生产出"；

② "办学思路↔资源管理:基本条件和图书资料"；

③ "师资结构↔教学研究"；

④ "课程结构↔教学督导"；

⑤ "教育实践—合作关系↔学生水平—学生产出"；

⑥ "教育实践—指导情况↔学生水平:教学技能"；

⑦ "指导情况↔教育实践共同体"；

⑧ "专业基准↔专业知识"。

在明晰上述内在关联后，质量评价指标体系的设计应当充分考虑到指标表述的清晰度和区分度，同时应注重将关联指标纳入观察点的整体设计，在设计层面上注意关联指标观察点的侧重性和逻辑性。

第三节 通用模型SMTCI-G分层与建模

一 通用模型SMTCI-G的定位分层及其建模

（一）通用模型SMTCI-G的定位分层

作为简化内涵模型的SMTCI-S，虽然为教师职前培养质量标准化评价的模型研究打开了一个"突破口"，但其视野仅限于教师人才培养受教育者（师范生）本身，其模型路径不能体现资源输入和动态管理及办学特色的质量关联，其模型构建的思路和视野有一定局限性。为此，进一步构建通用扩展模型，全面反映"支持质量"、"核心质量"、"特色质量"之间的关联和互动成为了实证研究另一块重要内容。

如前所述，在SMTCI-S的基础上结合我国教师职前培养机构"大学化"和"定位分层"的实际[1]，研究将进一步构建通用扩展模型"中国教师职前培养质量评价指标因子结构方程模型——通用扩展类"模型SMTCI-G，并根据教师职前培养机构的层次定位分解为通用扩展模型SMTCI-U（大学）、通用扩展模型SMTCI-C（学院）。

实证研究在理论模型和先验研究的基础上，将测试因素项目调整为35项，其结构和排序如表5—7所示。

与表5—3相比，表5—7中因素的分类不再按照借鉴"资本转化"的思路进行，而是按照"核心质量—支持质量—特色质量"的外延内容将测试要素分为准教师（师范生）的个体维度、培养机构的集体维度和办学特色的社会维度。从项目内容涉及方面来看，表5—7的综合扩展性主要体现在特色层的因素7（特色内涵）和因素8（特色外延）上。

在确立了研究观察内容的变化后，研究团队进一步根据学生专业观察的质性研究，结合"中小学基本情况调查"和研究的专门调研，又专门设计了第二份针对综合扩展模型的调查研究问卷。

---

[1] 在我国，大学与学院的定位差异是客观存在的，从资源获取到培养条件、培养支持、培养运作、学生就业等方面概莫能外。大学/学院两大体系层面下还可以细分为师范/非师范、城市/非城市等层次定位。

表 5—7　　　　　　　　教师职前培养质量评价的"综合扩展"
指标要素体系结构（合格标准／卓越标准）

核心层			支持层			特色层	
因素 1 专业品质 （1—5）	因素 2 专业知识 （6—10）	因素 3 专业技能 （11—15）	因素 4 办学硬件 （16—19）	因素 5 办学软件 （20—23）	因素 6 办学管理 （24—27）	因素 7 特色内涵 （28—31）	因素 8 特色外延 （32—35）
爱岗敬业	学生心理	教育教学	办学条件	教学氛围	领导水平	特色文化	特色宣传
为人师表	课程教学	班级管理	办学经费	师资水平	队伍素质	特色模式	特色资源
专业反思	学生评价	协同教育	图书资源	学科平台	办学理念	社会声誉	特色项目
教育基准*	活动设计	信息技术	实践条件	第二课堂	执行效果	特色品牌	特色成果
体艺特长	专业发展	专业观察					

注：＊标识的"教育基准"指准教师的口语发音、职业仪态、职业常识、法律与社会常识、伦理与职业道德水平等先天条件和个性品质或与职业相关的非能力因素。

综合扩展模型SMTCI-G 的实证调查研究采用李克特（Likert）10 段问卷量表的设计，用"1—10"的数字分别代表"非常不同意—非常同意"。2012 年 12 月至 2013 年 11 月开展的预调查表明，研究题设均通过了 Cronbach α 信度检验、Wilks' λ 值检验和组间效应效度验证，确保了题设的有效性和适合度。

2013 年 12 月至 2014 年 6 月和 2014 年 11—12 月，研究分别对湖北地区、湖南地区和浙江地区的部属师范大学 A 和部属综合大学 A'，省属师范大学 B 和省属综合大学 B'，省属师范院校（省会）C 和省属综合院校 C'，省属师范院校 D 和省属综合院校 D'的师范大学生进行了问卷调查和随机访谈。共发放问卷 1200 份，回收 1078 份，回收率为 89.83%；其中有效样本 1023 份，有效率为 85.25%。有效问卷中大学 456 份，学院 567 份；男性 131 份，女性 892 份；理科生 366 份，文科生 657 份；位于城区 487 份，非城区 536 份。

在对有效样本数据进行取样充分性和项目检测的基础上，根据人才培养"输入—特色—支持—品质—输出"的运作思路和理论模型Ⅱ，研究将进一步对构建SMTCI-G（通用）模型的原始数据进行取样充分性、项目鉴别度、因子载荷、因素信效度检验。

（二）通用模型SMTCI-G的数据检验

1. KMO 和 Bartlett's 取样充分性检验

如前所述，KMO 值用于比较观测相关系数值与偏相关系数值的一致性，Bartlett 球形检验用于判断数据的相关系数矩阵是否为单位矩阵，KMO（取样充分性）和 Bartlett 球形（单位矩阵假设）检验是判断有效样本数据（N = 1023）能否进行结构方程模型建模和分析的先决条件。

如表 5—8 所示，通用扩展模型SMTCI-G 原始数据的 KMO 和 Bartlett 球形检验结果初步证实研究取样较为充分、数据可靠——KMO 指数为 0.848，超过了 0.80 的基本要求，即说明原始数据适合进行探究性因子分析和结构方程模型建模；而 Bartlett 球形检验的自由度为 406，其近似卡方值为 20682.085，通过了 5% 显著水平检验，即说明原始数据的相关系数矩阵不是一个单位矩阵，相关分析和研究可以继续开展。

表 5—8　　　模型SMTCI-G 原始数据的 KMO 和 Bartlett 球形检验

Kaiser—Meyer—Olkin Measure of Sampling Adequacy	.848
Bartlett's Test of Sphericity Approx. Chi—Square	20682.085
df	406
Sig.	.000

2. 项目分析和因子载荷检验

数据的项目检验采用决断值（Critical Ratio）检验[①]，又称 CR 值检验。研究首先汇总有效样本的各题项得分的情况，并按照得分大小进行降序排列；在此基础上抽取有效数据（N = 1023）的前 25%（N = 255）和后 25% 分别作为高、低分组，运用独立样本的高低分 t 检验的方法对高、低分两组受试者在每一题项上的平均得分进行 CR 值的比较。如前所述，CR 值检测接受前提假设的必要条件是其 t 值在 5% 水平（CR 值大于 2.90）及更高显著度水平上通过，否则予以剔除。

数据的项目检验反映数据题设的区分度，而因子载荷则反映数据的内

---

① 　CR = t = $(Xh - Xl) / \sqrt{(Sh^2 / Nh) + (Sl^2 / Nl)}$。参见 Wang, X. D., Wang, X. L. & Ma, H, "The mental hygiene evaluates the Scale handbook Enlarged edition", *Chinese Mental Health Journal*, Vol. 12, 1999, pp. 318 - 332.

部会聚程度和方差解释力。J. C. Nunnally（1978）曾指出，因子载荷在经过旋转后，取其大于 0.45 者并结合特征根（Eigenvalues）进行抽取[①]。

项目分析和因子载荷的计量情况如表5—9 所示。

表5—9 显示，除 P19（教学氛围）、P27（专业发展）、P30（特色项目）、P32（特色成果）、P34（特色宣传）、P35（社会声誉）六项外，其余 29 项题设的 CR 值均大于 3，通过了 5% 水平的显著性检验。因子载荷情况同样显示出，经过正交旋转后的 P19、P27、P30、P32、P34、P35 六项的载荷系数小于 0.45，且显著低于其他 29 项题设的载荷系数，因而将 P19、P27、P30、P32、P34、P35 六项题设数据剔除，余下 29 项题设数据进入后续检验和研究。

表5—9　模型SMTCI-G 原始数据的项目分析（CR）和因子载荷检验

题项	F	CR 值	载荷	题项	F	CR 值	载荷
P1. 爱岗敬业	.009	11.211	.803	P19. 教学氛围	6.098	.915	.361
P2. 为人师表	.572	9.371	.520	P20. 师资水平	1.037	6.523	.737
P3. 体艺特长	.035	8.580	.603	P21. 第二课堂	.041	7.132	.704
P4. 学生水平	1.408	7.415	.646	P22. 学科平台	.724	6.181	.843
P5. 专业反思	1.966	7.670	.480	P23. 学生心理	2.231	3.773	.531
P6. 专业观察	.946	9.912	.496	P24. 课程教学	2.498	5.122	.497
P7. 教育教学	1.201	7.368	.553	P25. 学生评价	2.773	4.219	.602
P8. 协同教育	.052	9.377	.677	P26. 活动设计	1.745	3.372	.519
P9. 信息技术	1.289	8.606	.616	P27. 专业发展	3.969	2.019	.312
P10. 班级管理	.181	8.348	.481	P28. 特色文化	2.401	3.015	.539
P11. 硬件条件	.018	8.702	.811	P29. 特色模式	.931	5.622	.506
P12. 办学经费	.686	8.287	.697	P30. 特色项目	1.518	1.062	.290
P13. 图书资源	2.134	3.856	.708	P31. 特色品牌	1.102	4.052	.487
P14. 实践条件	1.313	3.157	.552	P32. 特色成果	3.773	2.382	.272
P15. 领导水平	1.310	8.066	.738	P33. 特色资源	.877	5.126	.613
P16. 队伍素质	1.202	6.190	.602	P34. 特色宣传	.802	1.551	.178
P17. 办学理念	1.265	8.011	.595	P35. 社会声誉	.720	2.663	.268
P18. 执行效果	.609	9.224	.542				

注：cutpoint≥255；Equal variances assumed。

[①] 参见 Nunnally, J. C., *Psychometric theory* (2nd ed.). New York: McGraw - Hill, 1978.

在 SPSS17.0 软件中，我们应用主成分分析法，为了使得结果便于比较我们对数据进行了最大方差（正交）旋转，并将因素分析中经过正交旋转所记录的载荷作为因子得分进入后续的多元方差分析。初步的因子分析得到了模型数据的七大因子（第七个因子后特征根与方差解释量递增明显放缓；若按照特征根值的判断标准则可取八大因子），其特征根和公共解释度结构如表 5—10 所示。

表 5—10　　　模型SMTCI-G 原始数据的因子分析的特征根检验

题项	初始特征值			旋转平方和载入		
	特征根	方差解释量	累计解释量	特征根	方差解释量	累计解释量
1	7.417	3.620	3.620	3.620	25.577	25.577
2	3.386	3.485	3.485	3.485	11.677	37.253
3	2.833	3.209	3.209	3.209	9.769	47.022
4	2.110	2.831	2.831	2.831	7.277	54.300
5	1.634	2.698	2.698	2.698	5.636	59.936
6	1.422	2.471	2.471	2.471	4.903	64.839
7	1.183	1.466	1.466	1.466	4.080	68.918

3. 信度检验和效度检验

信度检验采用内部一致 Cronbach α 系数检验，对每个因素内部信度及其缺失后的影响情况进行分析判断。对模型SMTCI-G 原始数据的因子结构信度检验的结果见表 5—11。

表 5—11　　　模型SMTCI-G 原始数据因子结构的信度检验

	Cronbach's Alpha = .868，N = 1023					内部信度
FAC1	P6	P7	P8	P9	P10	.905
	.867	.868	.868	.870	.868	
FAC2	P1	P2	P3	P4	P5	.941
	.871	.871	.871	.870	.871	
FAC3	P23	P24	P25	P26		.892
	.864	.865	.866	.864		
FAC4	P11	P12	P13	P14		.948
	.863	.864	.863	.863		

续表

	Cronbach's Alpha = .868, N = 1023				内部信度
FAC5	P28	P29	P31	P33	.937
	.867	.867	.867	.866	
FAC6	P15	P16	P17	P18	.908
	.867	.867	.865	.866	
FAC7	P20	P21	P22		.933
	.860	.860	.861		

表 5—11 显示:由上述七因子构成的模型 SMTCI-G 原始数据因子结构量表的 Cronbach α 系数为 0.868,表明这些因素之间具有很强的会聚性;从各个因素的内部一致性来看,FAC1—7 的 Cronbach α 系数在 0.892—0.941 之间。根据美国统计学家 Joseph 等人的观点,Cronbach α 系数在 0.7 以上表明数据具有较高的可靠性[1]。而各题设的 Cronbach α 系数都小于对应的因子维度和总量表,表明去掉任何一题项都会使得相应的因子和量表的可信度下降。

效度检验采用多元变量方差(MANOVA)分析专业、性别、位置三个控制变量在模型 SMTCI-G 原始数据因子结构中的交互性和方差齐性。在应用 P-P 图确认四因子的载荷得分为多元正态分布后,我们采用 SPSS 中的 Multivariate 统计法对模型 SMTCI-G 原始数据因子结构进行了载荷得分的均差值、F 值和 Levene 显著度方差齐性检验。

表 5—12 显示,各因子在专业、性别、学历三个控制变量的 Wilks'λ 显著度都大于 0.05,三个控制变量的交互效应并不明显,只需考察三个控制变量的对应因子的主效应项即可。

模型 SMTCI-G 原始数据因子结构交互主效应考察的结果是:整体上专业、性别和位置三个控制变量的 Wilks' λ 值为 0.991,其显著度 Sig. = 0.886,大于 0.05,仅 FAC6 在"性别"变量上存在显著的交互效应差异(Levene 显著度小于 0.05)。整体而言,上述主效应项的影响有限,即认为在一般情况下,模型 SMTCI-G 原始数据因子结构是较为可靠和有效的。

---

[1] 参见 Joseph F. Hair Jr. Roph E. Anderson, Ronald L. Tatham & William C. Black. , *Multivariate Data Analysis* (Fifth Edition), Upper Saddle River, NJ: Prentice Hall, 1998.

表5—12　　　　　　　模型SMTCI-G原始数据因子结构的效度检验

交互显著度	专业：理 = 366，文 = 657			性别：男 = 131，女 = 892			位置：城 = 487，郊 = 536		
	M. S.	F	L – Sig.	M. S.	F	L – Sig.	M. S.	F	L – Sig.
FAC1　.760	.125	.125	.184	3.551	3.569	.518	.059	.059	.399
FAC2　.677	2.462	2.471	.674	1.314	1.315	.818	.093	.093	.267
FAC3　.496	1.977	1.977	.982	.089	.089	.655	2.884	2.896	.079
FAC4　.843	.340	.340	.858	.866	.866	.543	.483	.483	.859
FAC5　.231	.242	.242	.590	.063	.062	.766	6.741	5.127	.199
FAC6　.815	.360	.359	.471	.485	.484	.010	.372	.266	.453
FAC7　.211	.223	.223	.912	1.254	1.254	.366	1.735	1.737	.365
Wilks'λ = 991	Sig. = .886								

二　通用模型SMTCI-G建模

如前所述，根据世界各国2000年以来的教师职前培养和入职门槛的标准来看，师范生的"专业品质"、"专业知识"和"专业技能"这一核心质量维度不仅反映出师范生个体的质量水平，也能够在很大程度上反映出他们所接受教育服务的质量水平。

钟宇平和陆根书（2007）等人的研究指出，在高校的活动中，大学生社团活动、教育科学研究和专业发展信息资源获取是影响他们知识、技能水平提升的重要因素。人力资本的提升能够在一定程度上拓展师范生的交际场域，提升他们的社会资本存量；另一方面，社会资本的积累尤其是社会阅历的增长也能够促进师范生人力资本存量的进一步增长。根据个体资本转化理论及其研究的主要结论，在高等教师教育培养机构这一特殊场域中准教师（师范生）主要通过专业教学、社团活动和专业教育科研实践来形成和积累文化资本与人力资本，形成教师职业应具备的专业知识、专业技能；与此同时，高等教师教育培养机构的资源管理所营造的办学氛围这只"看不见的手"与办学条件一起对师范生的教师专业品质（职业道德、教育品质、教师文化）的形成、提升和优化提供有力支持；在学分制度不完善的相当长的时期内，这种师范生个体的教师专业品质的形成是在基于班集体这种"内敛"、"半封闭"组织的专业发展引导、组织和碰撞中，不知不觉间形成的。

在中国，高等教师教育培养机构的资源获取首先取决于它们的办学定位层次，而不是办学质量或特色。与世界一些发达国家情况不同，中国的"大学"与"学院"之间层次鲜明，其资源获取和社会声誉、生源质量均有显著的差别，这些关键因素上的差异需要用"学术硕士点"、"博士点"、"科研经费"、"教授和副教授比重"等功利化指标来弥补，因而中国高等教育机构以提升这些功利化指标为主要发展思路和办学目标，提升质量和特色反而成为了顺带完成的附属目标。中国大多数新建院校和本科学院将"升大学"作为其办学目标中的"里程碑"的实情，从一个侧面反映出办学条件、资源管理对教师人才培养全过程的重要影响。

综合以上的经验，研究认为，教师人才职前培养起于高等教师教育培养机构的资源管理水平。第二级（高中）教育毕业生在进入高等教育选择师范专业后，首先接受和感受的是培养机构通过资源管理营造的教学和文化氛围，然后通过专业的教学和实践形成作为合格教师的专业知识和专业技能。在这一过程中，他们作为教师的专业品质开始凝练、形成并朝着教师教育的方向优化。总之，高等教师教育培养机构的资源管理水平直接决定了它们运用有限资源打造办学特色和提升办学条件的程度和质量；而师范生个体与群体的专业品质的形成和集体主义引导决定了他们对于高等教师教育培养机构提供的教育质量的感受以及他们专业知识和专业技能形成的路径、效率和质量水平。这种外生式的特色质量和支持质量的"打造"模式和内敛型的核心质量"引导"模式既是中国高等教育的特殊国情，也是我国教师教育改革发展的特色之一。

根据上述讨论，研究中我们将问卷题设项目分为资源管理、办学特色、办学硬件、办学软件、专业品质、专业技能、专业知识七个维度，各维度中题目序号随机生成以避免主题或部分内容过于集中而形成含义暗示；在测量方法上，主要用李克特10段量表来度量各项设计的作用程度或满意程度（详见附录三）。

（1）资源管理维度。在问卷调查中，我们将文化资本设计为：学校品牌价值、学校文化氛围、学校办学理念等项目的组合；分别用 a15、a16、a17 和 a18 表示"所在院校领导的管理水平"、"所在院校行政人员的队伍工作能力与素质水准"、"所在院校领导和相关人员的办学理念"和"所在院校领导和相关人员的工作执行效果"。

（2）办学特色维度。在问卷调查中，我们将人力资本作用设计为：

身心保健、专业知识、专业技能和综合能力四项的组合；在实践调研过程中，分别面向被试大学生将人力资本的维度表述为：a28"所在院校的历史涵养与特色文化"、a29"所在院校的特色思路与特色模式"、a31"所在院校的特色行动与特色品牌" 和 a33"所在院校的特色经营与特色资源"。

（3）办学硬件维度。现代化的人民教师培养离不开良好的办学硬件支持。在问卷调查中，我们将"办学硬件"设计为：办学基本硬件条件、办学经费情况、图书资源和电子资源情况、实践环境与实践条件四个项目因素的组合；在问卷题目设置上，a11、a12、a13 和 a14 分别代指："所在院校的硬件条件情况认可/满意情况"、"所在院校的办学经费情况认可/满意情况"、"所在院校的图书资源和电子资源认可/满意情况" 和"所在院校的实践环境与实践条件认可/满意情况"。

（4）办学软件维度。教育财政研究表明，高校教学经费投入的1/4—1/3用于高校教师、教学辅导人员的聘任和生活待遇方面；而高校教师（含教学辅助人员）聘任的数量、质量、组织结构，文化氛围，活动管理和发挥水平在很大程度上决定了高校教师的教学积极性和教学质量；教师人才培养的最大特性在于"言传身教"的道德品质和知识技能的垂范性，因而办学软件对教师职前培养质量评价的影响颇为关键。据此，我们将这一维度分解为：办学师资水平、第二课堂活动、学科平台建设（实践）三个环节因素；问卷第三部分的项目 a20、a21、a22 则分别代指："你对所在院校的办学师资水平认可/满意情况"、"你对所在院校的第二课堂活动认可/满意情况"、"你对所在院校的学科平台建设认可/满意情况"三个方面的需求符合程度调查。研究期望通过这个环节因素实现考察教师人才培养核心过程——教师与师范生的教学活动对核心质量层面的个体"专业品质"、"专业知识"、"专业技能"的形成/发生机理以及作用力大小。

（5）专业品质维度。研究经验显示，现代化教师人才的专业品质必须包括热爱学生、爱岗敬业、为人师表等因素。我国 2008 年出台的《中小学教师职业道德规范》将其完整表述为：爱国守法、爱岗敬业、关爱学生、教书育人、为人师表、终身学习。根据预调查和访谈结果，结合研究目标和通用扩展模型SMTCI-G 的定位分层，研究将师范生个体的专业素养和道德品质维度分解为："你是否具备爱岗敬业的职业品质"、"你是否具备为人师表的职业品质"、"你是否具备专业领域艺体特长的职业品质"、"你是否具备教育教学基本水准（基于职业道德和动机而非学科知识和能力）的职业品质"、"你是否具备专业领域自我反思的职业品质"，这五项分别用指标 a1、a2、a3、a4、a5 代指。

（6）专业知识维度。研究经验显示，作为高校人才培养质量和专业服务活动结果的重要组成，师范大学生的专业知识具有较强的专业目的指向和内容领域：针对中小学生身心发展规律的一般特点和特殊情况，面向中小学的准教师必须具备一定心理学和教育心理学的专业知识；根据中小学生学习的主要内容和阶段性发展特征，面向中小学的准教师必须具备一定组织课堂、组织班级、组织开展学生发展性评价和组织设计教学活动的专业知识体系。根据上述分析，研究将师范生个体的专业知识习得与应用维度分解为："你是否掌握洞悉和辅导学生心理的专业知识"、"你是否掌握组织和设计课程教学的专业知识"、"你是否掌握组织和实施学生评价的专业知识"、"你是否掌握组织和开展活动设计的专业知识"，这四项分别用指标 a23、a24、a25、a26 代指。

（7）专业技能维度。研究经验和访谈结果表明，准教师在就业过程中最被用人单位看重和赏识的基本职业技能依次为教育教学、家校协同教育、班级管理、信息技术和师生沟通。其中，教育教学、家校协同教育和师生沟通的能力要求体现出新世纪教育质量对准教师专业观察专业技能的更高要求。为此，在问卷中我们分别用指标 a6、a7、a8、a9 和 a10 代指："你是否具备对学生进行专业观察的职业技能"、"你是否具备对学生进行教育教学的职业技能"、"你是否具备对学生、家长进行多方协同教育的职业技能"、"你是否具备运用现代信息技术进行教育教学的职业技能"和"你是否具备担任班主任对学生进行班级管理的职业技能"。

根据上述潜变量因素的内容分析以及相关理论和研究对于它们之间可能的转化关系的描述，研究构建了教师职前培养质量评价综合扩展的结构方程 SMTCI-G 的理论模型。根据前面模型命名的顺序，简称为"理论模型 II"。

如图 5—5 所示，教师职前培养的社会活动在中观和微观层面上是基于教师职前培养机构的资源管理展开的。在教师职前培养机构的资源管理一定的情况下，机构的办学特色和办学软硬件对师范生个体的专业品质、专业知识和专业技能会产生一定作用，并影响着整个培养过程的效率和质

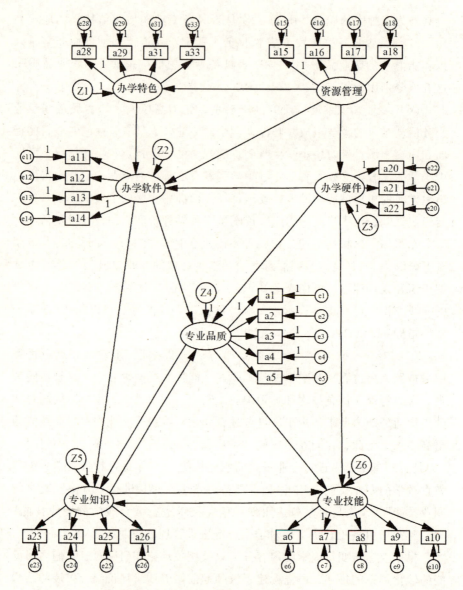

图 5—5　教师职前培养质量评价通用扩展模型SMTCI-G 理论模型 Ⅱ 建模

量。其中，师范生个体的专业品质处于核心位置，其水准的高低对于培养机构的办学努力和办学条件有一定的反作用。在图 5—5 的理论模型 Ⅱ 中，a1—a33（不含剔除项）为上述七要素的待估系数，对应的 e1—e33（不含剔除项）为这些要素待估系数的残差项，z1—z6 为除起始项"资源管理"外的各要素的 z 统计系数。

第四节　分层模型SMTCI-U 与SMTCI-U 分析与比较

一　分层模型SMTCI-U（大学）的初步分析

将有效样本中的大学数据（N = 456）用软件 IBM Amos17.0 代入 SMTCI-G 理论模型Ⅱ，SMTCI-U（大学）模型的初步残差分析和系数拟合结果见表 5—13、表 5—14。

表 5—13　　　　　通用模型SMTCI-U（大学）的初步残差项方差

	方差估计	S. E.	C. R.	P	Label
资源管理	3.892	.319	12.193	***	par_ 37
z1	4.153	.369	11.248	***	par_ 38
z3	1.390	.239	5.826	***	par_ 39
z2	.328	.117	2.813	***	par_ 40
z4	15.619	73.187	.213	.831	par_ 41
z6	4.570	31.424	.145	.884	par_ 42
z5	8.256	15.085	.547	.584	par_ 43
e7	1.162	.084	13.889	***	par_ 44
e6	6.333	.420	15.082	***	par_ 45
e8	.306	.044	7.028	***	par_ 46
e24	1.005	.088	11.448	***	par_ 47
e23	1.281	.104	12.376	***	par_ 48
e25	.941	.090	10.420	***	par_ 49
e9	2.280	.156	14.599	***	par_ 50
e26	.983	.092	10.723	***	par_ 51
e28	1.441	.136	10.561	***	par_ 52
e29	.684	.117	5.872	***	par_ 53
e31	2.092	.162	12.900	***	par_ 54
e33	2.824	.202	14.004	***	par_ 55
e15	.610	.127	4.810	***	par_ 56

续表

	方差估计	S. E.	C. R.	P	Label
e16	6.321	.419	15.078	***	par_ 57
e17	1.314	.129	10.202	***	par_ 58
e18	1.668	.133	12.546	***	par_ 59
e10	.239	.041	5.820	***	par_ 60
e1	.476	.048	9.869	***	par_ 61
e2	.377	.044	8.564	***	par_ 62
e3	8.076	.536	15.063	***	par_ 63
e4	1.128	.086	13.124	***	par_ 64
e14	1.622	.144	11.244	***	par_ 65
e13	1.855	.169	10.959	***	par_ 66
e12	2.702	.195	13.852	***	par_ 67
e11	5.630	.374	15.070	***	par_ 68
e22	3.173	.237	13.403	***	par_ 69
e21	4.158	.276	15.061	***	par_ 70
e20	1.646	.211	7.796	***	par_ 71
e5	.839	.066	12.800	***	par_ 72

注：＊＊＊表示在 1% 水平上显著。

表 5—14　　　　　分层模型 SMTCI-U（大学）初步的拟合优度

拟合指数	CMIN	DF	GFI	CFI	NFI	IFI	RMSEA	AIC	EVCI
SMTCI-U	1511.664	363	0.810	0.886	0.856	0.886	0.083	1655.664	3.639

表 5—13、表 5—14 显示：SMTCI-U（大学）模型的初步残差项估计在 z4、z5、z6 变量检查中没有通过显著性假设检验；SMTCI-U（大学）模型的 CMIN 值较大，且 CMIN/DF 值为 4.16，大于基标值 2；模型的 GFI、CFI、NFI、IFI 值均在 0.810—0.890 之间，小于 0.90；RMSEA 值为 0.083，大于 0.05 的基本要求。这说明该模型的整体拟合优度还达不到分析的基准要求。且表 5—13 表明其 z 统计量中 z4、z6、z5 的显著度均没有通过 5% 检验，因而 SMTCI-U（大学）模型初步建模还需进行修正。

模型的修正需要参考表 5—15 的相关数据：

（1）参照表 5—15 以及模型修正指数 M. I. 数据，我们发现："a6

（专业观察）←专业技能"、"a16（队伍素质）←资源管理"、"a3（体艺特长）←专业品质"、"a11（教学氛围）←办学软件"和"a21（图书资源）←办学硬件"等项的修正指数很小,且其路径系数伴随的 P 值在 5%水平上不显著,剔除后将提高模型的拟合度;而两两相关的"e31↔e33"等项的修正指数较大,即通过增加两者关联的路径,可以显著减少模型的卡方值。此外,通过对模型依照修正指数大小进行逐次观察,我们发现:"e7↔e9"、"e4↔e5"、"e23↔e25"、"e25↔e26"增加关联会改善模型拟合优度,因而在后面的修改中依次增加它们之间的关联并检验其 CR 值是否满足拒绝假设的显著水平。

（2）在不降低原始模型的拟合优度和理论解释价值的基础上,简化整合模型的变量与路径。在优化模型的过程中,根据数据剔除的比重和实际意义,我们将潜在变量"办学软件"和"办学硬件"进行了整合。由于从现实的理论解释来看,办学软件与办学硬件是教师职前培养"支持质量"层面一体两面的支撑资源,教师职前培养必须通过两方面协同开展来实现一定的培养质量——两者是相互契合的有机统一体;在此基础上,将两者整合有利于简化路径图、改善模型拟合优度,因而将 a12（师资水平）项、a13（第二课堂）项、a14（学科平台）项和 a20（办学经费）项、a22（实践条件）项合并为"办学条件"。

（3）综合参照模型的临界比率。SMTCI-U（大学）模型的临界比率判断都通过了 5%水平的显著差异检验,故无项目从本项检测中剔除。

表5—15　　　　　分层模型SMTCI-U（大学）的初步路径系数

Label			Estimate	S. E.	C. R.	P	Label
办学硬件	←	资源管理	.185	.049	3.785	***	par_ 21
办学特色	←	资源管理	.203	.053	3.804	***	par_ 36
办学软件	←	办学硬件	.858	.073	11.695	***	par_ 5
办学软件	←	资源管理	.118	.034	3.427	***	par_ 22
办学软件	←	办学特色	.050	.024	2.088	***	par_ 35
专业技能	←	办学硬件	-.322	2.273	-.142	.887	par_ 6
专业知识	←	办学软件	-.301	4.933	-.061	.951	par_ 15
专业品质	←	办学软件	5.223	15.784	.331	.741	par_ 16
专业品质	←	办学硬件	-3.177	10.517	-.302	.763	par_ 34

	Label		Estimate	S. E.	C. R.	P	Label
a7	←	专业技能	1.000				
a6	←	专业技能	.073	.062	1.176	.239	par_ 1
a8	←	专业技能	1.167	.034	34.290	***	par_ 2
a24	←	专业知识	1.000				
a23	←	专业知识	.979	.038	25.670	***	par_ 3
a25	←	专业知识	1.094	.038	29.005	***	par_ 4
a9	←	专业技能	.903	.044	20.443	***	par_ 7
a26	←	专业知识	1.081	.038	28.633	***	par_ 8
a28	←	办学特色	1.000				
a29	←	办学特色	1.068	.040	26.390	***	par_ 9
a31	←	办学特色	.889	.043	20.689	***	par_ 10
a33	←	办学特色	.748	.045	16.556	***	par_ 11
a15	←	资源管理	1.000				
a16	←	资源管理	.076	.063	1.208	.227	par_ 12
a17	←	资源管理	.884	.041	21.763	***	par_ 13
a18	←	资源管理	.771	.040	19.344	***	par_ 14
a10	←	专业技能	1.158	.033	34.745	***	par_ 17
a1	←	专业品质	1.000				
a2	←	专业品质	1.008	.021	48.724	***	par_ 18
a3	←	专业品质	.097	.076	1.279	.201	par_ 19
a4	←	专业品质	.976	.027	35.645	***	par_ 20
a14	←	办学软件	1.000				
a13	←	办学软件	1.107	.065	17.015	***	par_ 25
a12	←	办学软件	.742	.061	12.259	***	par_ 26
a11	←	办学软件	.113	.074	1.524	.128	par_ 27
a20	←	办学硬件	1.000				
a21	←	办学硬件	.098	.064	1.528	.127	par_ 28
a22	←	办学硬件	.725	.068	10.719	***	par_ 29
a5	←	专业品质	.905	.024	37.399	***	par_ 30

注：＊＊＊表示在 1% 水平上显著。

二　分层模型SMTCI-U 的标准化路径和效应分析

（一）路径分析

通过对模型Ⅱ的 6 次修正，最后我们得到了简化了的教师职前培养质量评价综合运作模型SMTCI-U及其路径系数,见图5—6。

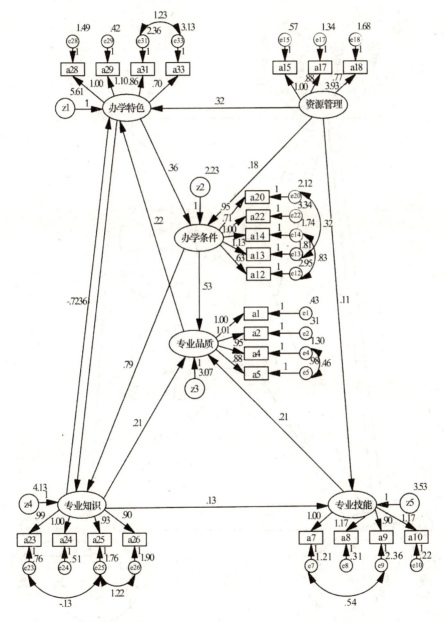

图5—6 分层模型SMTCI-U(大学)的修正模型及其路径系数

在 IBM Amos21.0 软件中将模型路径系数进行标准化估值后得到：

如图 5—7 所示，将原始数据中修正调整后的模型 SMTCI-U 的相关项

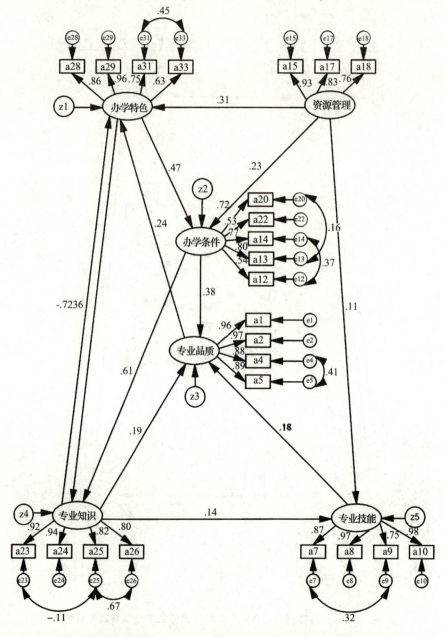

图 5—7　分层模型 SMTCI-U（大学）的标准化模型及其路径系数

目代入 IBM Amos21.0 软件进行路径分析，得到其路径和载荷系数如表5—16所示。

表5—16　　　　　分层模型SMTCI-U（大学）的系数估算

			Estimate	S. E.	C. R.	P	Label
办学特色	←	资源管理	.323	.090	3.596	***	par_ 11
专业技能	←	资源管理	.106	.049	2.169	**	par_ 23
办学条件	←	资源管理	.183	.047	3.910	***	par_ 31
a8	←	专业技能	1.173	.035	33.541	***	par_ 1
a24	←	专业知识	1.000				
a23	←	专业知识	.986	.030	32.447	***	par_ 2
a25	←	专业知识	.930	.037	24.817	***	par_ 3
a9	←	专业技能	.896	.038	23.623	***	par_ 4
a26	←	专业知识	.904	.037	24.312	***	par_ 5
a28	←	办学特色	1.000				
a29	←	办学特色	1.103	.043	25.494	***	par_ 6
a31	←	办学特色	.857	.044	19.543	***	par_ 7
a33	←	办学特色	.703	.046	15.181	***	par_ 8
a15	←	资源管理	1.000				
a17	←	资源管理	.876	.041	21.605	***	par_ 9
a18	←	资源管理	.765	.040	19.234	***	par_ 10
a10	←	专业技能	1.167	.034	34.083	***	par_ 13
a1	←	专业品质	1.000				
a2	←	专业品质	1.009	.020	51.390	***	par_ 14
a4	←	专业品质	.952	.028	34.001	***	par_ 15
a5	←	专业品质	.884	.025	35.761	***	par_ 16
a14	←	办学条件	1.000				
a13	←	办学条件	1.130	.080	14.104	***	par_ 17
a12	←	办学条件	.693	.054	12.840	***	par_ 18
a22	←	办学条件	.712	.068	10.395	***	par_ 22
a7	←	专业技能	1.000				
a20	←	办学条件	.951	.074	12.827	***	par_ 26
专业知识	←	办学条件	.787	.132	5.949	***	par_ 12

Label			Estimate	S. E.	C. R.	P	Label
专业品质	←	办学条件	.534	.078	6.862	***	par_ 24
办学特色	←	专业品质	.222	.092	2.403	**	par_ 30
专业品质	←	专业知识	.209	.064	3.260	***	par_ 32
专业品质	←	专业技能	.212	.047	4.516	***	par_ 33
办学条件	←	办学特色	.362	.089	4.078	***	par_ 34
专业知识	←	办学特色	.363	.160	2.274	**	par_ 35
办学特色	←	专业知识	-.723	.281	-2.571	***	par_ 36
专业技能	←	专业知识	.126	.048	2.638	***	par_ 37

注：＊＊＊表示在1%水平上显著，＊＊表示在5%水平上显著。

在表5—16中，各个潜在变量的路径系数（专业品质、专业知识、专业技能、办学特色）和可见变量的载荷系数（办学条件、资源管理）的临界比率值均通过了5%显著性检验；而除"社会资本←教学科研"项外，各变量系数的CR值均通过了1%显著性检验。这反映出修正后的模型，各个变量之间的路径关系是显著存在的，模型的效度较好。表5—16同时揭示出修正调整后的通用扩展模型SMTCI-U（大学）的演进路径和强弱关系。图文对比（结合图5—7、表5—16）可以发现：

（1）"资源管理"对通用扩展模型SMTCI-U（大学）即教师职前培养的质量标准化评价其他要素——"办学特色"、"办学条件"、"专业技能"等同时起到了直接或间接的推动作用（动力源）；但从路径系数的强弱关系上来看，SMTCI-U（大学）的"动力源"系统并不够强劲；其中"办学特色←资源管理"的标准化路径系数为0.31，即培养机构的资源管理质量水平每提高1个单位，涉及该培养机构的人才培养办学特色的存量将提高0.31个单位；"办学条件←资源管理"的标准化路径系数为0.23，"专业技能←资源管理"的标准化路径系数仅为0.11。

（2）演进路径中的通用扩展模型SMTCI-U（大学）的核心要素为"办学条件"和"专业品质"，两者构成了SMTCI-U（大学）质量标准化评价模型的主干路径。路径分析表明："办学条件"对师范生"专业知识"质量水平的提升具有高强度的因果关联；"办学条件"对师范生"专业品质"质量水平的提升具有中等强度的因果关联。"专业知识←办学条

件"的标准化路径系数达到 0.61 的最高值,"专业品质←办学条件"的
标准化路径系数为 0.38。"专业品质"在SMTCI-U(大学)质量标准化评
价模型中主要起到了"联络桥梁"的作用。"专业品质"在培养机构"办
学条件"与师范生"专业知识"、"专业技能"的共同作用下,对教师职
前培养机构的"办学特色"的质量存量的提升具有中下强度的因果关联。
其中,"专业品质←专业知识"的标准化路径系数为 0.19,"专业品质←
专业技能"的标准化路径系数为 0.18,"办学特色←专业品质"的标准化
路径系数为 0.24。

(3) 演进路径中的通用扩展模型SMTCI-U(大学)的特征化要素为
"专业知识"。其对"专业技能"的质量提升具有一定的因果关联,并与
"办学特色"要素之间存在互为相反的路径系数。其中,"专业技能←专
业知识"的标准化路径系数为 0.14;"办学特色←专业知识"的标准化路
径系数为 -0.72,"专业知识←办学特色"的标准化路径系数为 0.36。这
反映出我国教师职前培养机构(大学层次)注重利用办学特色和办学资
源来提升师范生的专业知识质量存量和水平,但是这种提升潜在的代价非
常高昂,两条路径的效应之和为 -0.36,即师范生的专业知识质量存量和
水平每提高 1 个单位,涉及该培养机构的人才培养办学特色的资源质量耗
费将达到 2 个单位。

此外,比较表 5—17 与表 5—14 可知,修正后的标准化模型SMTCI-U
(大学)的模型综合拟合优度远高于原始模型,且符合结构方程模型分析
的拟合要求:绝对拟合指数 CMIN/DF = 1.765,GFI = 0.930 > 0.90,RM-
SEA = 0.041 < 0.05,均达到较好程度;相对拟合指数 NFI、CFI 均大于
0.955;信息指数 AIC、EVCI 显著小于修正前原始模型的数值。

表 5—17　　　　　　SMTCI-U(大学)标准化模型的拟合优度

拟合指数	CMIN	DF	GFI	CFI	NFI	IFI	RMSEA	AIC	EVCI
SMTIC-U	411.247	233	0.930	0.981	0.958	0.981	0.041	545.247	1.198

(二) 效应分析

表 5—18 显示出中国教师职前培养质量评价指标因子的结构方程模型
SMTCI-U(大学)中各变量之间的直接效应、间接效应和总效应的基本情况。

表5—18　　SMTCI-U（大学）标准化模型的直接效应、间接效应以及总效应

		资源管理	专业品质	办学条件	办学特色	专业知识
专业品质	总效应	0.192 ***				
	直接效应	0.000				
	间接效应	0.192				
办学条件	总效应	0.309 ***	0.081 ***			
	直接效应	0.227	0.000			
	间接效应	0.082	0.081			
办学特色	总效应	0.174 ***	0.172 ***	− 0.227 ***		
	直接效应	0.310	0.240	0.000		
	间接效应	− 0.135	− 0.068	− 0.227		
专业知识	总效应	0.251 ***	0.112 ***	0.460 ***	0.466 ***	
	直接效应	0.000	0.000	0.608	0.363	
	间接效应	0.251	0.112	− 0.147	0.103	
专业技能	总效应	0.144 ***	0.015 ***	0.062 ***	0.063 ***	0.093 ***
	直接效应	0.110	0.000	0.000	0.000	0.135
	间接效应	0.034	0.015	0.062	0.063	− 0.042

注：＊＊＊表示在1%水平上显著；表中给出的均是标准化后的参数。

从表5—18中可以看出，SMTCI-U（大学）标准化模型中的原因变量与结果变量间的两两关系与其路径系数略有不同——由于间接效应测量的出现，各变量两两间的总效应大小和排序关系不再简单地与其路径系数或载荷系数一一对应。表5—18显示，SMTCI-U（大学）标准化模型中各变量两两之间总效应最大的是师范院校的"办学特色"、"办学条件"与师范生"专业知识"——"办学特色↔专业知识"、"办学条件↔专业知识"的标准化直接效应系数分别为0.466和0.460，其P值通过了1%的显著性水平检验，反映出我国教师职前培养的支持系统和特色系统对师范生专业知识存量和水平有着显著的正向影响。相比较而言，专业技能维度除了与师范院校资源管理维度有一定相关性（总效应为0.144）外，办学条件、办学特色等因素对其存量和水平的影响显著低于专业知识维度。结合表5—16的分析，可以推断出：当前我国教师职前培养大学化进程中，存在着"重理论、轻实践"的培养实情，教师教育资源更多地投入

到理论教学而不是实践教学中去。此外，作为核心质量层面的专业品质维度，其存量的大小和水平更多地与教师职前培养机构的"办学特色"（总效应为 0.172）和师范生个体的"专业知识"（总效应为 0.112）相关联，师范生个体的"专业技能"对其的影响相对有限（总效应为 0.015）。

换个视角来看，当前我国教师职前培养的支持质量（办学条件）和特色质量（办学特色）取决于师范院校的"资源管理"水平和师范生个体的"专业知识"水平。"办学特色↔专业知识"、"办学条件↔专业知识"的标准化总效应系数分别为 0.466、0.460；"办学特色↔资源管理"、"办学条件↔资源管理"的标准化直接效应系数分别为 0.310、0.227，均显著高于其他因素。这反映出当前我国教师职前培养的支持质量和特色质量整体水准不高，教师职前培养机构的内部资源平台及其管理差距较大，办学特色的形成和凝练过于依赖于师范毕业生的书面知识及其应试水平而不是其良好教学能力和过硬的教师综合品质。

最后，通过观察变量之间效应系数的负值可以发现："办学条件↔办学特色"、"资源管理↔办学特色"、"专业品质↔办学特色"、"专业知识↔办学条件"、"专业知识↔专业技能"均为负值，反映出这些变量之间增长的负相关或发展中存在的问题：（1）"办学条件↔办学特色"的总效应和间接效应为 -0.227，说明当前我国教师职前培养的办学特色提升是以消耗更多的办学资源为其代价的，办学特色存量和水平的提高，还未能进入质量收益的"良性轨道"。（2）"资源管理↔办学特色"和"专业品质↔办学特色"的间接效应分别为 -0.135 和 -0.068，反映出在师范院校"资源管理"和师范生个体"专业品质"对"办学特色"显著的正向直接拉动的背后，我国教师职前培养的办学特色并不是自发成长式地存在着的，需要暗地里间接耗费物资资源和人力资源去维持，其发展水平和可持续程度均需要进一步提升。（3）"专业知识↔办学条件"和"专业知识↔专业技能"的间接效应分别为 -0.147 和 -0.042，反映出在我国教师职前培养的核心质量层面上，师范生个体的"专业知识"存量的提升耗费了大量的办学资源和条件，以至于在两者显著正向相关的背后存在着稳定的固定资产和人力资源的暗耗；并且，师范生个体的"专业知识"和"专业技能"的习得是相互脱节的，并不是相互促进（理论指导实践、实践反思理论）、相互关联的；两者效应系数的弱相关乃至于负相关也揭示出我国教师职前培养中的课程改革和实践教学改革没有落实教师职前培养的"实践为本"、"三位协同"的价值导向，教师培养"大学病"的诸多弊端如教师教育"理论化"、"边缘化"、"放任化"、"泛学科化"等问题开始凸显，相关改革和质量保障体系建设仍然任重而道远。

（三）小结

实证研究显示，中国教师职前培养质量评价综合运作的动力源来自于培养机构（大学）的资源管理水平，这些培养机构用于吸引优秀师资和优秀生源，保持学校资源分配的科学性、激励性和可持续性，提升教师教育办学的品牌价值，营造有利于教师人才培养的文化氛围保持以及创造相对充足和过硬的教师人才培养条件等方面的"质量成本"支出，对于教师人才职前培养的质量保证起到了首要的、无形的推动作用。

在教师职前培养机构（大学）资源管理水平一段时期内稳定的前提下，中国教师职前培养质量评价综合运作的路径主要有两大类四条。

1. 第一类："资源管理→办学条件/办学特色"客观型

（1）"资源管理→办学特色→办学条件→个体专业知识→个体专业品质→办学特色→个体专业知识→个体专业技能"。第一条路径在教师职前培养机构（大学）质量评价综合运作中发挥了显著作用。SEM 的路径系数分析显示："办学特色←资源管理"的标准化路径系数为 0.310，其作用强度为中等；"办学条件←办学特色"的标准化路径系数为 0.470，其作用强度为中上等；"专业知识←办学条件"的标准化路径系数为 0.610，其作用强度为上等；"专业品质←专业知识"的标准化路径系数为 0.190，其作用强度为中下等；"办学特色←专业品质"的标准化路径系数为 0.240，其作用强度为中下等；"专业知识←办学特色"的标准化路径系数为 0.360，其作用强度为中等；"专业技能←专业知识"的标准化路径系数为 0.140，其作用强度为中下等。

（2）"资源管理→办学条件→个体专业知识→个体专业品质→办学特色→个体专业知识→个体专业技能"。与第一条路径类似，其区别在于"资源管理"跳过"办学特色"直接对"办学条件"产生显著的正相关作用，其路径系数为 0.230。

（3）"资源管理→办学条件→个体专业品质→办学特色→个体专业知识→个体专业技能"。与第二条路径类似，其区别在于"办学条件"跳过"个体专业知识"直接对"个体专业品质"产生显著的正相关作用，其路径系数为 0.380。

2. 第二类:"资源管理→个体专业技能"主观型

(4)"资源管理→个体专业技能→个体专业品质→办学特色→个体专业知识→个体专业技能"。第四条路径与前三条不同,教师职前培养机构的资源管理对师范生个体的专业技能产生显著的正向影响,在此基础上,从师范生个体的专业品质提升到办学特色的效能提升再到个体专业知识的存量提升,这条路径更加侧重于师范生的主观视角。

以简化和概括的原则从各可测变量和潜在变量间总效应的综合视角来看,四条路径中能够代表的是第三条和第四条。结合两者的共性表现,可以推断出中国教师职前培养质量评价综合运作(大学)的基本路径为:

$$\left.\begin{array}{l}资源管理→办学条件→\\ 专业品质→办学特色→\end{array}\right| →专业知识→专业技能资源管理→专业技能$$

在路径运作的因素不重复的前提下,四条路径的变量两两间的总效应之和最高的为第三条路径,其标准化路径的总效应值达到 1.350。此外,"办学特色 → 专业知识"路径系数较为显著正相关的同时,"专业知识 → 办学特色"的路径系数是更为显著的负相关,反映出我国教师职前培养机构(大学)的质量形成和质量评价综合运作中的特色质量与核心质量之间存在着"明增暗耗",其有效的质量成本支出的冲突效应大于整合效应,缺乏科学可持续发展的收益。

三 分层模型SMTCI-C(学院)的初步分析

将有效样本中的学院数据(N = 567)代入 IBM Amos21.0,SMTCI-C(学院)理论模型的初步系数分析结果如表5—19、表5—20所示。

表5—19 分层模型SMTCI-C(学院)的残差项方差估计结果

	方差估计	S. E.	C. R.	P	Label
资源管理	3.790	.280	13.556	***	par_ 36
z1	3.312	.290	11.435	***	par_ 37
z3	2.160	.273	7.908	***	par_ 38
z2	.382	.135	2.836	***	par_ 39
z4	10.999	7.058	1.558	.119	par_ 40
z6	10.464	27.881	.375	.707	par_ 41
z5	12.731	23.472	.542	.588	par_ 42

续表

	方差估计	S. E.	C. R.	P	Label
e7	1.148	.074	15.494	***	par_ 43
e6	6.294	.374	16.822	***	par_ 44
e8	.333	.039	8.508	***	par_ 45
e24	.775	.066	11.816	***	par_ 46
e23	.959	.074	12.985	***	par_ 47
e25	1.001	.080	12.589	***	par_ 48
e9	2.182	.134	16.231	***	par_ 49
e26	.983	.077	12.755	***	par_ 50
e28	1.796	.126	14.232	***	par_ 51
e29	2.712	.174	15.612	***	par_ 52
e31	1.108	.102	10.902	***	par_ 53
e33	.730	.094	7.759	***	par_ 54
e15	.576	.115	5.028	***	par_ 55
e16	6.039	.359	16.820	***	par_ 56
e17	1.249	.114	10.965	***	par_ 57
e18	1.717	.120	14.296	***	par_ 58
e10	.218	.036	5.992	***	par_ 59
e1	.553	.051	10.814	***	par_ 60
e2	.637	.054	11.782	***	par_ 61
e4	.793	.059	13.463	***	par_ 62
e5	1.066	.077	13.922	***	par_ 63
e14	1.491	.128	11.691	***	par_ 64
e13	2.028	.162	12.521	***	par_ 65
e12	2.400	.160	14.970	***	par_ 66
e11	6.049	.360	16.820	***	par_ 67
e22	2.092	.204	10.268	***	par_ 68
e21	3.029	.210	14.408	***	par_ 69
e20	3.724	.222	16.801	***	par_ 70

注：＊＊＊表示在1%水平上显著。

表 5—20　　　　　　　分层模型SMTCI-C（学院）初步的拟合优度

模型	CMIN	DF	GFI	CFI	NFI	IFI	RMSEA	AIC	EVCI
C	1734.376	363	0.819	0.889	0.864	0.889	0.082	1878.376	3.319

表 5—20 显示：通用扩展模型SMTCI-C（学院）的 CMIN 值较大，且 CMIN/DF 值为 4.78，大于基标值 2；模型的 GFI、CFI、NFI、IFI 值均在 0.810—0.890 之间，小于 0.90；RMSEA 值为 0.082，大于 0.05 的基本要求；与标准化模型合格水平相比较，通用扩展模型SMTCI-C（学院）的 AIC 值与 EVCI 值偏大，这说明该模型的整体拟合优度还达不到分析的基准要求；且表 5—19 表明其 z 统计量中 z_4、z_5、z_6 的显著度均没有通过 5% 检验，因而SMTCI-C（学院）模型初步建模还需进行一系列的修正。

模型的修正需要参考表 5—21 的相关数据：

（1）参照表 5—21 以及模型修正指数 M.I. 数据，我们发现："a6（专业观察）←专业技能"、"a16（队伍素质）←资源管理"、"a5（专业反思）←专业品质"、"a11（学术平台）←办学软件"和"a22（硬件条件）←办学硬件"等项的修正指数很小，且其路径系数伴随的 P 值在 5% 水平上不显著，剔除后将提高模型的拟合度；而两两相关的"e25↔e26"等项的修正指数较大，即通过增加两者关联的路径，可以显著减少模型的卡方值。此外，通过对模型依照修正指数大小进行逐次观察，我们发现："e7↔e9"、"e4↔e3"、"e23↔e25"、"e28↔e29"、"e12↔e14"增加关联会改善模型拟合优度，因而在后面的修改中依次（每次一组）增加它们之间的关联并检验其 CR 值是否满足拒绝假设的显著水平。

（2）在不降低原始模型的拟合优度和理论解释价值的基础上，简化整合模型的变量与路径。在优化模型的过程中，类似于通用扩展模型SMTCI-U（大学）的情况，我们将潜在变量"办学软件"和"办学硬件"进行了整合。由于从现实的理论解释来看，无论培养机构的定位层次是大学还是学院，其办学软件与办学硬件都是教师职前培养"支持质量"层面的协同资源——两者相互契合，共同发挥促进教师人才培养的作用；在此基础上，将两者整合有利于简化路径图、改善模型拟合优度，因而将 a12（办学经费）项、a13（图书资源）项、a14（实践条件）项、a20（师资水平）项和 a21（第二课堂）项合并为"办学条件"因素。

（3）综合参照模型的临界比率。检验结果显示，通用扩展模型 SMTCI-C（学院）的临界比率判断都通过了5%水平的显著差异检验，故无项目从本项检测中剔除。

表5—21　　　　分层模型SMTCI-C（学院）的初步系数估算

	Label			Estimate	S. E.	C. R.	P	Label
办学硬件	←	资源管理		.139	.042	3.278	***	par_ 21
办学特色	←	资源管理		.190	.043	4.383	***	par_ 36
办学软件	←	办学硬件		.949	.084	11.300	***	par_ 5
办学软件	←	资源管理		.113	.034	3.357	***	par_ 22
办学软件	←	办学特色		.070	.028	2.525	**	par_ 35
专业技能	←	办学硬件		-.581	.700	-.830	.406	par_ 6
专业知识	←	办学软件		.101	.711	.142	.887	par_ 15
专业品质	←	办学软件		3.278	1.355	2.419	**	par_ 16
专业品质	←	办学硬件		-1.770	1.099	-1.611	.107	par_ 34
a7	←	专业技能		1.000				
a6	←	专业技能		.064	.057	1.121	.262	par_ 1
a8	←	专业技能		1.165	.032	36.797	***	par_ 2
a24	←	专业知识		1.000				
a23	←	专业知识		.976	.029	33.770	***	par_ 3
a25	←	专业知识		1.046	.030	34.584	***	par_ 4
a9	←	专业技能		.934	.041	22.881	***	par_ 7
a26	←	专业知识		1.017	.030	34.256	***	par_ 8
a28	←	办学特色		1.000				
a29	←	办学特色		.858	.048	18.052	***	par_ 9
a31	←	办学特色		1.125	.044	25.444	***	par_ 10
a33	←	办学特色		1.182	.044	26.629	***	par_ 11
a15	←	资源管理		1.000				
a16	←	资源管理		.052	.056	.941	.347	par_ 12
a17	←	资源管理		.885	.037	23.978	***	par_ 13
SMTCI-C	←	资源管理		.750	.036	20.668	***	par_ 14
a10	←	专业技能		1.171	.031	37.709	***	par_ 17
a1	←	专业品质		1.000				
a2	←	专业品质		.981	.022	44.706	***	par_ 18

续表

Label			Estimate	S. E.	C. R.	P	Label
a3	←	专业品质	.901	.022	40.254	***	par_ 19
a4	←	专业品质	.974	.025	38.532	***	par_ 20
a14	←	办学软件	1.000				
a13	←	办学软件	1.068	.059	18.158	.***	par_ 25
a12	←	办学软件	.771	.053	14.522	***	par_ 26
a11	←	办学软件	.049	.069	.712	.476	par_ 27
a20	←	办学硬件	1.000				
a21	←	办学硬件	.793	.071	11.090	***	par_ 28
a22	←	办学硬件	.086	.062	1.396	.163	par_ 29
a5	←	专业品质	.075	.058	1.290	.197	par_ 30

注：＊＊＊表示在1%水平上显著，＊＊表示在5%水平上显著。

四　分层模型SMTCI-C的标准化路径和效应分析

通过对模型Ⅱ的5次修正，最后我们得到了简化了的教师职前培养质量评价综合运作模型SMTCI-C及其路径系数；将原始数据中修正调整后的模型SMTCI-C的相关项目代入IBM Amos21.0软件进行路径分析，得到其拟合优度情况如表5—22。

表5—22　　　　　　　模型SMTCI-C（学院）标准化拟合优度

模型	CMIN	DF	GFI	CFI	NFI	IFI	RMSEA	AIC	EVCI
C	431.144	233	0.934	0.981	0.961	0.982	0.041	565.144	1.115

表5—22显示出，在IBM Amos21.0软件中将模型路径系数进行标准化后得到标准化方程模型SMTCI-C（学院）的拟合优度系数情况为：首先，CMIN = 431.144，DF = 233，CMIN/DF = 1.75 < 2；其次，GFI = 0.934，CFI = 0.981，NFI = 0.961，IFI = 0.982；最后，RMSEA = 0.041 < 0.05，AIC = 565.144，EVCI = 1.115。这表明模型的拟合优度较好。此外，路径系数全部通过了CR值检验和P值5%检验，表明模型上标示出的因果路径具有较高的效度。

图5—8是修正后的模型SMTCI-C（学院）的系数分析和路径示意图。

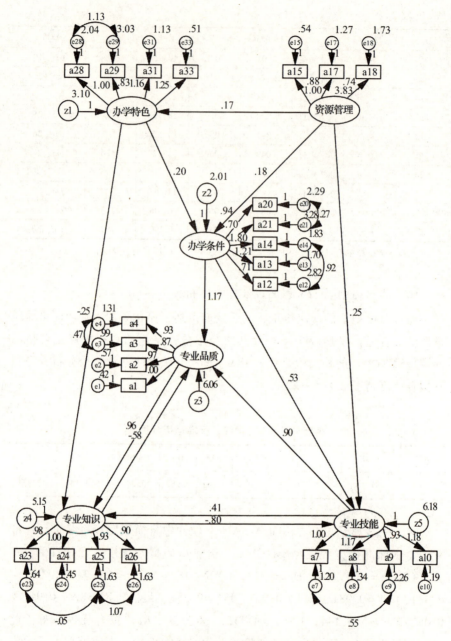

图5—8　SMTCI-C（学院）的修正模型及其路径系数

在 IBM Amos21.0 软件中将模型路径系数进行标准化估值后得到图5—9。

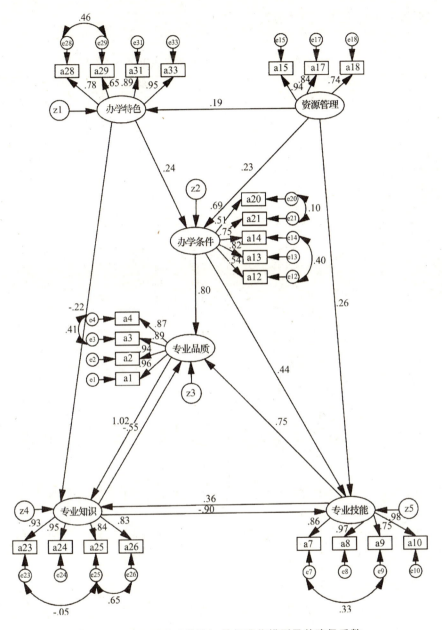

图 5—9　SMTCI-C（学院）的标准化模型及其路径系数

在图 5—8、图 5—9 的基础上，研究析出了模型SMTCI-C（学院）的路径系数估算结果（见表 5—23），揭示出修正调整后的模型SMTCI-C

（学院）的演进路径和强弱关系。

表 5—23　　　　分层模型SMTCI-C（学院）的路径系数估计结果

Label			Estimate	S. E.	C. R.	P	Label
办学特色	←	资源管理	.172	.042	4.151	***	par_ 11
办学条件	←	资源管理	.179	.037	4.805	***	par_ 27
办学条件	←	办学特色	.204	.040	5.040	***	par_ 29
专业技能	←	资源管理	.248	.076	3.256	***	par_ 22
专业品质	←	办学条件	1.171	.211	5.563	***	par_ 23
专业技能	←	办学条件	.532	.271	1.967	**	par_ 32
专业知识	←	办学特色	-.255	.067	-3.779	***	par_ 34
a8	←	专业技能	1.173	.033	35.956	***	par_ 1
a24	←	专业知识	1.000				
a23	←	专业知识	.978	.024	39.966	***	par_ 2
a25	←	专业知识	.931	.031	29.752	***	par_ 3
a9	←	专业技能	.928	.035	26.699	***	par_ 4
a26	←	专业知识	.899	.030	29.680	***	par_ 5
a28	←	办学特色	1.000				
a29	←	办学特色	.831	.039	21.386	***	par_ 6
a31	←	办学特色	1.163	.048	23.991	***	par_ 7
a33	←	办学特色	1.252	.050	24.943	***	par_ 8
a15	←	资源管理	1.000				
a17	←	资源管理	.877	.037	23.902	***	par_ 9
a18	←	资源管理	.744	.036	20.606	***	par_ 10
a10	←	专业技能	1.182	.032	36.882	***	par_ 12
a1	←	专业品质	1.000				
a2	←	专业品质	.974	.020	47.855	***	par_ 13
a3	←	专业品质	.866	.023	37.995	***	par_ 14
a4	←	专业品质	.934	.026	36.267	***	par_ 15
a14	←	办学条件	1.000				
a13	←	办学条件	1.205	.071	16.935	***	par_ 16
a12	←	办学条件	.709	.048	14.644	***	par_ 17
a21	←	办学条件	.704	.065	10.908	***	par_ 21
a7	←	专业技能	1.000				
a20	←	办学条件	.937	.063	14.773	***	par_ 25
专业品质	←	专业技能	.897	.142	6.328	***	par_ 28
专业技能	←	专业知识	-.798	.388	-2.059	**	par_ 30
专业知识	←	专业品质	.957	.098	9.768	***	par_ 31
专业品质	←	专业知识	-.585	.266	-2.198	**	par_ 33
专业知识	←	专业技能	.410	.215	1.907	**	par_ 35

注：＊＊＊表示在1%水平上显著，＊＊表示在5%水平上显著。

从表5—23的情况来看，各个潜在变量的路径系数（专业品质、专业知识、专业技能、办学特色）和可见变量的载荷系数（办学条件、资源管理）的临界比率值均通过了5%显著性检验；而除"社会资本←教学科研"项外，各变量系数的CR值均通过了1%显著性检验。反映出修正后的模型，各个变量之间的路径关系是显著存在的，模型的效度较好。表5—23同时揭示出修正调整后的模型SMTCI-U（大学）的演进路径和强弱关系。

（1）"资源管理"对SMTCI-C（学院）模型即教师职前培养的质量标准化评价其他要素——"办学特色"、"办学条件"、"专业技能"等同时起到了直接或间接的推动作用（动力源）；但从路径系数的强弱关系上来看，相比较于SMTCI-U（大学），SMTCI-C（学院）的"动力源"系统亦不够强劲；其中"办学特色←资源管理"的标准化路径系数为0.190，即培养机构的资源管理质量水平每提高1个单位，涉及该培养机构的人才培养办学特色的存量将提高0.190个单位，低于SMTCI-U（大学）的0.310，且SMTCI-C（学院）的"办学特色"依赖于其"资源管理"的质量水平；"办学条件←资源管理"的标准化路径系数为0.240，"专业技能←资源管理"的标准化路径系数为0.240，高于SMTCI-U（大学）的0.110。

（2）演进路径中的SMTCI-C（学院）模型的核心要素为"办学条件"和"专业品质"，两者构成了SMTCI-C（学院）质量标准化评价模型的主干路径。路径分析表明："办学条件"对师范生"专业品质"质量水平的提升具有非常高强度的因果关联；"办学条件"对师范生"专业技能"质量水平的提升具有中上等强度的因果关联——"专业品质←办学条件"的标准化路径系数达到0.820的高值，高于SMTCI-U（大学）的0.610，"专业技能←办学条件"的标准化路径系数为0.500。"专业品质"在SMTCI-C（学院）质量标准化评价模型中主要起到了"传导渠道"的作用。"专业品质"在培养机构"办学条件"与师范生"专业知识"、"专业技能"的多元（显著）影响下，对师范生的"专业知识"的质量存量的提升具有非常高强度的因果正相关和负相关。其中，"专业知识←专业品质"的标准化路径系数为1.080，"专业品质←专业知识"的标准化路径系数为-0.620，两者的共同效应系数之和为0.460，反映出师范生专业知识学习对于提升其专业品质的显著的耗散效应，而师范生专业品质的提升对于其专业知识学习质量水平的效果要显著得多；"专业品质←专业技能"的标准化路径系数为0.820，反映出我国SMTCI-C（学院）的师范生学习质量更侧重于依靠技能训练而不是专业知识学习来提高。

（3）演进路径中的SMTCI-C（学院）标准化模型的特征化要素为"专业技能"和"办学特色"。"专业技能"对"专业知识"的质量提升具有一定的因果关联，并与"专业知识"要素存在互为相反的路径系数。其中，"专业技能←专业知识"的标准化路径系数为−0.960；"专业知识←专业技能"的标准化路径系数为0.350，两者的共同效应系数之和为−0.610，反映出我国SMTCI-C（学院）的师范生学习质量中专业知识对专业技能的指导不够。SMTCI-C（学院）的"办学特色"路径虽然来源单一（资源打造），但是其面向培养机构"办学条件"和师范生"专业知识"的资源供给效应还是相对显著的：其中，"办学条件←办学特色"的标准化路径系数为0.230；"专业知识←办学特色"的标准化路径系数为0.410，属于中等强度的因果关联。

表5—24是SMTCI-C（学院）标准化模型的效应分析情况。在表5—24中，模型SMTCI-C（学院）中各变量两两之间总效应最大的是"办学条件"与师范生"专业知识"、"专业品质"——"办学条件↔专业知识"、"办学条件↔专业品质"的标准化总效应系数分别为0.524和0.490；比较而言，办学条件、办学特色等因素对"专业技能"存量和水平的影响显著低于其他两个维度。由此可见，当前我国教师职前培养大学化进程中，不论是大学层次还是学院层次都存在着"重理论、轻实践"的培养实情。而师范生"专业品质"存量大小和质量水平更多取决于培养机构的"办学条件"（总效应为0.490）和师范生的"专业知识"（总效应为0.377）。另一方面，当前我国教师职前培养（学院）的支持质量和特色质量取决于这些机构的"资源管理"和师范生的"专业品质"。结合图5—9和效应系数来看，师范生"专业品质"与"办学条件"、"办学特色"之间的关联为间接效应，仍需进一步优化和提升。

表5—24 　　SMTCI-C（学院）标准化模型的直接效应、间接效应以及总效应

		资源管理	办学特色	办学条件	专业品质	专业知识
办学特色	总效应	0.191 ***				
	直接效应	0.191				
	间接效应	0.000				
办学条件	总效应	0.285 ***	0.230 ***			
	直接效应	0.241	0.230			
	间接效应	0.044	0.000			
专业品质	总效应	0.214 ***	0.232 ***	0.490 ***		
	直接效应	0.000	0.000	0.823		
	间接效应	0.214	0.232	– 0.332		
专业知识	总效应	0.238 ***	0.036 ***	0.524 ***	0.377 ***	
	直接效应	0.000	– 0.240	0.000	1.075	
	间接效应	0.238	0.277	0.524	– 0.698	
专业技能	总效应	0.155 ***	0.079 ***	– 0.008 ***	– 0.362 ***	– 0.337 ***
	直接效应	0.243	0.000	0.495	0.000	– 0.961
	间接效应	– 0.088	0.079	– 0.504	– 0.362	0.624

注：＊＊＊表示在1%水平上显著；表中给出的均是标准化后的参数。

此外，通过观察变量之间效应系数的负值可以发现：

（1）"专业技能↔专业品质"、"专业技能↔专业知识"的总效应分别为 – 0.362 和 – 0.337，前者的效应负值来自间接效应，后者来自直接效应，反映出我国教师职前培养（学院）核心质量三大维度要素之间的关系并不理想，专业知识和理论游离于专业技能培养之外，专业技能培养缺乏专业品质导向。

（2）"专业知识↔办学特色"直接效应为 – 0.240，间接效应为 0.277，反映出我国教师职前培养（学院）核心质量与特色质量的关联处于有待开发阶段且侧重于专业知识养成的路径。

（3）"办学条件↔专业品质"、"办学条件↔专业技能"的路径系数虽然显著，但其间接效应分别为 – 0.332 和 – 0.504，揭示出我国教师职前培养（学院）的支持质量与核心质量的关联耗费资源和条件较大，其科学可持续发展水平有待进一步提高。

五 分层模型SMTCI-U与SMTCI-C的差异比较及结论

在我国教师教育现代化转型的当下，构建符合国情的教师职前培养质量标准化评价体系毫无疑问是迫在眉睫的重大使命。然而，理性地根据我国教师职前培养现状，构建符合教师培养机构定位层次的质量评价标准体系才是当务之急。在中国教师职前培养"大学化"的当下，按照教师职前培养机构的层次定位，研究勾勒出"大学/学院"的两大质量评价模型，其差异性情况如表5—25所示。

表5—25　　SMTCI-U（大学）与SMTCI-C（学院）标准化模型的差异比较

	核心层	支持层	特色层	路径
SMTCI-U	专业品质： 3—专业反思	办学软件： 22—学科平台	特色关联： 31—特色品牌与33—特色资源	专业技能、办学条件未关联
				专业知识、专业技能未互联
				专业知识、专业品质未互联
SMTCI-C	专业品质： 5—艺体特长	办学软件： 21—第二课堂	特色关联： 28—特色文化与29—特色模式	专业品质、办学特色未关联
				办学条件、专业知识未互联
				专业知识、办学特色未互联

第一，因素差异主要体现为：（1）核心质量层中，模型SMTCI-U（大学）更关注"专业反思"而不是"艺体特长"，模型SMTCI-C（学院）则更关注"艺体特长"而不是"专业反思"；（2）支持质量层中，模型SMTCI-U（大学）更关注"学科平台"而不是"第二课堂"，模型SMTCI-C（学院）则更关注"第二课堂"而不是"学科平台"；（3）特色质量层中，模型SMTCI-U（大学）的特色关联主要体现为"特色品牌"↔"特色资源"，模型SMTCI-C（学院）的特色关联主要体现为"特色文化"↔"特色模式"。

第二，路径差异主要体现为：（1）模型SMTCI-U（大学）的"办学条件"→"专业技能"未能直接路径关联，模型SMTCI-C（学院）的"专业品质"→"办学特色"未能直接路径关联；（2）模型SMTCI-U（大学）的"专业知识"→"专业技能"、"专业知识"→

"专业品质"未能直接路径关联,模型SMTCI-C(学院)的"办学条件"→"专业知识"、"专业知识"→"办学特色"未能直接路径关联;(3)模型SMTCI-U(大学)的主路径为:"资源管理 → 办学条件 →专业品质 → 办学特色 → 专业知识 → 专业技能",模型SMTCI-C(学院)的主路径为:"资源管理 → 办学条件/办学特色 →专业品质/专业技能 → 专业知识",一定程度上反映出我国教师职前培养(学院)运作规范和发展思路需要进一步厘清。

第三,路径系数差异主要体现为:(1)模型SMTCI-U(大学)的支持质量(资源管理、办学条件)与特色质量(办学特色)之间的路径系数稍大于模型SMTCI-C(学院);(2)模型SMTCI-C(学院)的核心质量(专业品质、专业知识和专业技能)内部关联侧重于"专业技能",而模型SMTCI-U(大学)则侧重于"专业知识",核心质量内部关联的路径系数前者大于后者。

最后,差异研究揭示出我国"大学"和"学院"两套体系质量评价的要点是各不相同的。

对于"大学"定位层次的教师职前培养机构,应注重引导它们提升办学的"资源管理"水平,打通"办学条件"与"专业技能"培养之间的直接联系,通过推进"第二课堂"活动,强化师范生的"专业技能"养成;进一步巩固与深化以师范生"专业品质"提升为办学特色基础的"生本"底蕴,进一步挖掘和优化"办学特色",尤其是"特色资源"对于促进师范生专业知识、专业技能提升的效率。

对于"学院"定位层次的教师职前培养机构,应注重引导它们规范办学的"资源管理",提升"专业知识"与"专业技能"培养之间的直接联系,通过加强专业的"学科平台"建设,推进针对师范生"专业知识"的有效教学;进一步强化教师人才培养的"专业品质"意识,通过提升人才培养的"专业品质"创设"特色品牌"(不仅依赖"资源管理"打造"特色模式")来形成真正意义上的"办学特色"。

总之,在科学理性地构建符合中国国情的教师职前培养质量评价体系的过程中,至少需要按照"定位层次"划分为"大学"和"学院"两套体系——对于前者的标准化质量评价应侧重于考察这些院校的资源管理水平、办学特色、师范生专业知识和专业品质,对于后者则应当倾向于对其资源管理规范、办学条件以及师范生的专业技能、专业品质水准的考察。

第六章 叙事:教师职前培养质量评价的多元化需求

在前人研究经验基础上，围绕教师职前培养的质量评价和保障指标体系构建，研究者2012—2014年主要对湖北、湖南、北京、上海、江苏等地教师职前培养的相关情况进行了田野调查和跟踪研究。以下叙事片段均来自课题研究2012—2014年对上述地区的师范院校、城乡中小学校（主要是小学）、第三方社会评价中的管理者、教师和学生（均为化名）进行的调研、日志或访谈。

为了进一步检验模型数据分析结果与实际需求情况的一致性，以下按照SMTCI-G通用模型确立的"支持质量"、"核心质量"、"特色质量"三个层次进行研究叙事。

第一节 支持质量层次的多元需求

一 支持质量层次:呼唤师资提升

经验意义上的教师职前培养的支持质量体系至少应涵盖师资的质量、条件和投入的质量、管理的质量等几方面。以下研究叙事主要从师范生视角真实记录了湖北地区各级师范院校学习生活的片段和感悟。

> 2012 年 11 月 × 日下午 星期四 天气:晴 陈龙
>
> *
>
> 令人不安的课程，构成了我学习生活的一部分。
>
> 本来我还蛮喜欢这门课程的内容，一般这类课会认真听，但上了几次课后我就没耐心了。原因可能有这样一些：人多了，场地也有限，老师完全放弃了教学管理，自顾自地翻动着早已准备了若干遍的

干瘪无物的 PPT,对于同学们的七嘴八舌完全无动于衷。至于教学效果,我只能说"呵呵,你懂的"。从老师稚气未脱且泛着红晕的脸上,就能断定应该是周围某大学的研究生……

不过,这样的情况并不只是个案,一周五天课,也许有两三天都会遇到这样的老师。有的老师钟情于念讲稿,上课完全不看我们一眼;有的老师钟情于放电影,一堂课看半部,这让我很担心他能不能按时完成教学任务;有的老师上课特别能侃,上课开了个头,聊到她很兴奋的话题那话匣子打开就再也关不拢,一堂课下来我们都听得云里雾里、不知所获;有的老师更是奇葩,新课还没有上完,就开始给我们划期末考试的重点复习内容……

这样的老师虽然不是多数,但是他们让我成为一名教师的想法打了折扣——我不会去尊重这样的教师,我更不希望成为他们中的一员。

这篇日志里的教育工作者的教学显然是不成熟或不能胜任的:照本宣科(或将这种念 PPT 式的教学称为"照本宣科2.0")、教育教学放弃管理、消极对待师范生的教学反应……师生感情淡漠,教而不想教、学而不想学。这一类教育工作者给这位同学带来了一种"不安"的心绪,而这种"不安"的状态已经构成了这位同学"学习生活的一部分"。由此可见,这篇日志不仅道出了这种师范高校在条件质量、投入质量、师资质量上的不足,也间接反映出其管理质量的不合格。

与此例相对应的是一所部属师范大学师范生的日志。

2012 年 11 月×日上午　星期五　天气:晴　沈芳
＊＊＊＊＊＊＊＊＊＊＊＊＊＊＊＊＊＊＊＊＊＊＊＊＊＊
每周都盼望着上×老师的课。

×老师是我们学校出了名的"新晋名嘴",虽然他博士毕业工作才两年多;上他的课,被幽默风趣一把后,还能够有点人生收获。这不,偌大的教室里,挤满了慕名而来的同学,黑压压的人头攒动。

这节课上"教师礼仪"。×老师提前五分钟就来到了教室,他整理好教学材料,笔直地站好,从容等待着上课。明亮宽敞的教室在阳光照耀下显得特别神圣和温暖,×老师长得浓眉大眼、潇洒帅气,一袭白衬衫配上笔挺的长裤，西装革履的，穿着非常有精神。"铃铃铃"，上课铃响起，课堂如同一幅阳春美景的画卷徐徐展开：白板上行云流水般地淌过简洁的幻灯片，伴随着×老师富有磁性的讲授、生动的示范和幽默的提问，我仿佛进入了教师礼仪的真实情境；和谐有序的课堂氛围，大家都听得很认真。×老师还邀请了另一名社会学专业的年青教师配合他的案例教学，这名教师的教学案例展示的效果很棒。×老师对教学互动中的分组、研讨、展示、点拨、评价也都掌控自如，整堂课显得脉络清晰、井井有条。

我觉得上×老师的课就像享用人生的一道佳肴，下课后需要慢慢回味与消化，他能在不经意中说出人生的很多道理，常常能让教学深入浅出，给同学们如同烹茶品茗般的若有所思。不知不觉，作业已布置完毕下课铃声也已响起，同学们却仍旧沉浸在课堂的和谐欢快之中。不可思议的是，这一切是那么的规范自然，彰显出一种优秀教学的成熟魅力。

两相比较，不难发现：在这所中部地区唯一一所部属师范大学里，师范生学习环境更为"明亮和宽敞"，教师的教学准备更加充分，整个教学流程非常生动、规范和自然，学生在课后感觉有收获，并且回味该课时的心情非常舒畅。从这篇日志里，还能够推断出：第一，这所师范大学的教学管理、资源投入和新晋教师的师资水平能够保障教师职前培养的个体需求，其教师教学整体质量水平明显高于前一案例；第二，在学生看来，教师的质量水准和教学安排是决定课堂学习的最主要的因素。因而，从我国教师职前培养的受教育者视角来看，高质量的教师职前培养支持体系的核心在于师资力量的高质量水平。

二　支持质量层次：呼唤质量投入

教师职前培养离不开现代化的教育教学合格条件的质量支持。教育教学条件和环境能够直接影响受教育者的身心状态，同时影响到教师职前培养课程的教学效果。

2013 年 5 月×日上午　星期三　天气:晴　孙成

＊＊＊＊＊＊＊＊＊＊＊＊＊＊＊＊＊＊＊＊＊＊＊

　　这样的安排让我们都很无语。每逢单周这门课要上一整个下午,即四小节。授课老师听说是外聘的,我们之前根本就没有接触过她,也不喜欢她。

　　不喜欢这门课程的原因其实还有一个:上课的教室太差。

　　S 楼的教室都很小,50 个人就把座位坐得差不多满了,教室里没有空调,电扇也坏了。5 月份在这样的教室里上课既觉得热也觉得不舒服。由于教室里的课桌椅损坏了不少,上课的人又多,我只能选择坐到最后一排。本节课的内容是关于"××学生学习困难××"方面的辅导。这节课,我没怎么听,内容只记得一部分。投影老化得厉害、电脑显示也明显偏紫色,PPT 上密密麻麻的文字根本看不清。限于场地,一些应该实际操作的内容没有进行。关键是整个课堂的纪律有些差,讲话的、看手机的同学真不少,甚至有一些还是我认为原本应当守纪律的同学。那个外聘的老师声音太小,几次借助扩音设备来控制课堂纪律,但是扩音设备最后也坏掉了。

　　这位同学心里的不快跃然纸上。这篇日志恰恰反映出当下一些教师职前培养机构课程教学真实的支持环境:教室场地不足、设备老化、必要投入不足和师资单薄而造成的外聘教师大行其道——教与学之间科学有序的沟通中介的质量不足,影响到了整个教学秩序以及教学双方的心态和互动效果。

　　在国内,张炜(2010)的研究指出,质量成本是一种必要、目标性强且实现了的质量投入(代价),是保障高等教育教学质量和运作质量的经费投入举措[①]。在这一质量经济学的研究视阈,教师职前培养的教学质量和运作质量也会存在质量成本,这种成本以实现了质量投入为代价;其外延主要囊括与教师人才培养直接相关、必不可少及影响重大的成本项目(如事业费中的公务费、与人才培养有关的教学科研经费、教师工资、学生创新创业支持经费以及奖/助学金等),其目的是保障现代教师职前培

[①]　参见张炜《高校人才培养的质量成本研究》,博士学位论文,华中科技大学,2010 年,第 67 页。

养质量的"偏好性投入",以契合"好钢用于刀刃"的质量价值取向。

显然,从调查访谈中可以感受到,我国教师职前培养质量成本的实现投入效应赢弱,而需求却十分显著。Z 主任是我国中部地区一所地方师范院校小学教育本科专业的负责人。他向调研组谈及了实习经费这件"小事"背后及曲折经历及看法。

研究者:主任您好!此次到访请教您,期待您对我国教师职前培养改革指导意见的执行环节谈谈看法。

Z 主任:我也正想跟您聊聊这个。最近,教育部提出了教师教育职前课程改革的框架性指导意见,这个您也是知道的;总体的思路是要强化实践教学,体现在传统实践课程上,就是要延长我国师范生的实习周期,大约从 2013 年以前的 6—8 周延展到 10—12 周。在实际操作过程中,像我们这样的小学校却碰到了实习经费上的问题。

研究者:具体是什么问题呢?

Z 主任:比如,2009 级小学教育我们专业有 86 个学生,2010 级有 64 个;比较而言,应当是 2010 级实习压力更小一点,但实际上不是。2009 级学生实习周期是 7—8 周,带 1 个学生上头拨给的实习经费到我这里是 200 元;今年国家政策有变,为了保障实习基本质量延长了大约一个月的实习时间,但是上头拨给的实习经费到我这里依旧是 200 元/生。这样问题就出来了:撇开物价上涨的因素,多出的这一个月时间内合作小学在实习生身上的开销、实习生的交通补贴、伙食补贴等经费完全没有着落。

研究者:学校有关部门有没有政策性的补助呢?

Z 主任:申请过。学校相关部门也正在考虑。但是由于是政策变革的元年,财政预算没有跟上,因此补贴情况也不太乐观。院系已经考虑从发展经费和其他开支中合理支持一点。为了这点钱,折腾了快两个月;我还特别跟 3 所发展学校的正、副校长沟通过几次,希望她们能够理解和继续支持。从她们的角度来看,1 个学生来实习 3 个月才给 200 元的实习费也有点太寒碜了。但是事实就是这样,地方师范院校要么经费不宽裕,要么就是钱没花在"点子"上。最近听说浙江一所师范大学跟他们的合作(小学)基地签约,一年的协约资助经费就有 120 万元。所以呢,我国师范院校在经费投入和使用方面的差距是巨大的。

研究者:您如何看待实习投入这方面的问题?

Z 主任:这个专业本身的培养质量必须要通过提升教育实习的质量来保障;真正重视教育实习的学校都应当确保对教育实习的基本经费支持。如果连这一点院、校、系三级都形成不了共识的话,"三位一体"对外合作保障经费从何谈起?现代小学教师职前培养质量从何谈起?

三 支持质量层次:全面质量管理

自 20 世纪 90 年代以来,管理学在质量经济领域刮起了一股"全面质量管理"(Total Quality Management,TQM)的旋风;2010 年前后,这股旋风刮进了中国的大学。在实施执行过程中,中国大学将全面质量管理分解为教师质量管理(含教学辅助质量管理)、课程质量管理两大块内容。为了从质性角度了解我国教师职前培养领域内教师、课程的质量管理和保障机制,研究组对我国东部和中部地区两所师范院校的教学管理人员进行了专题采访。

专访主题一:教师管理

研究者:两位老师好!今天专题采访的主题是关于教师职前培养的教师管理和课程管理。有两三个相关问题向您们咨询。

王主任:不必客气。

李老师:张老师请讲。

研究者:为了保障教师管理的质量,通常教务部门和学校其他相关行政管理部门会采取哪些常规和特色化手段?

王主任:其实主要还是常规化手段多一些,比如人事部门的聘请考核有一部分指标会落实在教务部门主管的教学指标上:像课程开设情况、学生评教情况、公开课或优质课竞赛情况,再就是常规的期中教案、课程执行情况、教学课件、教研室活动等检查工作;还有一些鼓励青年教师科研、进修、出国交流等政策性激励手段。

李老师:师范院校与非师范院校在教师管理手段上差异不大。现在教师教育取代了师范教育,教师职前培养工作大部分已经上升到大学的层次。我国大学的教师管理目前还有一些缺陷和不足的地方。首先是大学章程还不健全，教师管理的权、责、利以及权力范围尚未完全的明晰，部门创新的动力和积极性不高；其次是国家尚未出台相关的标准化评价框架或指导意见，相关教师质量管理保障的改革"无标可依"；最后学校整体发展战略也会对教师职前培养质量管理机制产生直接影响，当然还有一些软件和硬件等方面的影响因素。

专访主题二：课程管理

研究者：当下课程质量保障和管理机制运作情况如何？

王主任：课程质量管理基于国家政策和学校刚成立的质量评估处的内部管理评价，能够体现出各专业的办学目标和课程特点。从教务处这块来讲，主要还是常规的期中教学质量检查与随机的教学督导听课机制相结合；2012 年以后，我们将部分课程质量管理的权力下放到各院系和专业教研室，期望这种自查与督导相结合的方法能够更有针对性、更具灵活性。

李老师：基本同意王主任的观点。目前，高校质量内部保障都是以院系为基本单元，以课程和专业教研室为基本单位。学校的相关行政部门主要负责制定、执行学校一级的中观政策和为各院系教学和课程改革提供力所能及的支持。学校教务处一般聘请有经验的教授作为督导员，随机听取中青年教师的课程教学；学校教务处近期也在积极影响国家政策，努力推进以现代教育技术为手段的"翻转课堂"、"MOOCs"等新课程改革和"名家论坛"活动。与此同时，学科办公室的重点学科建设经费也在支持各院系打造高水平的学科平台和有战斗力的教学团队，这些经费和平台的支持有助于一些国家级、省级精品（特色）课程、教学成果的产出。

从专业质量管理的视角来看，此次访谈中教务部门管理人员对于我国当下教师职前培养质量评价在教学领域有一定的专业认知。尽管如此，在教师职前培养领域仍然无法摆脱过去的"常规中期检查＋随机督导"的质量保障传统（弱化）模式，教师专业的质量评估模式尚未在我国师范院校内部构建起来。一些新生发出来的全面质量管理专业理念（如新技术、新教法、权责下移等）虽已在谈话中出现，但还需要假以时日才能看到改进效果。

第二节　核心质量层次的实践需求

已有研究经验表明,教师职前培养的核心质量层次主要由"专业品质"、"专业知识"和"专业技能"三个指标维度构成。在具体实践操作过程中,教师职前培养主要通过"人才培养方案"中的课程质量、指导质量和实践质量来实现既定的培养目标并以此来判断是否达成其核心质量。

一　核心质量层次:呼唤课程优化

陈××,湖北省某二本师范学院的本科师范毕业生,毕业后考取浙江省某一本师范大学教师教育学院的研究生。经过两年新环境的适应和学习,在谈及两所培养机构差别的时候,他语带感慨:

> ××学院与××大学的差别是非常显著也是多方面的,比如两校在校园学术氛围、师资力量、课程设置、学生服务、学术交流等方面有着非常明显的差距:在课程设置和质量把关方面,××大学明显要严格且合理一些。这里教育专业的教师和教授不仅更多,层次和水平更高,在教学态度和积极性上,也明显好于××学院。他们在××大学的平台上,有着积极的整体学术追求和个体事业发展的目标,这些目标的核心要旨就是培养出高水平的(小学)教师人才。

> 在我看来,××学院与××大学的差别主要体现在课程开设和实行质量上。××大学雄厚的师资集中体现在能够开设丰富的艺术类课程、一线教学情境和观察类课程;在三字一话、教师口语等师范性课程上,他们个性化教学得到了充分伸展。另外,较高强度的训练和作业使得大学生的学习压力增大,但在教师的正确引导下,大多数学生还是能够积极配合教师教学要求,基本实现了教学互动和教学相长。这一点,对比在××学院时候的千篇一律的枯燥的理论课程和上课时教师不负责任地照本宣科而大学生在后面睡觉的情况,显然现在的××大学更有助于让师范大学生获得更多专业知识、专业技能,还有更多的专业认同和专业信心。

　　与陈同学有类似感受的是一名来自中部某省××师范学院大学三年级的孙同学。孙同学是一名师范生，他的课程遭遇值得教师教育专业人士和研究者们深思。

　　　　2012 年 11 月×日上午　　星期五　　天气：晴　孙成

　　　　＊＊＊＊＊＊＊＊＊＊＊＊＊＊＊＊＊＊＊＊＊＊＊＊

　　今天这堂课，我在思考一个困扰了我半个多学期的问题：大学课程尤其是理论课程应当如何上？是不是课堂教学由学生活动"承包"下来就是真正好的课堂教学？在这样的课堂教学中，我们师范大学生能够收获多少？

　　就拿这堂课来说吧，让我们进行自由辩论，辩论主题是"××学校××教学活动××设计的利与弊"。平心而论，这个话题还是有深度的，我们两个寝室的同学经过两天的准备，基本观点和论据都准备妥当了。然而，当我们上台进行辩论的时候，双方感受到一些异样——这堂课的授课老师竟然"不在场"。我们在台上站了好几分钟，仍然不见老师的身影。班上同学等得有点不耐烦了，下面讨论和说话的声音此起彼伏。也许是觉着班上讲话的声音太大，班长走上前台维持了一下纪律，然后安排我们双方开始辩论。大约又过了几分钟，老师终于从后面一个很不起眼的角落里走上讲台。只见她微微一笑，似乎并没有发生过什么，示意辩论继续。就这样辩论双方又争论了两轮，大约有 15 分钟，当辩论双方将要完结陈词之际，老师突然开口："同学们，我们的课程进度稍微慢了一些，接下来我们学习下一章节。"听完这句，刚刚落座的我"噌"地一下不知为何又站了起来，当时只觉得脑子一片空白。老师疑惑地看着我，我看看她又看看其他同学，迟疑了一会儿才发现自己的失态。

　　晚上，我久久不能入睡，望着自己和小伙伴们准备了两天的各种打印资料和讲演道具，心里有一种说不出的难受。这种难受也许是一种孤独和不被认可——据高年级的学长说，这种感觉还得延续到明年大四的见习和实习结束。

　　孙同学的这篇日志反映出我国教师职前培养大学化过程中一个非常值得关注的现象：教师职前培养的课程质量正在受到中国大学"课程迷失"

通病的同化，大学教师课程质量管理的自由化、放任化使得一些教师授课态度消极、课堂失控或不关注学生学习、教学效果和质量低下；素质教育改革在小学里开展得轰轰烈烈，在中学课堂中却是犹抱琵琶半遮面，到了大学教室里则基本是偃旗息鼓的状态。

诚然，影响教师职前培养课程质量的因素是多方面的，但教师教育工作者的教学态度、教学方法却是这些因素中最为关键的。

　　2012 年 12 月 × 日上午　　星期五　　天气：晴　　谭丽
　　＊＊＊＊＊＊＊＊＊＊＊＊＊＊＊＊＊＊＊＊＊＊＊＊＊
　　每次进教室看到刘老师早早地就在教室准备着了，心里就有些愧疚与自责。刚上大学的时候很积极，基本上都是上课前 15 分钟就到教室了，现在去得越来越晚，很多时候都是踩着铃声进教室。刘老师针对这种现象狠狠地批评了我们，同时也给了我们一些很中肯的建议，这让我们获益匪浅。

　　这节课上"深度访谈"，简洁的幻灯片，和谐的课堂氛围，大部分学生都听得很认真，我觉得上刘老师的课就像享用人生的一道佳肴，下课后需要慢慢回味与消化，他能在不经意中说出人生的很多道理，常常让我醍醐灌顶。

　　和往常一样，他先进行课堂活动，随机抽取了两位同学到讲台上，就"大学生的恋爱观"做深度访谈，访谈后刘老师就两位同学访谈的内容及表现给予了分析、总结和评价，然后又亲自示范，访谈了另外一名女同学，边访谈边讲解，整堂课在模拟访谈和讲授的环节中，通过刘老师生动幽默的语言，将访谈的方法和所需要注意的地方清晰地展现在我们面前，我听后觉得收获很大。

　　在众多的好课堂里，我们的收获是多方面的，这多亏了刘老师们的严格要求、恰当方法和及时引导。

　　譬如谭同学这篇日志里描述的这位刘老师就注意在大学课堂教学中对学生严格要求，积极备课，以身作则地发挥教师教育工作者的天然示范作用；授课时，创设师范生容易接受和亲近的教学情境，理论联系实际，加上语言生动、方法得当，故而学生反馈积极、学有所获。为了进一步了解教师教育工作者对师范生（小学教育本科专业）课程设置的看法，研究组对这位刘老师进行了简短的专题采访。

　　问：刘老师您好！感谢您接受专题采访。此次采访主要围绕教师职前培养的课程设置这一主题，主要有三个问题要咨询您。

　　答：好的，不用客气。

　　问：您对当下学校关于小学教师职前培养专业和课程设置情况如何看待？

　　答：当下学校培养小学教师有职前部分也有职后部分，目前以职前为主。我国教师职前培养不同于美国模式，也不同于法国模式。大学里培养小学师资的单位是多元的：有专门的教育学院、教师教育学院，也有新近发展起来的初等教育学院，还有分散在大学内部各文理科学院的师范专业也在培养师范生（不过培养中学教师居多）。从课程设置情况来看，自国家教育部颁布关于教师教育职前课程改革实施指导意见以来，相关专业的人才培养方案就一直在调整。我参与其中，感受到调整的方向是对的，就是要强化实践课程的教学时间、争取多元化的教学空间以及确保实践教学指导质量。像我主要从事教育科研方法等大类基础课程的教学，我个人对于目前的通识教育课程和大类基础课程也是有点建议的，这类课程对于师范生首先作为一名大学生的成长而言，是非常重要的，应当强化和丰富。

　　问：您对小学教师职前培养课程目前执行的质量状况如何看待？据一些接受调研的师范生反映，这块儿的质量水平还亟待提高。

　　答：这个问题需要全面辩证地看待。首先课程质量的衡量和判断不能全部从学生这里获得反馈意见，教师的意见也很重要。我的意见是：整体状况是因校而异、因人而异的，但是这几年读完博士从中小学教师升格为大学教师后，我的感觉是大学教师在小学教师职前培养课程的教学执行中还没有100%尽心尽力；影响大学教师教学质量的因素非常多，可能现阶段主要是学校的管理、待遇问题和发展问题，此外我认为一些师范学院的教师还没有从以前中等师范教育教学模式中"走出来"，对于开放多元的教师教育课程教学的适应性不够，尤其对于前沿的国际学术交流和现代教育技术的重要价值认识不足、介入缓慢。大学教师喜欢"单打独斗"，也习惯了"学术自由"，所以在这样的背景下，教师职前培养课程执行质量很大程度上依赖于学校的内部质量管理保障机制和大学教师自身的素质和能力。

问:最后一个问题,以您的经验来看如何才能够保持和提升教学水平,确保师范生在课堂和实践教学中真正学有所获?

答:我在大学里也才教了四年书,谈不上有多少深刻的经验。一点浅显的思考就是:要有一种责任感和未来意识——你在这里教书不是为了赚点钱混日子,作为教师教育工作者必须意识到自己身上肩负的历史使命和教师教育工作的示范性和特殊价值;我们的教学态度、教学方法和国际交流所得都是为了确保明天的基础教育教师的质量,所以我们应当认真、端正地对待我们的教学工作。态度端正了,然后博士们之间多交流交流、观摩观摩,尤其多学习和领会国家教育部相关改革政策的精髓,观摩名师教学的气质、方法、手段,开展团队合作和小组反思,这样进行了一系列的教学反思活动后,教师教育课程教学的整体质量应当会提升一个台阶,当然前提是我们的老师们要有这种责任意识和正确的态度。

二　核心质量层次:呼唤指导关怀

一切为了学生。

师范生不是普遍的大学生,他们肩负着专业成长为素质全面、能力突出的现代中小学教师的历史重任;他们的专业成长需要教师教育工作者更多的人文关怀和悉心指导。

第一次习明纳活动的时候,我们在潘老师的带领下与××实验小学的教导主任以及两位来自海南的老师围坐在一起讨论了课表第二章的主题内容;这次讨论颠覆了原有的"教师站在讲台上主讲"的传统,这种平起平坐的形式让我感受到了自由的气息,同时又因为是第一次有些许的紧张。虽然提前就看书预习了,但是书本上的理论知识总是枯燥乏味的,让人找不到重点,所以我们一一提出了自己对书本上内容产生困惑的地方。潘老师以及小学教导主任全程参与到我们的研讨课程中来,他们一个理论功底深厚、一个实践经验丰富,总能结合自身的实际经验和教育理论知识给我们以谆谆教诲和满意解答。

在小学教导主任的讲述下,我们了解到××实验小学注重培养学生的兴趣,每个星期三下午小学生能够根据自己的爱好选择参加不同的社团活动，比如篮球、书法、航模、绘画等。小学教育不仅仅注重语、数、外等基础知识的获得，更注重发展小学生课本以外的技能。这些例子让我清楚认识了小学教育目标和课程的全面性和发展性。

　　总之，第一次习明纳活动让我受益匪浅，我真真切切地感受到来自指导老师们对于我们专业成长的殷切期望和师长关怀。来自大学和小学的四位指导教师活动目的明确、经验丰富，指导配合得天衣无缝；尤其是小学教导主任的感染力和亲和力使得理论与实践紧密结合起来，不仅加深了我对"教师专业成长"这一专题知识的理解，也让我突然产生了成为一名优秀小学教师的冲动和向往。

——2012 级小学教育 任××

　　与上述 2012 级同学在专业成长过程中第一次"习明纳"活动感受到大学和小学指导老师们的真切关怀不同，2010 级的另一位同学的经历告诉我们：中国教师职前培养质量中的指导和关怀太少，蕴涵其中的正能量是准教师们内心热烈渴望的。

　　2013 年 12 月×日上午 星期五 天气：小雨　谭丽

　　＊＊＊＊＊＊＊＊＊＊＊＊＊＊＊＊＊＊＊＊＊＊＊＊＊

　　作为一名正在经历教师培养的师范生，抱怨的人主要可以分为两类：一类人是对教师职业工作待遇或就业机会的不满意；另一类则是如同我一样的，对这个培养过程中缺少人性关怀的一种深深的无奈。

　　为什么这样说呢？从大学到小学，会发现我们接触的大学老师和小学老师里面都有好的和不那么好的两种人。在大学里面，好的老师会"急学生之所急"、"想学生之所想"，充满了智慧、坚毅和朝气，不论是为人处世还是教学科研都让我们深深折服。在小学里面，关系比大学里面更加简单，老师们的工作井井有条，好的老师更多的是具备"榜样"作用的，在教学、管理各方面的行家能手。在我看来，他们主要是靠日积月累的经验和自我发展形成的。那么，大学和小学里面的好老师的差距在什么地方呢？我感觉：随着时间的推移，我在大学里面发现对我们负责的老师是越来越少，而在小学里面这样的好老师是越来越多。

　　越来越少的还有大学老师对我们师范生的人性关怀。虽然通过一些渠道我了解了院里为了关心我们的专业成长出台了非常多的措施,比如 P 老师主导的专业发展学校、Z 老师主持的素质修炼营等,但在这些活动具体参与的过程中留给我们的感动太少,留下大学老师们的参与和指导的印记太少。面对未来,同学们不得不独自走在漆黑的林间小路;面对前程,同学们依然心有畏惧、不知所措。

我也渐渐感觉,从师范生到一个真正独立走上讲台的老师,仅仅依靠大学课堂是不够的,仅仅像普通大学生那样培养我们是不够的。大学老师应当像小学老师那样,面对面给予我们真正的指导,给予我们真正的关怀,真正走进课堂倾听我们的教学,及时发现其中的问题并解决问题,当我们对社会对教师职业憧憬又害怕的时候,能够成为我们精神和心理上的可靠支柱……

三　核心质量层次:呼唤实践本位

以小学教师职前培养(小学教育本科专业)为例,"人才培养方案"中实践课程的设置和执行情况对于确保师范生的专业品质、专业知识尤其是专业技能的质量提升起着至关重要的作用。虽然近些年来,实践课程体系不断丰富和多元化发展,但是其核心内容和关键环节仍然是教育见习(教育观察)、教育实习等传统项目。

今天是单周星期四,按照要求,小教专业全体下校见习。

我们小组被分到××小学,我跟进的是一名三年级的英语老师谢老师。谢老师的课是上午第四节,所以前三节课我就在办公室帮老师批改作业。

小学三年级学生的英语处于入门阶段,由于个人兴趣或学习态度,作业质量不一而足。同样是抄写单词,有的学生写得整整齐齐、干干净净,有的学生则胡写乱画、诸多错误,面对这样的情况,我一开始哭笑不得批阅而过,后来设身处地地想想,作为老师必须了解每个学生的学习作业情况,于是重新批阅,并分类登记作业情况及学生姓名,在本子上也写了一些鼓励的话或者小建议。我想,这样不仅有利于老师掌握学生情况,更有助于每个学生端正态度调整方法,对自己的这点小用心感到非常开心。坐在教室后排听了一节课,大致了解了老师的教学流程,从导入到具体教学内容再到复习巩固,谢老师的教学过程清晰、节奏合理，给将来要做老师的我不少启发。

感谢学校给我们师范生提供了下校见习这种好机会，让我们零距离接触现在的小学教育，不仅有助于我们的理论学习，更有助于我们积累经验为将来上讲台打下基础。

我觉得：小学教师的下校见习体验非常重要，相关活动学校应该大力支持；熟悉小学和课堂的实际情况是师范生选择专业的重要前提，我认为应该让我们一年级就下校然后决定是否选择小学教育专业；立志成为一名小学教师的师范生，应当多与小学指导老师联系，多参与专业观察与实践。

——2011 级小学教育 李 ×

与上述 2011 级同学描述的教育见习活动的丰富感悟类似，2010 级这位同学在教育实习的教案设计过程中也遇到了一位比较热情而负责的小学指导教师。从两位同学活动记载的字里行间，能够看出实践教学及其指导对于培养一名"乐教善教"的新时代教师的本质价值。

记得教案的初稿拿给指导老师看的时候，从开始的教学目标一直到最后的板书设计都存在许多不足。由于对教案没有系统的认识，也没有接受写法上的指导且手头上没有教材参考书作为范本，初次教案写作让我感觉非常头疼。

有幸得到唐老师的指导，我观摩了她的参考书和课堂实案后，认识到教案基本由教学目标、教学内容、教学重难点和课堂教学设计等内容构成；其中教学目标应当简洁明了、操作性强，并且按照知识技能、过程方法、情感态度价值观三个目标维度来书写。唐老师告诉我，教学流程设计能够体现一个教师的教学基本功，同时也是展示一节好课的重要指标。

数学是一门较为抽象的学科，尤其是对于小学低年段的学生而言。我的教案是人教版小学二年级下册数学"平移与旋转"课程内容。在流程的导入写作部分，就让我感觉到非常困难。一个好的导入环节不仅是整节课的亮点，也能在一节课的开始就吸引学生的注意力，增加数学学习的趣味性和形象性。本来我想用一段游乐场的视频和一个谜语作为开始，从而引出所学知识，可是指导老师觉得我在导入部分花去的时间可能过多导致时间分配不合理。进一步思索后,我觉得视频更具有直观性,决定去掉谜语部分。不过指导老师看过我准备的视频后认为,虽然视频有一定相关性和情境价值,但是对于二年级学生而言较为复杂,不经过修饰和剪辑不能很好地突出重难点。于是,我开始对导入部分进行"大刀阔斧"的改动——我向同学借来了模具汽车,自己又手工制作了风车并开始绘图制作表格……

——2010 级小学教育　陈 ×

当然,上述的描述中没有涉及大学教师对于师范生实践教学的指导,下面这位 2010 级同学的烦恼正与此有关。

2013 年 11 月 × 日上午 星期四 天气:中雨　谭丽

＊＊＊＊＊＊＊＊＊＊＊＊＊＊＊＊＊＊＊＊＊＊＊＊

实习即将进入上讲台独立授课的阶段了。

这个时候,我觉得幸运的是,在大学三年里我积极参加了院里的"素质修炼"营,参加了小学教育联盟的比赛,参加了学校开设的"行知实验班"的"教师素质训练"……这些锻炼,让我现在几乎能够从容不迫地站在小学教师的三尺讲台上。然而,也有不幸的地方:三年来,专业课程的开设都是大谈特谈教育理论,遇到的老师也是时好时不好,零零散散的空洞知识根本不足以让我们这些师范生完成小学教师的一线工作,比如备课教案的写作、学科教材分析、班级活动课程的具体设计、班级管理中学习困难学生的辅导等。(我想这一切可能还是学校没有资源,教师数量和质量长期不足造成的。)

由此我开始这样想象:如果全国各地的师范大学生都是这样培养出来的,那么小学指导老师的工作压力该有多大?为什么我们的课程要开设那么多重复无用的、脱离实际的?为什么几乎就没有大学老师来观摩指导我们的课堂教学?望着实习手册上大学老师精心为我们设计好的各项实习任务,我不知道该说些什么——也许这里面确实装满了为我们的好,只是缺少一丝人情的温暖。

诚然,合作小学安排的指导教师大多比较热情和负责,但是大学指导教师的情况在即将走上讲台、初为人师的师范生看来却是令人担忧的。从另一个角度来讲，对于"人才培养方案"中实践课程执行和指导质量，用人单位的管理者、培养单位的方案管理制定者和第三方社会评价最有发言权。

> "从学校长远发展来看，现在最大的问题就是如何留住高水平的师范生教师。因为最近这几年大学生就业不容易，师范大学生留武汉很难，不少来我们县城小学担任教师的年轻人心里未必是真想扎根留下。省里的专项经费有个拖延，这些老师心里都会有想法。"
>
> "现在的年轻教师生活压力都挺大，她们在这边干三四个月大多都会心生退意。一方面是经济原因，这些很难一下子改变；另一方面，跟非大学毕业的教师相比，这些年师范教育培养的年轻教师素质参差不齐，很多老师不能一来就用，需要较长时间才能适应小学课堂教学和管理。一些老师个性内向且脾气不好、粉笔字写得不漂亮，也没有才艺特长，学生也不一定服管。"
>
> "我跟一些校长们交流过，感觉现在的师范教育到了大学，培养出来的人才还没有以前中师的好用。（现在中师上来的年轻老师也赶不上以前的综合素质，听说现在高考录取的分太低，苗子不如从前了。）大学的师范生理论学习比较扎实，但是跟以前相比，个性发展和教学能力、班级管理水平则要稍逊一筹。也不知道现在的大学里师范生都学的什么课程，学没学如何管理学生、如何写粉笔字、如何让孩子听懂知识、如何建立教师的威信。师范教育在大学里办应该是时代的进步，但是培养出来的教师的专业能力提升效果却微乎其微——我认为这个问题值得深思。"
>
> ——湖北省某县某小学校长

这位校长道出了研究团队对于教师职前培养核心问题的心声：教师教育改革了，教师培养"大学化"了，然而我们的人才培养模式和方案依然是陈旧的大学文科专业的那一套，由于缺乏对教师职前培养核心质量层面的监督和保障，目前这些大学里的教师培养方案与中小学一线教学和管理的实际需求严重脱节。

第三方社会评价的 2014 年反馈结果也印证了对于上述方面的质量忧思。

从学生满意度调查的情况来看,贵校师范生对于师范专业的质量评价(满意度)在全校专业里处于排行中游稍微靠上的水平,拖低分数的主要是课程结构(安排)、课程教学质量水平和学校服务水平。从我们调查的一个主要项目(毕业论文)来看,师范生反映出的最大问题在于教师指导的数量和指导质量方面的不足,以及相关指导课程开设太少,开设时间过于靠后。

——麦可斯对 H 师范学院学生评价反馈

作为我国目前大学生专业就业质量最具权威的第三方社会评价,麦可斯公司反馈给某地方师范学院管理人员的结果更进一步地指出了师范毕业生工作一年后回顾自己读书所学知识、技能与工作所需存在的差距,这种差距在他们看来主要是由于课程结构(安排)的不合理以及专业核心课程教学质量水平和大学教师指导有限造成的。对此,作为培养单位的人才培养方案和课程结构(安排)的管理者、实施者的反馈和感悟如下:

人才培养方案对于师范院校的教师职前培养质量是至关重要的,美国 TECA(师范院校专业培养方案认证的质量评价机制)的改革我个人非常赞同。

然而,每到我们自身设计专业综合改革(省级专业综合改革试点)的时候却又感觉到顾头不顾尾、有心无力,诸多牵绊:改革要遵循国家教育部关于教师教育改革意见这个大框架,还要严格执行学校教务处给定的课题改革指导意见,姑且不论两者是否有冲突或不兼容的地方,作为人才培养方案改革的一线设计实施者,我们还要考虑院系教师的配置,教师的专业结构、专业特长和专业水准;一般来讲,由于历史原因,很多需要去掉的学科专业教育课程由于顾忌到一些老教师的饭碗问题甚至领导面子问题,院系层面不可能"一刀切";一些新开设的教师教育课程和专业选修课程,不得不从院外甚至校外聘请教师。外聘教师目前在某些学科领域占据了一定分量,不过教学质量参差不齐,学生反馈褒贬不一。重要的是,在一些学科方向课程(诸如学科教学法)中,大学教师教育与传统中师教育相比,由于进人渠道(学历底线)和师资培养(研究生)专业现状问题,在这个核心领域师资匮乏，地方师范院校尤其如此。这样一来，我们的改革只能在理论课程的形式和数量上"动刀子"，而不能完全按照理想的状态来改进人才培养方案的质量。

——B 师范院校 F 院长（教学副院长）

在这里，F 院长指出了造成教师教育专业人才培养方案改革"进退维谷"的重要原因有：师资结构、历史旧账、经费不足、世故人情，究其根本原因还是某些课程缺乏师资支持，因而造成这些领域外聘教师大行其道，质量考核和管理面临"进退两难"局面（考核严格则无师可用，考核不严则质量滑坡）。

对此，H 师范院校×教授还有一段更为深刻的反思作为注解。

2013—2014 年，我们去北京、上海和湖南分别考察过首都师范大学、上海师范大学和湖南第一师范学院的专业发展和特色办学状况，我感受很深。目前我国师范院校的底子各不相同，我认为基本可以分为中等师范院校升格而来的、合并中等师范院校而来的、改制而来的——这里面有没有中等师范院校是很重要的。中等师范院校的传统相对于一些大学新办教师教育和教师专业发展学校是有它独特优势的：一是思想理念方面与中小学校联系得更加紧密，更接地气；二是教育教学技能训练方面，更加重视、更加系统、更有办法和经验，也更踏实和团结，这些教育教学特质恰好是今天很多大学教育学院所缺乏的；三是中等师范院校传统的课程设置更符合国际标准，更强调师范特质和实践课程，更加严格和充实。相对而言，大学教育学院的教师职前培养课程中间注入了大量"水分"，宽松一些，也缺乏专业发展性和目的性。强调理论课程、教育学科课程而忽视教师基本技能的养成教育、艺术修养，这些也是今后需要改进的主要内容。

——H 师范院校×教授（资深教授）

H 师范院校×教授反思的深意在于：目前湖北地区教师职前培养"大学化"效率不高、质量不高恐怕在于办学理念和思路的深层次。以前的中等师范学校办学理念和思路简单明确——培养能够胜任一线教学和管理的教师人才,为此它们探索出符合这一办学目标理论的人才培养模式,即围绕师范生多元素质全面发展开展理论和实践课程。比较而言,目前高等师范院校"大学化"的教师培养模式更显空洞、迷茫和保守,在人才培养方案和课程体系上表现为:课程开设缺乏整体模块化设计、课程开设缺乏专业成长的逻辑、课程联系的逻辑、合作培养的逻辑。而这些,却又恰恰是教师职前培养质量保障的核心和关键所在。

最后,×师范院校 Z 教授的一段话颇为发人深省。

　　近几年感受最深的恐怕是教师教育的"大学化",忧虑最深的也是教师教育的"大学化"。中国教师教育是由师范教育脱胎而成的,首先应当是培养教师的专门教育,其次才是高等教育。这个理念并不是所有的教师教育者都认同;但是作为一线的地方师范院校的教师教育者,我们最大的忧虑也正来自于此:慵懒、浮躁、松散的中国式大学课程和组织管理不能有效地保障中国教师教育培养质量,许多改革、很多经费投入都注入到表层的形式主义内容之中——一些改革诸如入学批次、教师资格证书考试等降低了社会对教师专业和师范生的认可度(读师范专业的专业认同和就业优势不明显,反倒是非师范生就业口径更宽);一些在教师教育职前阶段就应当开展的教师实践课程和专业养成教育被人为地挪至职后培训,并且由于形式主义使得课程效果很成问题。

　　此外,在各级各类组织系统中,教育部门向来都是"弱势群体"。中国师范院校"大学化"以后,教师教育在校园里也被"边缘化"、"冲淡化",以至于许多师范大学教师教育特色退化,而地方师范院校连实践课程开展经费、师范生活动支持经费的充足性都得不到有效保障,干一点正经的教学活动和教育改革都需要向学校有关部门反复"讨要"经费。

　　近几年来,片面的甚至错误的社会舆论导向深深伤害了教师和教师教育工作者的积极性和创造性,干这行的教师普遍缺乏专业认同感和成就感;教师教育质量保障无从谈起,大学的品牌、专业的口碑和生源的录取线成为了行业内谈及教师教育质量保障的三大参照。说白了,几乎不关你大学教师教育工作者什么事!中国教师专业化进程还只处在初级阶段,进入到 21 世纪我们也还没有构建起真正有效的质量评价和保障制度。我认为，应当掀起一场专业化或者质量标准运动，惊醒日渐陷入平庸的中国教师教育。

——×师范院校 Z 教授（专业负责人）

第三节 特色质量层次的保障需求

一 特色质量层次：呼唤政府归位

教师职前培养特色质量层面上，高校与中小学校的合作培养实践（课程）、高校人才培养第二通道（课堂）模式等在当下最能够代表教师特色培养的办学路径和质量保障水平。为了研究该质量层次，研究团队主要对 H 师范学院的"教师专业发展学校"（Professional Developments Schools，PDS）和教师职前培养"素质修炼—能力认证"两个特色培养项目进行了调查访谈。

特色项目一：PDS 是 20 世纪 80 年代兴起于美国教师教育改革的一种大学与中小学校联合开展教师实践合作课程的新机制。这种机制旨在借鉴美国医科大学与临床医院联合开展医生实践能力培养的专业做法，提升教师培养的应用性、针对性和专业性。20 世纪末，PDS 传入我国，目前北京、上海等发达省市均开展了近 10 年的本土化实践；2010 年，湖北 H 师范学院与光谷地区、洪山区的 8 所小学达成合作办学协议，组建了"8 + 1"PDS。

访谈对象 I：H 师范学院的 P 教授，教师教育专业领域资深专家、学者。

研究者：您好！请您就"8 + 1"PDS 运作情况进行简要介绍。

P 教授："8 + 1"PDS 目前正常运作了三年，这三年我们围绕国家和教育部关于教师教育改革的文件精神，对"8 + 1"PDS 进行了规范化要求，主要体现在：第一，设计"8 + 1"PDS 合作章程；第二，构建实践课程合作的"三导师"、"习明纳"等新模式；第三，初步探索了政府、高校与中小学校"三位一体"协同创新的专业发展学校运作章程和运作模式。

研究者：目前运行过程中的主要困难是什么？

P 教授：最近国家和教育部开展了教师卓越工程，《教育部关于实施卓越教师培养计划的意见》(教师〔2014〕5号)中指出:我国教师培养应当鼓励"三位一体"模式,即政府、高校与中小学一道联合培养教师的现代模式;可喜的是,"三位一体"模式实质上就是"8+1"PDS的理想运行模式,然而目前"8+1"PDS合作最大的困难就是政府的缺位。由于政府这一位置的空缺,"8+1"PDS合作的长期性、持续性和质量保障性都面临着挑战,合作小学的参与也面临着一些积极性和财务性的问题。目前,"8+1"PDS合作还仅限于师范生实习和见习环节,开拓深入而全面的合作领域还有待政府参与和相关政策支持。

研究者:政府参与"8+1"PDS的价值和意义何在?

P教授:非常有必要。东湖新技术开发区政府和教育部门目前正在与学校签署相关合作框架性协议,光谷地区作为国家级"两型社会"试点区和智力资源密集区,应当在教师培养领域走在武汉市和湖北省的前列。地方政府和教育部门参与进来后,"8+1"PDS的"三位一体"深入合作和长效机制才算正式构建起来;也才能够发挥MOOC、SPOC、教育大数据等现代技术优势,才能够发挥教师需求的市场导向作用,才能够密切师范院校与一线中小学校专业联系,形成教师培养的良好生态,才能够真正保障和提升湖北教师职前培养的质量水平。

访谈对象Ⅱ:"8+1"PDS合作小学Q主任,武汉市光谷某小学教导主任、数学教师。

研究者:您好!请问学校加入"8+1"PDS的动机是什么?

Q主任:主要是区位联系。学校与×师范学院同处于光谷地区,同处于新建快速发展阶段。你们的P教授与我们原校长私人关系不错,学校领导也希望能够与师范高校加强专业联系,开展有利于双方业务上的合作。

研究者:您对"8+1"PDS运作的情况评价如何?

Q主任:基本满意。通过"8+1"PDS我们了解到大学师范生培养的质量状况和PDS合作学校在实践课程合作方面的经验。当然,说实话也有不满意的地方。比如,合作内容比较单一,主要是师范生来学校见习和实习，见习和实习模式跟以往中师模式相比并没有太大的突破。而且合作经费比较紧张，合作缺乏持续的计划和愿景。

研究者：您对"8+1"PDS 对于新教师培养效果评价如何？

Q 主任：我认为这里面的效果应当考虑到两个重要因素：一是见习和实习的设计安排情况；二是见习和实习的合作指导情况。在我看来，大学指导老师参与力度不够，与小学指导老师指导缺乏专业衔接，缺乏相互促进，不能形成教育合力。师范生实习和见习的实践环节形式化大于实质化，缺乏质量评价和监控。从师范生的成长角度来看，这个环节是非常重要的，是最能够促进他们专业成长的，但是我们并没有做得更好。

研究者：如何看待"8+1"PDS 实践项目对于师范生实践课程的质量评价？

Q 主任：关于你谈到的师范生实践环节（以实习为例）质量评价问题，我们小学指导教师一般从实习生的实习态度、实习期间教学管理水平、教学水平、学生反馈、为人处世、才艺特长、指导组评价给出一个综合印象分，这个分数可能还包含了指导老师"同情分"——一些实习生实习态度不太端正，实习期间遇到困难时意志力不够坚强，还有越来越多的实习生受到就业压力影响中断实习或者消极实习，我们指导老师也是过来人，有时候看学生这么可怜，也不好意思打低分，所以实习成绩一般不会有低于 80 分的情况。客观地讲，这个分数也不能完全代表师范生实习期间实践活动的质量水平。而表格里面的大学指导老师和学生小组给的分数，我不敢断言是否客观有效，但我曾经看到过一位师范生组长随手给几位组员打上 A 和 A+。所以这里的质量评价问题不是标准是否多样、合理的问题，而是执行机制和协调监督的问题。

研究者：您对"8+1"PDS 未来发展有何期待？

Q 主任：希望能够健全协议和合作培养机制。能够对合作项目进行年度规划并落实经费保障。当然也希望在不耽误学校基本办学任务完成的同时，我们的新教师和骨干教师能够通过参与合作办学和联合培养获得专业成长，能够通过跨学校的合作构建办学宣传的新平台和新品牌。最后，由衷希望能够得到教育局和政府相关部门的关注和支持，它们的关注和支持能够解决很多目前合作办学过程中的棘手难题。

通过对话不难理解:目前湖北地区师范院校开展特色办学的理念认知是科学正确的,一些教师职前培养机构自发开展的专业特色活动也从侧面反映出他们重视教师培养,具有教师教育改革的勇气和积极性;然而,由于必要和专业的经费投入不足,政府参与力度不够,一些协同创新和长效共赢的项目还只能成为下一阶段的美好愿景。

二　特色质量层次:呼唤质量成本

特色项目二:教师职前培养需要重视第二通道(课堂)。教师的培养本质上是理论经验的外在传授和实践经验的自我习得;前者主要依靠传统意义上的外在驱动通道(培养方案)下的理论课程教学,后者则既依靠专业通道下的实践课程教学,也要依靠教学课堂之外的自我驱动通道(第二课堂)的平时训练和指导。实践经验表明,第二课堂(通道)在教师职前培养过程中蕴藏着巨大的潜在能量,能否满足和提升师范生的专业认同感,是教师职前培养机构应当重点投入和保障的人才培养项目内容。

进入 21 世纪后,我国部分发达地区师范院校如上海师范大学、湖南一师等开始尝试教师职前培养的师范生修炼和专业能力认证。在湖北地区,湖北 H 师范学院教育科学学院较早且系统地开展了教师职前培养的"素质修炼——能力认证"的特色活动。根据教师职前培养目标和对新教师必备实践能力的分析,"素质修炼——能力认证"将授课教学、表达沟通、三字一话、写作创新、专业观察、专业阅读、信息技术等作为师范生第二通道(课堂)自我修炼和能力认证的基本内容。

从学生的视角来看,第二通道(课堂)特色课程(活动)最大的效用在于"增进兴趣、拓展提升"。

2013 年 10 月 × 日上午　星期四　天气:多云　杜英

* *

上课啦!

这节由同学们主导的课外活动课程很受大家的期待和喜爱。

由于未来职业方向是小学老师,所针对的对象群体为小学生,带着小学生开展各类活动就是一个亲和的好老师必不可少的技能啊。按照事先统计的优势特长的结果,参加素质修炼营项目的同学按照个人所会的技能分为了折纸、织围巾、棋类、球类等小组，我根据自己的爱好和特长选择了折纸花篮。

五六个会折纸花篮的"小先生"分别站在教室不同角落里进行示范，一个最熟练的同学站在讲台上做总指导，一遍遍地演示，老师也不时走动观察大家的学习情况。同学们热情很高，不时传来"折好了"或是"这里怎么折"的声音，气氛活跃，学习效率高。遇到折纸的难点，台上的"小先生"们总会伸直了手臂，开大了嗓门，一遍遍仔仔细细地演示关键之处；下面学会的同学也会热心地跑去教导不会的同学。整个过程，指导老师始终在暗处支持着台上的"小先生"们。整个过程充满了欢快的成就感。

我想，这节课之所以受欢迎，是因为它不是像其他课程一样在宣讲理论知识，而是锻炼了我们的实际动手能力，学习的是学生真正感兴趣并且将来切实能用到的东西，教学虽然有其严整的体系要求，但是永远不能忽视学生的兴趣和学习内容的实用性。

师范生眼中的第二通道（课堂）特色课程是充满"欢快和成就感"的，那么对此，设计者和认证指导教师怎么看呢？

访谈对象Ⅲ：H 师范学院的 L 老师，负责授课教学修炼和认证项目。

研究者：您好！您对负责的项目有何看法？

L 老师：应该说整个项目的构思价值是非常有现实意义的。师范生的发展与培养需要充分挖掘第二课堂的时间，养成平时修炼自身素质和能力的好习惯。就我个人负责的项目来说，在整个"素质修炼——专业认证"体系中处于核心和非常重要的位置。因为，现在接触过的不少中小学校校长，一谈到师范大学生都是在摇头"倒苦水"——抱怨最多的还是教学能力不足。

研究者：您对目前项目运作情况怎么看？

L 老师：目前项目运作了大约有两个周期（我做负责人），一般是一个学期为一个周期。运作情况基本令人满意。满意的地方在于学生能够充分认识到项目对于自我专业成长的意义，项目实施的过程和结果还基本满意。不满意的地方就是项目经费缺少专门的预算，有时候走学科建设，有时候走院校办学经费，而且落实之前一些经费需要项目提前垫付。这一点有些没有理顺。

研究者:请谈谈您对项目运作的前景和建议。

L 老师:这个项目还是希望能够持续运作下去,毕竟这是对学生成长为教师的一个有益的补充和训练途径。建议的话,一是制度要进一步完善;二是能力认证要跟平时的素质修炼紧密结合;三是经费能够得到专门的支持。

尤其是第三点,比如有一次我们希望邀请外面优秀教师来开展"一线讲堂"活动,但是苦于专门经费捉襟见肘,于是打消了这个念头;比如还有一次我们希望同学们模拟授课能够录像研究,但是由于没有专门的修炼场所,学校微格教室又被正常教学占满,因而只能通过手机拍摄;再就是一些时候训练必需的基本耗材(如黑板、书写纸)等也是学生或教师自己掏钱购买的。

校际项目如此,院内改革特色项目更是迫切盼望得到政府和学校的政策、人力、物力和财力的实际支持。由此可见,教师职前培养过程中不能忽视的是,诸如教学(含实习实践)经费、师资保障经费(引进、交流、提升)、一线课堂活动经费、第二课堂(通道)活动经费、合理的教育信息技术设备等与现代教师人才培养密切相关的"质量成本"①,是其质量保障和质量标准化评价过程中必须首要进行关注的投入要素。

三　小结与展望

21 世纪是人口质量的世纪。在人口老龄化、人口红利透支的背景下,2014 年我国政府出台了"单独二胎"政策。2014 年 11 月 5 日,国家卫生计生委确认全国仅 70 万对夫妻申请,远低于该部门此前预计的 200 万对。据此,易富贤等学者估算:目前我国的人口生育率仅为 1.2 左右,远低于中国社会科学院等部门此前预测的 1.6—2.2。因而,在今后较长一段时期内,鼓励或开放性的生育政策将成为新常态,教师尤其是义务教育阶段教师需求的增长是大势所趋。

从发达国家的经验来看,满足教师需求增长决不能以牺牲质量为代

① 质量成本是质量经济学、质量管理学中的概念。现代语境下,质量成本有"因确保质量而耗费的成本"和"因不良质量而导致的损失"两种释义;此处,借用该概念的前一种释义。

价。美国、日本、英国、法国等国家已经实现了"教师培养在大学",并且不断提升其教师职前培养机构和教育者的层次水平;这些国家"开放性"教师教育办学格局的主要参与者是各级各类师范院校或大学教育学院,专科以下层次的办学机构不再参与教师培养。与此同时,发达国家中央政府和省(州)级政府在20世纪末和21世纪初纷纷更新了各自的新教师专业标准或质量保障标准体系,鼓励非营利性社会第三方参与教师职前培养评价,以提升教师职前培养质量的社会关注意识和保障积极性,最终推进中国教师职前培养质量评价的专业化水准。

与发达国家和我国东部发达地区相比,中国中西部地区的教师职前培养既面临着培养资源单薄、师范院校发展整体水平较低等客观条件上的不足,也面临着教师教育大学化进程缺乏必要的质量监督和专门财政保障、质量成本意识淡漠、资源投入不合理等中观政策层面的问题,还存在着质量评价讲人情、教师培养方案一成不变、办学态度消极、教学管理得过且过等微观操作层面的问题。这些问题有的已经存在多年,有的已经成为这些地区教师教育革新制度层面的既得利益阻碍;因而,国内尤其中西部地区教师教育的二次转型、教师教育振兴发展的历史使命呼唤政府角色的回归,呼唤特色质量服务的提升,呼唤教师责任意识的担当,呼唤教师专业能力的保障。

教育叙事的尾声,留下一名大二师范生在"8+1"PDS教育见习总结里有感而发的诗篇,以铭师道、以示明志。

走进八小

熊菲

是谁拨动童音的弦,清远、悠扬……
是谁架起未来的梦,热情、遥远……
是谁播撒希望的种,苗壮、生机……
我取一方相框,捕获澄明的童心:
他们雀跃,他们嬉笑,他们时而噘着小嘴,
时而挥动小手,不知疲倦地跑着闹着;
成长在他们心田,一片蓝穹!
扶手明亮,长廊整洁;黑板上书写着颗颗大字,
酝酿起希望的种子;

白色墙壁贴起稚嫩笔迹，犹如群星闪耀，

熠熠生辉！

授业的话语溜进每一颗童心，滋养心智；

只叹荏苒光阴，破涕为笑不复当年；

三尺讲台角色更换，

原是我背起行囊渐行渐远。

杨柳抽又发，花儿谢再开；

烟花的雨儿，红了几度不知数！

第七章　创新:教师职前培养质量评价的现代化探索

"国家的现代化最终取决于人的现代化,而人的现代化显然要仰赖教育的现代化。"[1] 中国教育正走在教育现代化的道路上,教师教育作为教育全部工作的母机,其现代化的质量程度和水平对中国成为现代化国家有着特殊而深远的影响。教师职前培养阶段的教师人才培养质量标准化与多元化评价的现代模式构建与创新是中国教师教育现代化质量评价和质量保障体系建设工程的一项重要内容,对确保中国现代化基础教育师资培养质量和现代化程度具有至关重要的影响。

顾明远[2] (1997) 是我国较早关注教育现代化的著名学者,他系统地指出了教育现代化的内涵、外延、实践价值、实践路径及我国教育现代化将要面对的问题和挑战。随后的 10 余年里,我国学者针对教育现代化的内涵、外延、国际比较、结构设计、发展要点、践行难点等纷纷发表自己的观点和见解。

近年来,在综合国际经验[3]的基础上,董焱、王秀军、张珏[4] (2012) 初步探析了我国教育现代化发展评价指标体系;该研究围绕我国教育现代

---

① 参见李培根《高等教育需要现代化》,《中国青年报》2014 年 10 月 30 日第 2 版。

② 顾明远教授认为,教育现代化是使教育适应时代发展,并满足现代生产、现代科学文化发展需求,达到现代社会发展所要求的先进水平的教育状态。教育现代的基本内容包括:教育观念现代化、教育目标现代化、教育结构现代化、教育内容现代化、教育手段和方法现代化、教育理论和教育研究现代化。参见顾明远《关于教育现代化的几个基本问题》,《中国教育学刊》1997 年第 3 期。

③ 近年来,我国学者研究中国教育现代化评价及其指标体系构建问题时,多参考世界经济合作与发展组织（OECD）、联合国教育与科学文化组织（UNESCO）、世界银行（WB）的相关指标体系或相关指标要素。

④ 参见董焱、王秀军、张珏《教育现代化发展评价指标体系研究》,《教育发展研究》2012 年第 21 期。

化国家战略，在经验分析和实证研究基础上，提出了我国教育现代化发展应构建以"教育理念、体系建设、投入保障、管理制度、教育普及、教育质量、教育公平、服务贡献"为八大基本维度的评价指标框架。龚春燕、田腾飞、陈瑞生等人①（2015）进一步从重庆贫困地区的考察出发，指出我国广大农村和贫困地区的教育现代化指标体系设计应以"公平而有质量的教育"为基本原则，重点关注"促进公平"、"资源配置"、"发展水平"和"进步程度"四个方面指标簇的质量评价。而谢绍熺、马晓燕、鲍银霞②（2015）则对我国富庶的江苏、浙江、上海、广东等地教育现代化指标体系构建研究进行了梳理，指出经济相对发达地区的教育现代化评价指标体系应选取"教育普及、教育公平、教育质量、教育投入、师资水平、教育信息化、教育开放、教育贡献"等维度指标。

褚宏启（2013）对教育现代化和教育现代化评价的相关研究③，对本研究具有重要启示：（1）一种教育形态（譬如教师职前培养）的现代模式既是一个历史性概念，也是一个发展动态的概念，其来源于人与社会两个方面的客观需求；（2）一种教育形态的现代模式集中体现在其教育现代性特征之中，表现为该教育形态历史沉淀与现代性特征的集合，其中不可回避的特征表现为能够承载现代的人（比如以人为本、多元理性等）和现代的社会（法治民主、自主专业等）的本质属性；（3）对一种教育形态现代模式的评价应主要关注其教育现代性特征，如有量化标准或可测目标，应着重于考察其现代教育本质属性的质量水平。

在这一基本理念的基础上，依据本研究构建的SMTCI-G通用综合模型，我国教师职前培养的质量评价和质量保障体系的现代模式可以划分为支持质量层次、核心质量层次、特色质量层次。首先，研究将以实例的形

①　参见龚春燕、田腾飞、陈瑞生、程艳霞《贫困地区教育现代化评价体系设计研究》，《教育发展研究》2015 年第 1 期。

②　参见谢绍熺、马晓燕、鲍银霞《地方教育现代化监测评价指标体系及实践研究》，《教育发展研究》2015 年第 1 期。

③　教育现代化的本质是教育现代性的增长，教育现代性是现代教育一些特征的集中反映。教育现代化的目标是促进人与社会两个方面的现代化，其框架由教育的人道性、多样性、理性化、民主性、法治性、生产性、专业性、自主性等特征属性所构成，是由人的现代化和社会的现代化的客观要求所决定的。教育现代化评价实质上是对教育现代性的评价，评价指标体系的开发应该聚焦于对教育现代性的测量。参见褚宏启《教育现代化的本质与评价——我们需要什么样的教育现代化》，《教育研究》2013 年第 11 期。

式从理论层面探讨支持质量层次上利益相关主体——政府、高等学校（师范专业人才培养）、中小学校"三位一体"典型的教师职前培养质量标准化评价的现代模式。

第一节　支持质量层次的"三位一体"探索

教师职前培养质量及其评价现代化创新所遇到的众多阻碍之中，最大的是培养机构的资源单一、有限，封闭式的"自我奋斗"不能满足时代、用人单位对现代基础教育师资越来越高的质量要求。

[案例一] 范院长，湖北某师范学院教育科学学院副院长，分管教学；陈院长，湖北某师范学院教育科学学院副院长，分管学生实习、就业。

研究者：两位院长，请你们就 2013、2014 两届师范毕业生的培养质量进行一下点评。

范院长：以小学教育专业和教育学专业为例，两个专业毕业生的一次性就业率都超过了 90%；小学教育专业的学生主要去向是从事基础教育工作和其他教育服务工作，教育学专业的学生就业面较广，主要也集中于教育服务工作领域。

陈院长：学校近些年加大了学生就业指导工作，与麦可斯公司进行合作，跟踪学生就业的情况和质量。从 2013、2014 届师范生就业的数据情况来看，就业率保持在一个不错的水准，但是就业质量有所下滑。

研究者：就业质量下滑主要体现在何处？

陈院长：主要体现在就业志愿的落实率和就业半年后的满意度和跳槽情况相关数据上。麦可斯公司反馈的结果大体指出了我校和我院师范生大多没有从事自己较为期待的教育工作，并且工作之后的薪资低于预期平均水平，就业半年后继续从事原教育或教育服务工作的学生比例低于预期值。

研究者：造成这一情况的原因何在？

范院长：首先应当说明，在师范生就业的问题上院系还是尽心尽力去保障。学校也改进了许多，投入了大量的人力、物力和财力资源。效果不尽如人意的原因可能在于师范生就业问题的特殊性和社会整体性。

　　陈院长:你看,我们的质量监督和评价机制上只能从院系内部尽可能地保障有限的教育教学资源的投入,由于学校层次和历史发展等原因,像实习实践基地、一线教育合作、教学实践平台、教育技术应用等现代教师教育资源相对缺乏,相关师范性技能训练平台建设由于缺少专项投入还较为滞后,不利于提升质量以满足日益高涨的地区基础教育师资专业发展的需求。然而,你至多只能管理好自己的"一亩三分地",这些真正对师范生专业成长有益的合作式教育资源单靠学校一家也只能是"望洋兴叹,鞭长莫及"。

　　典型访谈案例一显示,我国地方师范院校的师资培养正面临着培养机构资源单一、有限,束缚了教师职前培养质量的进一步提升,造成了教师职前培养质量评价专业体系难以整体建构的困境。克服和解决这一束缚,需要政府、培养机构和用人单位通过"三位一体"的协同努力,共同构筑教师职前培养支持质量层面的现代化评价和保障机制。

　　一　"三位一体"的概念

　　2014 年 8 月 19 日,教育部颁布了教师〔2014〕5 号文件《教育部关于实施卓越教师培养计划的意见》①(以下简称《意见》)。这是继教育部 2010 年启动"卓越工程师"培养计划之后又一重大的人才培养质量工程。《意见》中明确了项目启动的背景:"存在着教师培养的适应性和针对性不强、课程教学内容和教学方法相对陈旧、教育实践质量不高、教师教育师资队伍薄弱等突出问题。大力提高教师培养质量成为我国教师教育改革发展最核心最紧迫的任务。"《意见》要求各教师教育培养机构能够"主动适应国家经济社会发展和教育改革发展的总体要求,坚持需求导向、分类指导、协同创新、深度融合的基本原则,针对教师培养的薄弱环节和深层次问题,深化教师培养模式改革,建立高校与地方政府、中小学(含幼儿园、中等职业学校、特殊教育学校)'三位一体'的协同培养新机

---

　　①　教育部:《教育部关于实施卓越教师培养计划的意见》,http://www.moe.gov.cn/public-files/business/htmlfiles/moe/s8436/201408/xxgk_174307.html,2014 - 8 - 19。

制"。这是我国官方首次在教师教育改革政策文本中提及"三位一体"的概念。

"三位一体"本为宗教概念①，在这里官方借用到教师职前培养的质量评价中来，将教师职前培养的利益相关主体——政府、高校、中小学校"三位"，通过共同的合作目标即教师培养（质量评价）的"一体"紧密联系，成为其支持质量层面的核心生态圈（见图7—1），体现出一种整体办学、协同创新、资源共享、持续发展的教育现代观，为我国教师职前培养质量评价和保障机制在"支持质量"层面的构建指明了现代化方向。

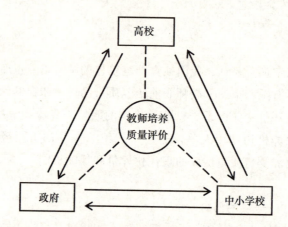

图7—1　教师职前培养质量评价的"三位一体"概念

二　"三位一体"的现代化理性探索

教师职前培养事关国家、民族的教育事业，关系到社会、社区、家庭和教育主体之间的教育利益；按照"谁受益、谁付费"的高等教育成本分担原则，教师职前培养的利益相关方——政府、社会（社区）、大学、用人单位（中小学校）应当共同承担教师职前培养的部分成本投入。我国学者曾指出，教师教育相对于普通高等教育而言，其公共品属性更强一点，培养出的教师能够为国家社会的稳定发展起到更为重要的作用，因而国家、社会应当承担大部分的培养成本。但在实践中，随着1996年开始的高等教育收费并轨，中国教师职前培养也结束了"免费时代"。2000—

① 在基督教的《圣经》中，"三位一体"被描述为"圣父、圣子、圣灵"三个位格、一个本体，或称为"三一神"。

2010 年是我国师范教育转型到教师教育的变革年代,高等和中等师范学校"一枝独秀"的中小学教师职前教育几乎退出了历史舞台,取而代之的是高等师范院校和综合学院、高等职业院校为主体的多元开放式的教师教育格局。在这短短 10 年间,教师职前培养的办学主体承受了"高等教育大众化"带来的学校生源迅猛增长,省均办学资源相对 10 年前下降显著;而"大学化"的同时,师范专业也淹没在众多学科专业里,其生均办学经费和生均资源条件排名倒数,"教育弱势"的财政效应相对其他专业学科更加明显。

教师教育和教师职前培养的现代化路径中,如何解决"教育弱势"的财政效应和师范专业生均教育资源偏低的问题,一直是教师职前培养质量评价现代化探索中的一个重要课题,也是一个难点。按照教师职前培养公共产品的相关理论,国家政府、地方政府和社会对于这一问题的解决负有不可推卸的历史责任:随着 1996 年"财税改革"的影响,1997 年以后教育财政形成了"强中央、弱地方"基本格局,除了经济发达的京、沪、浙、粤等地,大多数地区的地方政府对教师职前培养的投入都是"有心无力"或"惯性无力",也没有参与到教师职前培养的过程中去——地方政府大多没有统筹地区的大学与中小学之间的合作关系、规则和经费保障,没有从市场供需方面建立教师职前培养的"大数据",还没有对教师职前培养领域兴起的"专业发展学校"产生必要的社会支持和经费资助……幸运的是,中央政府在 2013 年开始意识到这一问题,国家教育部相继出台了规范、鼓励各级地方政府参与到大学与中小学校的人才培养合作办学中来,并冠之以"三位一体"之名,期待在教师职前培养这件关乎教育质量和未来可持续发展的大事上,利益相关的三方能够同心协力。

研究认为,政府、大学、中小学校"三位一体"的合作办学模式不仅应当体现在实践教学改革领域,更应当扩展至整个教师职前培养质量评价的"支持质量"层面,即通过对政府、大学、中小学校"三位一体"合作在教师职前培养"支持质量"层面的质量评价,从办学硬件资源和办学软件资源两大方面评估和促进培养机构扩充实力、弥补不足,切实保障师范生的图书资源、师资力量(通识、学科教育、教学法、一线教师等)、专业能力训练、实践条件等方面达到合格及以上水平,这样才能确保教师职前培养及其质量评价的"支持质量"水准。

按照教育现代性的系统判定,在支持质量层面上教师职前培养质量评价"三位一体"现代化理性架构主要包含四个维度，见表7—1。

表7—1　教师职前培养质量评价"三位一体"（支持质量）现代化观测点提要

维度	A—硬件提升	B—软件提升	C—资源管理
1. 大学	实训场地改进 实训设备改进 教育信息化改进	大学导师合作意识 大学导师合作态度 大学导师指导效果 大学导师专业成长 合作实践氛围	合作章程 大学实践基地拓展 管理部门的服务
2. 中小学校	实习场地改进 实习设备改进 教育信息化改进	小学导师合作意识 小学导师合作态度 小学导师指导效果 小学导师专业成长 教学研究氛围	合作章程 小学教学平台拓展 管理部门的服务
3. 政府	质量成本投入 资源调配引导 合理有效监督	先进支持理念 师资供求服务 交流平台支持	合作与支持的态度 合作与支持的政策 合作有效方案保障
4. 整体运作	资源改进 生态优化 可持续	一线交流 一体化培养 专业反思	资源共享 协同创新 长效共赢

（1）大学维度上，其教育现代性的系统判定主要从硬件提升、软件提升和资源管理三个子层面（其他维度亦如此）的若干质量评价观测点展开。这些观测点主要有：

①硬件提升层面中的大学实训场地、设备和教育信息化条件的改进；

②软件提升层面中的大学导师的合作意识、合作态度、指导效果和自身专业成长的程度，大学校园、学科、专业的合作实践教学氛围；

③资源管理层面中的合作章程（制定和执行）、实践基地拓展（数量、结构、水平）以及大学管理部门的服务水平。

（2）中小学校维度上，其教育现代性的系统判定的若干质量评价观测点主要有：

①硬件提升层面中的中小学校实训场地、设备和教育信息化条件的改进；

②软件提升层面中的中小学校导师的合作意识、合作态度、指导效果和自身专业成长的程度，中小学校教学研究的良好氛围；

③资源管理层面中的合作章程（协定和执行）、教学平台拓展（数量、结构、水平）以及中小学管理部门的服务水平。

（3）政府支持维度上，其教育现代性的系统判定的若干质量评价观测点主要有：

①硬件提升层面中的质量成本投入（人员经费、合作专项经费等与教师培养直接相关或必要的投入）、资源调配引导以及对合作资源有效监督的水平；

②软件提升层面中的合作理念的先进性、为教师职前培养机构提供师资供求（信息数据）服务和管理服务的水平合作态度、为教师职前培养各主体提供的专业平台交流的支持程度；

③资源管理层面中的为教师职前培养各主体提供合作与支持的态度、支持政策以及对合作方案的保障程度。

（4）整体运作维度上，其教育现代性的系统判定的若干质量评价观测点主要有：

①硬件提升层面中的资源改进整体水平、资源生态优化程度以及资源可持续发展水平；

②软件提升层面中的一线教师经验传授活动的质量、教师职前职后一体化成长的便利程度以及合作组织中专业化反思水平；

③资源管理层面中的资源共享、协同创新和长效、共赢机制的构建水平。

第二节 核心质量层次的"双标双驱"探索

在教师职前培养的核心质量层面上，我国教师教育改革与质量转型面临着一个根本问题：师范生对于师范专业的质量认同度偏低——他们的职业愿景和专业期待正在被教师培养"大学病"（由于师范性在中国许多大学里不受重视，大学尤其是学院层次的教师职前培养的师范专业发展呈现出边缘化、形式化、放任化的不良态势）折磨，他们正在丧失作为一名优秀的现代基础教育教师的学习热情和专业态度，如何调动师范大学生的学习积极性，全面提高专业办学效能，这是构建专业意义上的质量评价不可回避的问题和维度要素。

［案例二］李老师，湖北某师范学院教育科学学院分管学生工作的辅导员；刘某某，湖北某师范学院小学教育大四本科生；王某，湖北某师范学院小学教育2014届本科毕业生。

研究者：李老师、两位同学，今天邀请三位来做客主要想了解一下学院小学教育专业师范生培养质量的专业认同状况和发展建议。

李老师：张老师客气了。小学教育专业您比较熟悉，教育学专业情况跟小学教育差不多少。从历年发给学生的问卷反馈来看，两个师范专业的学生对本专业的认同情况不太乐观：近两年的准确数据记不太清，大致数据是不超过60%的，对比学校其他专业是稍微偏低的。学生反映的问题主要是学科与未来就业之间缺乏联系，学生学科专业方向感不明确，对学科已开设的课程和教师互动质量水平不太满意。

李老师：张老师，我现在有点事情先出去了。两位同学跟您慢慢聊。

研究者：好的。请两位同学谈谈你们的真实看法。

王某：说句实话，我个人感觉上大学的四年根本没有学到多少有用的专业知识，专业技能训练也是说得多、做得少。虽然我现在成为了一名小学教师，但是我感觉这里面我个人的努力和付出要多一些，而大学的师范培养带给我的主要收益可能仅限于去小学实习的那两个月。其他时间，我们师范专业的学生还不如非师范专业的学生，都挺迷茫的。

刘某某：学姐说的我挺赞同。我读了三年多，现在还是很迷茫，找不到方向。想去当老师，但是武汉的小学教师编制太难考了，听学姐们讲，每届一个班最多也只有3—5个能考上，其他湖北各地的同学都是"各回各家、各找各妈"；没有关系，水平又不是很突出的大多数同学，很难实现自己的就业预期。所以，读了几年书还得找其他的出路，除了考编制，再就是公务员、事业单位等小概率的报考，一到大四就感觉活得太累，对自己的前途没有希望的感觉。

研究者：大一进来，没有考虑好好成长为一名人民教师吗？

王某：一开始是有的，但是适应了一个学期之后就基本失望了。也不是怪学校，学校作为一个二本，又是个师范，基本条件摆在那儿；我觉着更深层的是，这里的老师们和我们一样，没有归属感，师范大学里的课程根本就没有下功夫去构思、安排，老师们也不乐于安排时间和精力在其中琢磨，同学们的学习也基本上是在应付——自从进校以后，就基本对自己的前程不报什么期望了。过了大一、大二的憧憬期之后，当老师也只是现实就业选择的一条普通途径而已。

刘某某：学姐基本道出了我们的心声。一进到学校，我就感觉别的专业的同学瞧不起咱师范生：一来你们是个小系，没多少人；二来学校整天报到宣传的大多是理科、英语、文学、管理等专业，刚开始我都不敢相信学校名字里还有"师范"两个字；还有，在大学生心目中教师是个不太有吸引力的职业，其他专业学得不好才会考虑转到师范专业来当老师。总之，我们进校以后的环境和氛围让我们对教师这个职业和本专业失去了信心和动力，再加上最近教师资格证师范生也不能免考了，同学们觉着读师范没有什么盼头。所以，我认为培养质量什么的，根本无从谈起，因为大家基本没方向、没动力，所以学习态度和学习方法也就是混日子型的，少数好一点的同学在目前的课程体系下也学不到什么有用的东西。

研究者：你们的建议是什么呢？

王某：师范专业就应该学点当老师的真才实学。

刘某某：希望国家招生就业部门能够考虑师范生的就业问题，打消我们的顾虑，让我们有信心、有动力去成长为一名新世纪的合格教师。

典型访谈案例二显示，作为我国教师职前培养的主要力量之一，地方师范院校的基础教育师资培养正面临着师范生专业认同水准偏低、参与和主动发展意志薄弱甚至抵触，培养机构参与动力不足等困扰，造成了教师职前培养质量评价专业体系难以单方面驱动的难题。克服和解决这一难题，需要培养机构加强与师范生的专业沟通，通过开展"双标双驱"的第二课堂性质的素质修炼和专业认证活动，提升师范生的专业认同和职业社会化成就，真正调动师范生的参与意识和专业发展热情，共同开启教师职前培养支持质量层面的现代化评价和保障机制。

一　概念界定

教师教育职前培育有其自身的规律。从专业成长的视角来看，"师范生—准教师—新教师—成熟教师—优秀（卓越）教师"是其人才培养的一般路径。如前所述，世界各国尤其是中国的教师职前培养目标给予"师范生"和"准教师"阶段相当于"成熟教师"阶段的过度要求，质量目标或标准偏高的问题普遍存在且不利于师范生完成从"大学生"向"新教师"的顺利转化。解决这一难题，一方面需要实事求是地制定教师职前培养质量评价的内在目标和外在标准，另一方面需要进一步提升我国教师职前培养机构的人才培养质量；但其关键并不在于如何"下调"我国教师职前培养内在目标或外在标准，而在于充分利用师范大学生在校的课余时间①，开启促进师范生"成熟化"、"社会化"、"教师化"的"第二通道"，充分促进和提升我国教师职前培养核心质量。

基于上述的基本实情及其认识，教师职前培养的"第二通道"被界定为（见图7—2）：

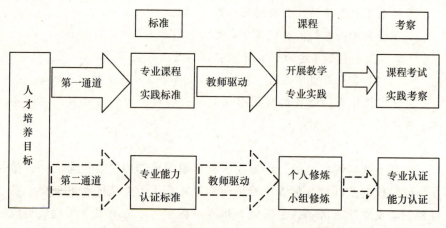

图7—2　教师职前培养的"双标双驱"通道

（1）"第二通道"指充分有效利用师范大学生的课外学习时间开辟若

---

① 在中国，由于办学体制和历史的原因，师范大学生的课外时间约占全部学习和生活时间的2/5—1/2，这一比例略高于西方发达国家。师范生大量的课外时间如果能够充分、主动、有效地得到利用，不仅可以消化和巩固所学的专业知识和专业技能，而且能够引导他们进一步接触中小学一线实践，促进他们真正地、专业地和社会化地成长。

干"第二课堂"集合,实现其学习目标、发展目标、修炼过程、考核评价、反思提升等环节的纵向一体化,构建成为与教学"第一通道"平行并重的"第二通道"。

(2)"第一通道"借助于教师教学行为驱动,以实现国家社会培养人的意志目标;而"第二通道"则借助于学生发展行为驱动,以实现家庭个体发展人的内在需求。

(3)与"第一通道"的传统架构不同,"第二通道"基于专业认证的实施框架,围绕专业认证标准,在《素质修炼项目指南》和指导教师引导下,充分自主地开展自我修炼、自我提升,小组修炼、共同进步。

(4)师范生通过"第一通道"和"第二通道"的综合培养,最终能够顺利有效地进行专业化和社会化,实现从师范生向基础教育准教师、新教师的专业综合质量转变。

图7—2中教师职前培养质量评价的"双标双驱"现代化模式的探索实践是在教师专业成长基本理念和教师人才培养办学规律指导下,充分调动和引导师范大学生进入大学后即开始主动规划职业和自身的专业发展愿景,通过"素质修炼——能力认证"活动主动了解现代中小学教师应当具备的基本素质和核心能力,在课余积极参与观察"教师专业发展学校"的师生活动,通过"种子读书会"、"真人图书馆"、"童心作业屋"等特色实践活动积极补充拓展作为一名现代的基础教育教师必须具备的文理知识和综合素养。

二 "双标双驱"的现代化实践探索

教师职前培养的"第二通道"并不只是大学教学"第二课堂"的重复或同义语,它是具备明确目标分工、源动力和路径系统的"第二课堂"集合。该集合的目标层次不再是零碎模糊而是清晰又富有逻辑:与教师职前培养的"第一通道"(课程教学)相对应,教师职前培养的"第二通道"针对师范大学生和准教师(二次选拔后决定成为候选教师的师范大学生)两个自然阶段,分别瞄准师范生的基础素质修炼、专项技能模拟和准教师的实战能力提升、社会适应能力优化,见图7—3。

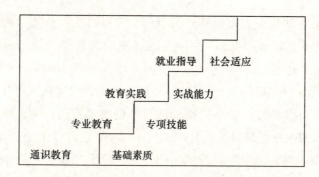

图7—3　教师职前培养的"双驱通道"课程内容与能力训练的契合

如前所述，教师职前培养阶段的核心任务是培养师范生和准教师的职业愿景、职业品质等成为候选教师的基础素质；这些作为教师的基础素质的培养仅仅依靠我国教师职前培养阶段的普通（通识）教育课程是远远不够的——由于文理渗透、学科融合的缺乏，我国师范大学生在大学一、二年级必修的主要课程为思想政治教育类、计算机基础类、英语类、体育类等工具性课程，由于国情的特殊性，这些课程在相当长的时期内仍会成为我国教师职前培养阶段的普通（通识）教育课程主要内容，因而作为拓展和补充的"第二通道"必须针对师范大学生的教师基础素质进行主动修炼。比如：通过"教师专业发展学校"争取基础教育学习活动的初步专业观察的机会；通过"种子读书会"扩宽阅读面和专业知识的学习和交流渠道；通过"真人图书馆"习得社会交流的初步经验和技巧，同时拓展专业教育和通识教育见闻……

总之，两个通道相互配合、互为补充，共同构建起教师职前培养核心质量层次的"双标双驱"的现代化教师人才培养和质量评价保障模式。

一方面，"双标"是根据我国小学教师人才培养目标研制出两类标准：一是课程与专业实践标准，二是教师专业能力认证标准。课程与专业实践标准分布于各门课程与各项实践当中，主要用来指导课堂教学和专业实践，评价课程与实践效果。教师专业能力认证标准是将人才培养目标直接分解为可测试项目标准，如课堂教学能力认证标准、学生与班级管理能力认证标准，等等。"双标"同源、相互补充，可让培养符合中国国情的合格/卓越的小学教师之路走得更正。

另一方面，"双驱"是指教师与学生都具备动力，共同推动合格/卓越小学教师人才培养。在"第一通道"的课程制度、教学监测、教学考核与绩效制度下,教师具有主动性,由教师来引导与推动教学;而在"第二通道"的素质修炼和专业认证制度下,学生具有专业发展的源动力,他们开展自主修炼和团队修炼,从而不断地锻炼自身教师素养以及跟各级各类教师专业交流、咨询合作和社会化的素质能力,能够不断地促进他们主动配合教师开展第一通道的学习。"双驱"同向、相互支持,让教师职前培养和质量评价之车跑得更快。

"双标双驱"把教与学、教师主导与学生主体、过程指导与结果导向、课内的教学实践与课外的自主修炼贯通融合,形成一种新的人才培养和质量评价模式,见表7—2。

表7—2　教师职前培养（核心质量）质量评价的"双标双驱"的现代化结构要素

		师范生		准教师	
第一通道	通道内容	通识教育	学科知识	专业知识	教育实践
	通道空间	常规教学			
	通道源动力	国家目标			
	通道路径	目标—课程—教师—学生			
	通道属性	接受式、计划性、流程性			
	通道目标	培养现代基础教育教师合格素质和知识、能力			
现代化质量评价		以师为本,侧重教学效果评价:[教师评价] [专业评价]			
第二通道	通道内容	基础素质	专项技能	实战能力	社会适应
	通道空间	第二课堂			
	通道源动力	学生发展			
	通道路径	学生—教师—活动—学生			
	通道属性	主动式、开放性、灵活性			
	通道目标	培养现代基础教育教师合格素质和知识、能力			
现代化质量评价		以生为本,侧重专业发展评价:[学生评价] [导师评价]			

注:其教育现代化水平主要体现在评价主体对各模块特色质量水平的满意程度。

（一）标准 A 通道：推行课程、教学改革系列措施

小学教育专业以就业需求为导向，以学校教师教育特色为基石，遵循"厚基础、宽口径、强能力、高素质"的要求，不断完善人才培养方案，凸显小学教育专业理论与实践结合、教学与科研并举、教育理念与教学技能并重、创新能力及可持续发展兼具的人才培养思路，体现综合性与专业性、适应性与应用性、即时性与前瞻性相统一等特点，学校拟从以下五个方面进行改革：

1. 改革专业选择方式，挑选"乐教适教"的学生

提前招考。在第一批录取院校之前招生，报考者在提交相关材料时，须有一封"陈述信"，以表达自己对教师职业的理解和认识，甚至是从教愿望。由学校组织专家进行资格审查后，合格者将参加学校组织的面试和心理测试环节，面试内容包括仪态仪表及语言素养两项内容，心理测试主要是人机对话，以了解一名从事基础教育事业的教师所应具有的素质和潜力。

大类招生。以生为本，打破专业限制，新生入学时进入教育学这个学科大类，经过一年基础培养再让学生自主选择专业。一年级课程划分为"大学导航课程"、"公民教养课程"和"专业基础课程"等，从进校开始就拓宽立德树人途径，"一条主线、双向渗透"，紧紧围绕学生全面发展、成人成才实际需求，坚持以素质教育为主线，教学工作与思想政治工作相互渗透，把立德树人工作融入日常教学中，充分利用课内外的广阔时空，让学生更多地接受综合素质教育，为学生提供更大的学科平台，为培养学生健全人格及形成应用能力打下厚实的学养基础，也给予学生多次选择的机会和多元发展的空间。

2. 构建模块化课程体系，对接岗位需求

遵循全科培养要求，科学构建通识课、学科专业课、教师教育课、教育实践课的平台与模块的新课程体系。课程组合具有一定的灵活性和应变性，每个模块由必修与选修学分课程组成，刚性和柔性并存，以增强教育对社会需求变化的适应性。（1）对于通识类模块，口径放宽，在强化学生专业意识的同时，重点关注学科共通能力的培养。例如，构建以艺术体验为先导、以艺术实践为手段、以艺术感悟为审美意识的"进阶式"艺术类（音乐、美术）通识教育课程体系。（2）对学科专业课模块、教师

教育课模块，在设计具体课程时注重文理交叉、课程整合，注重加强教育理论与技能课程的改革以及特色课程的设置，可根据东湖新技术开发区需要和自身特长设立更多特色课程，也可根据湖北鹤峰地区教育实际、需求开发地方乡土课程、校本课程。(3) 对实践教学类模块，除"四段全程"实践教学外，把创新创业教育贯穿于人才培养全过程。制订创新创业教育教学基本要求，开发创新创业类课程，纳入教学计划和学分管理。设立学生科技创新创业基金，完善学生创新实践学分的激励制度，加强学生科技创新训练和创业训练。

3. 推进教学方法变革，提高课堂教学效果

改变传统的满堂灌和填鸭方式，从注重知识传授转为能力培养，实行开放式的教学，运用问题教学法、情境教学法、案例教学法等教学方法，设计组织丰富多彩的教学活动，引导学生自主、合作、探究，给予学生更大的自主判断和选择空间，培养学生发现问题、探究问题、解决问题的能力。教学方式采取"请进来，走出去"的做法：一是把课程改革的专家教授请进来作报告，介绍基础教育课程改革最新动向及改革研究成果；二是把小学校长和名优教师请进来，让学生感受小学优秀教师的教学风采，树立自身的发展目标；三是把小学课堂请进来，直接观摩优秀的小学课堂教学，感受课堂魅力，培养专业情意。"走出去"主要是通过教育观察、课堂观察等以及教育见习实习走进小学、走近小学生，让学生从课本走进真实教育情境，去开掘、丰富和扩展课本，体验更多的"生活课程"。

教学方法更加多样。整合实验项目，利用校内外实验教学资源、教师素质训练中心相关实验室，对实验课程进行整合，设立综合实验课程：心理学实验室有感知觉、记忆、注意、情绪、思维、多项职业能力测评等心理实验，使抽象的心理学概念具体化、形象化；理综实验室侧重于培养学生计算、作图、归纳等基础能力；计算机辅助教学实验室，培养信息时代教师教育技术相关的理论知识、熟练的媒体技能以及教学设计能力；科学与创作实验室，设计制作小学科学小教具、演示仪表、各种类型玩具，创意设计更能开发学生潜能，为小学科技活动辅导提供实验操作的平台。转换艺体类课程教学方式，艺术类课程采用进阶式培养方式，体育类课程采用俱乐部式教学形式。改革考试制度，不同性质的模块可以采用不同的考

试方法，理论性强的模块可采用笔试，实践性强的模块可采用口试、小论文、大作业、微电影、动漫、读书报告等形式考核。学生最后成绩的判定可以是最后考试成绩累加每个模块的成绩，也可以是最后的作品成绩和答辩成绩的累加等，强化过程控制，弱化考试结果，科学全面评价学生的综合能力。

4. 打造数字化教学平台，丰富教学资源

依托学校已有的湖北省教师素质训练中心、国家中小学教师和班主任培训基地、国培计划和卓越 MOOCs 项目等平台，强化精品课程、重点建设课程的龙头地位，建设一批精品视频公开课程，对已经建设的精品课程进行升级改造，开发沉浸式、交互式、直播式"云课堂"，让不同地区学生通过电视、电脑、iPad、手机任何一种终端收看名师教学，同步分享语音、视频及数据文件。新颖的 MOOCs 在线教学全新网络平台，将线下教学内容快速搬到线上，互动问答随时解决学生问题，通关式学习模式确保整体教学质量。通过整合线下、线上教育产品及服务资源，创新教育"O2O"商业模式，实现多主体、多元素参与的课堂教学，呈现操作简单、反馈快捷、资源动态的特点，创建有利于学生素质教育和现代教师人才培养的网络数字化教学资源。

5. 加强实践教学环节，提升综合能力

充分利用学科和地域优势，创设"三导师制"，除了遴选有实践教学经验的本专业教师外，还聘请湖北省（武汉市及各区）小学教研员和一线小学优秀教师为学生实践导师，组成优势互补的实践教学导师组，要求指导教师"导教、导研、导管"，充分发挥不同专业背景的教师个别指导优势，共同承担现代小学教师成长的指导职责。

通过有目标、分层次的系列化实践活动，构建"四段全程"的实践教学体系（见图7—4），即分为校内和校外两类实习基地，课堂实践、专项实践、综合实践及实习实践四个阶段，使学生的专业知识、实践知识与策略知识通过实践和反思交互充实与转换。

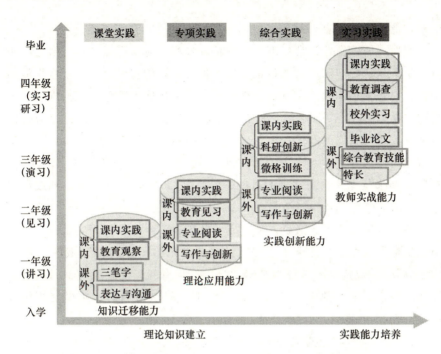

图7—4　"双标双驱"A通道的"四段全程"实践教学体系

（二）标准 B 通道:开展专业能力认证和自主学习

1. 开展专业能力认证

专业能力认证是"双标双驱"标准 B 通道的考核考查环节,通过专业能力认证充分激发、引导师范生和培训教师用课堂外时间,开展自我学习、相互学习、素质修炼,最终实现"自主学习、专业发展"的小学教师教育一体化培养生态。

首先,根据我国小学教师培养目标的规格要求,确定教师专业能力认证项目。根据人才培养目标,把教师专业能力认证项目分为"必测项目"3 项,如教育教学能力类项目、学科知识与修养类项目、教育教学品质与情意类项目。"选测项目"3—6 项,如课件制作与新媒体类项目、表达与沟通类项目、学科专长类项目、艺体专长类项目、小学综合活动设计类项目,等等。必测项目主要认证卓越小学教师所应具备的基本能力;选测项目主要认证合格/卓越小学教师所应具备的基本特长。全部通过"3＋X"专业能力认证项目的认证,意味着通过了湖北 H 师范学院（针对师范生）或"光谷教育研究院"（针对培训教师）教师专业能力认证,可获得相应的专业能力认证证书。

其次，制定专业认证标准，明确认证规程。对认证标准进行研讨，制订科学的认证标准和严密的认证程序，保证认证的权威。以课堂教学能力为例，对常用小学教师课堂评价表进行完善，形成了专业认证标准。认证规程包括以下几个方面：（1）参加认证先决条件：认证申请者必须提供四节学校真实上课的录像；（2）认证办法：把申请者录像带（其中指定一节课为代表作）送到三位不同的评审者（合作学校的优秀一线教师）打分（结果分优秀、通过、不通过三个等次），然后汇总结果，形成评审意见，对有争论的申请者进行复议。

最后，进行认证和激励。通过专业认证，学生可获得相应激励：一是与学生奖学金评选、优秀学生评选挂钩；二是给予"创新"或"实践能力学分"，并规定这种学分为必修学分；三是有利于学生就业。对通过了专业能力论证组合的学生，可发认证证书，与学籍档案一并提交给用人单位。

2. 构建学生自主学习平台

首先，为学生自主修炼创造相应的条件。如学生参与课堂教学能力认证，就要求学校增加大量自助式的录像设备，需要场地、需要聘请一线的教师进行指导、需要联系专业发展学生。这些虽然不属于教学计划内的活动，但学校也要积极主动提供支持。

其次，整合网络资源，向学生开放，引导学生利用网络进行学习。

最后，资助学生开展团队修炼，帮助"学生讲师"进行学生教学生的探索。尝试向学生发放培训券，让教学能力强的"学生讲师"（也可是几位学生组成的讲师团队）能从中得到收益。这种方式的教学，学的学生受益，教的学生更受益，实现教学相长。

通过学习《专业能力认证指南》让学生从进入校园就能够了解整个教师职前培养的全过程，了解大学四年里小学合格/卓越教师的成长全貌，明确候选教师应具备哪些核心素质，并知道如何参加认证并获得这些素质。

（三）沟通通道 A 和 B，充分发挥"双标双驱"潜力

一边是课堂教学和专业实践通道，另一边是专业认证和自主修炼通道；把两个通道连接起来，实现教与学、教师主导与学生主体、课内与课外的全面融合，提高教师职前培养的整体质量。

1. 在目标上相互参照

课程与实践标准与专业认证标准都源自人才培养目标，都是对学生知识掌握和素质培养的规定。专业认证标准主要是用来引导学生的自主修炼，它对课程设置和教师的教学也是有益的参考。课程与实践标准，主要用来指导教师的教，但遵循标准的过程，也是提高学生学习效果的过程。

2. 在活动中相互补充

学生组织起来相互学习，千方百计利用社会资源。自主修炼主要立足于开发课余时间，重视发挥学生的自主精神，让课余学习作为课内学习有益补充。

好的课堂教学，必然会从课内走向课外。有效的自主修炼，一定是统筹课内、课外学习。将课余学习和素质修炼纳入教学轨道，不论是否列入课表，只要通过严格的素质测试，就可计算一定量学分。

3. 在评价上相得益彰

纳入教学体系的考试通常以课程为单位，由主讲老师掌握，侧重于知识和技能的考查，这种体系与毕业证书发放和学位获得紧密相关。

专业能力认证以综合素质为测试目标，由专门小组充当测试主体，适当提高测试标准，鼓励学生走向卓越水准。

前者是后者的指针和归依，后者是前者的补充和升华。两套测试体系有所侧重且相得益彰，为学生专业学习提供科学可靠的导航，促进学生全面发展。

(四)建立"双标双驱"教学质量监控和评价机制

1. 制定教学质量评价标准

制定教师授课质量评价标准、实习教学成绩评定标准、毕业论文(设计)评分标准、试卷批改及考核成绩分析标准等质量标准体系。对教师的教学准备、课堂讲授和作业批改、学生实习及毕业论文(设计)环节进行流程固化，对课程考核的命题、制卷、阅卷、评分、试卷归档等方面进行标准规范，对专业理论课程、实践教学体系、个性培养等方面作出质量评价，为实施教学质量监控提供科学的规范与依据。

2. 完善教学质量监控体系

选聘教学信息调查员、学生信息员、教学督导员收集信息，完善教学信息的收集、分析、评估与反馈制度，提高对教学质量调控能力。对教学过程的各个环节进行全方位的监控，坚持期初、期中、期末的教学检查制度，开展学生专业满意度调查，加强对课堂教学质量、毕业论文（设计）质量、试卷质量、实验教学质量等方面的评估工作，确保教学质量稳步提高。

3. 推行教学质量社会评价

积极探索质性评价和量化评价结合、过程性评价与结果性评价相结合的方法。为保证评价的公正性，实行自评、互评、第三方评价、社会评价相结合，形成一个立体的评价网络，确保评价主体的多元化。评价内容包括学生学习状况、课程结构设计和专业培养过程三个领域，评价方式分为直接评价和间接评价，评价信息满足不同人群的需求。根据评价结果研究认真分析小学教育专业毕业生就业状况和供需情况，及时调整课程设置，增强培养的适应性和针对性。

4. 试行教师教育质量年度报告制度

年度报告公布的内容主要有两项：一是第三方开展的评价，如调查公司通过年度毕业生调查数据所形成的指标；二是对年度毕业生教师专业能力认证的数据。报告要做到公开透明，校内向教师和学生开放，校外向用人单位和媒体开放。

第三节　特色质量层次的"4S 模块"探索

特色是质量的一部分，是更高更深层次、整体化质量的焦点化展现。反映到教师职前培养质量评价领域，其特色质量评价已经不能满足时代、用人单位对现代教师职前培养办学特色越来越高的质量要求，教师职前培养特色质量层次评价的现代化创新还面临着办学特色理念不正确、特色办学思路不明晰、特色办学资源管理不科学、特色办学质量评价不受重视等现实问题和困境。

［案例三］戴院长，湖北某师范学院教育科学学院院长；陈院长，湖北某师范院校初等教育学院院长。

研究者：两位院长，此次想了解你们对教师职前培养特色化的看法。

戴院长：我们国家的教师教育改革到现在，应该说遇到了瓶颈。我认为这个瓶颈里面最重要的是特色发展问题。基础教育师资职前培养工作是一个个性化的过程，按照现代教育理论，应当是自我个性充分生长的过程。然而，目前这一工作基本都是"千校一面"：学一点教育学、心理学和学科教学法，再加上个教育实习就是教师职前培养的整个过程了。一句话，没有特色就是最大的特色。

陈院长：我所在的学校以前有中师的底子，对比十几年前的教师培养感受还是大不相同的。我不是反对大学化，我反对的是在大学化的过程中我们没有"扬弃"，丢掉了以前中师最宝贵的东西：师范特色。师范特色不仅仅是一种办学模式，它是在一定办学理念指导下，充分发掘培养单位办学条件和管理的个性化资源，通过促进和提升师范生专业知识和专业技能形成的一整套体系。这套体系里，师范生是师范特色的直接受益者，而用人单位和就业地区的少年儿童则是间接的受益者。

戴院长：陈院长讲得很透彻。特色化这个东西是比一般意义上的培养质量更高一层次的东西，它要能够经得起用人单位和社区长时期的实践检验，不是通过捏造、打造、吹嘘等手段能够在一夜间形成的。我们有一些学校追求所谓的办学特色，其实都是给自己戴高帽、经不起真正的质量考验。还有一些学校借特色发展之名，大肆挥霍和浪费办学资源，最后特色不像特色、质量没有质量，这里面反映出我们很多管理者没有质量意识、成本意识，对特色发展理解有偏差。

我最后再说一点：当前这个方面最主要的困难是，有没有特色不重要，重要的是能不能生存。没有人专门来评价我们的办学特色，为什么还要花这么多的人力、物力和财力来打造特色？没有专业评价，没有专门动力，没有正确的理解——我认为这就是这个问题的症结所在。

研究者：感谢戴院长抽出时间，您去忙。

陈院长：最近我去北京学习，也听过这么一个小案例：北京中学两个校长在讨论升学率和办学特色的话题。校长甲对校长乙讲：论升学率，我比不上你，但是我们学校比你们学校有特色，我们学校会宣传、有品牌、出项目、有效益。校长乙有点不高兴，反问校长甲：你们学校追求特色是不是过头了，高中不讲升学率讲什么呢？这个小故事有它的价值。中国教师培养领域里边，这样的校长和管理者比比皆是，搞不清特色办学与普通办学之间的关系。普通办学是根本，特色办学是在根本强壮之上绽开的鲜花。鲜花之所以美丽，原因有二：第一，它所依赖的根本是强壮的，能够喂它以丰富的养料；第二，鲜花本身的基因是美丽的，是科学的，是经过了精心提炼的。教师培养特色工作要做好，靠的是历史积淀和关键提炼。以前是师范特色，现在教师培养升到了大学里，应该是兼有师范特色和大学特色。

研究者：最后请您简单阐述一下如何兼顾师范特色和大学特色。

陈院长：我不是这方面专家，谈点肤浅看法。大学之大，在大师也；大学特色应该是知识渊博、研究深刻、专业视野广阔，加之师范特色的专业实践性和强调专业技能训练，我们的教师培养现代化特色就应当兼有以上几点。总之，就是要通过特色化办学为培养现代化的基础教育预备师资（作为大学生和师范生两种社会角色）奠定坚实的专业基础，概括起来两个词："大气"和"示范"。师范生"大气"了、"示范"了，我们的教师培养就真正有特色了。至于如何去做到，我认为一个根本的价值取向就是通过实践，依靠教师专业实践去提升培养质量；与此同时，在实践中形成我们各自学校的办学特色，使得教师教育办学特色真正成为培养质量中的一环，而且是最高深、最闪耀的一环。当然，具体做法还要我们一起努力去探索和创新。

典型访谈案例三显示，我国师范院校（至少是地方师范院校）的基础教育师资培养正面临着特色化办学理念、资源、管理、评价等各方面的问题，阻碍了教师职前培养质量向更高层次的提升，造成了教师职前培养质量评价专业体系难以特色化建构。克服和化解这一症结，需要各利益相关方通过树立正确的质量特色观念，尤其是通过强化和改进"特色模块"实践教学体系，彰显"师范性"和"大学性"的教育现代化特征，共同开拓教师职前培养特色质量层面的现代化评价和保障机制。

一　特色质量评价"4S模块"的经验探索

为了顺应教师职前培养改革实践课程发展的专业趋向，在《国家中长期教育改革和发展规划纲要（2010—2020)》的指导下，我国各级师范院校均积极结合本校历史文化和办学特色，大力开展了本科人才培养方案的修订和改革：中部地区的华中师范大学将 160 多课内学时大幅压缩到了110 课内学时，大力推进"以生为本、以师为先"的课外学习和实践；设置社群教育平台和创新创业学分，强化社会实践对师范生专业成长的锻炼作用。西部地区的师范学院则明确将实践教育课程模块与通识教育模块、理论教育模块相并列，并将其分为公共实践必修课、专业实践必修课（职业技能实训课）、实践教育拓展课等二级模块。此外，这些师范院校在阐释实践课程外延时，将实验教学、军事训练、课程设计、职业技能训练、专业见习和实习、毕业设计、第二课堂（素质拓展）等包括在实践课程模块体系内。

在"行知合一"基本教育理念指导下，湖北 H 师范学院经过多年的教师教育特色办学和中小学教师培养培训探索，初步形成了教师职前培养"4S"实践课程模块体系（教师职前培养质量评价在"特色质量"层面中的特色模式，以下简称"4S 模块"），在国内教师职前培养质量评价和内部保障机制构建中迈出了开创性的一步。

（一）基础素质修炼课程模块（Self-cultivation）

"素质修炼"是从我国教师教育改革和基础教育师资需求的要求出发，结合师范专业人才培养需求的实际，确定该专业人才培养需要哪些核心素质，并明确各项核心素质的构成要素及其修炼、认证方法的大学生自主创新式一体化学习活动。

作为教师候选人的师范生，从事中小学教师工作需要掌握一系列基本的教师素质。多年的办学经验和就业市场信息、教师专业发展交流以及专业理论研究的经验表明，候选教师的书写能力、表达能力、交际能力、管理协调、教学设计、教案写作、自我调控、教学科研、信息技术 9 项能力是现代中小学教师必备能力的核心簇。

师范生"素质修炼"源于湖北 H 师范学院教育科学学院熊华生教授提出的教师教育"学习共同体"的办学思想，即构建大学生态中的师与生、生与生、师与师之间"相互学习、相互欣赏、共同创新、共同发展"的教师职前培养的学习共同体组织。在这一理念的指引下，湖北 H 学院教育与心理科学系于 2008 年开始进行了师范生自我素质修炼活动。

该活动以采用师范生"生生合作"、"自我修炼"的学习方式，教师在每学期开学的第一周通过印发《素质修炼指南》① 提出素质修炼目标和要求，学期抽取 2 周时间采用"3 + 2"教师专业能力认证方式由院系专业教师执行考核认证。以小学教育本科师范生素质修炼活动为例，每学期必考 3 个项目分别为："表达与沟通"、"课堂教学技能"和"三笔字"；选考的 2 个项目是指由师范生从 6 个备选项目（专业阅读、简笔画、课件制作、写作与创新、艺术舞蹈、乐趣）中任选 2 项自己擅长的项目参加测试。专业考核测试合格者，即发给科目合格证并能够获得学校教务处设置的 1 个创新学分；专业考核测试不合格者，需在下一学期提出测试申请，直至"3 + 2"专业能力认证考核通过方可获得毕业资格。

师范生"素质修炼"活动是对教师职前培养课外学时有效利用和第二课堂特色课程模块打造的有益尝试。"素质修炼"课程模块以师范大学生利用课余时间"对照目标—相互协作—自主修炼"为主要实践机制，教师采取少量集中指导并侧重于对师范大学生修炼情况的测试认证。其主要作用是让师范生一进校园就清楚知道离开校园时自己应具备哪些核心素质，并积极思考教师专业学习生涯规划。

（二）专项模拟训练课程模块（Simulated – training）

专业化的教师职前培养需要将师范生的专业知识和专业理论习得并运用于实践。然而，"在绝大多数大学里，教育学院享有的资源最少，师资培养则是教育学院接受资金资助最少的活动"。如何在资源有限的前提下开展有针对性的专业实践训练课程已经成为教师职前培养质量保障最为棘手的问题之一。

为此，湖北 H 师范学院进行了积极实验和有效探索。以陶行知"教学做合一"思想和主体教育理论为基础，以"行知实验班"为其代表形式的模拟训练课程模块的有效实施逐步探索出一条符合国情且能够解决我国教师职前培养的"专业性"和"资源性"难题的新途径：以学校省级教学重点实验室——"湖北省教师素质训练中心"为教学承担单位，以课堂教学技能为训练课程内容的"主干"，班级管理、教学评价技能为训练课程内容的"两翼"；在模块体系设置上，该模式融合了"师德与教育法规"、"教

---

① 《素质修炼指南》是院系参照国家课程标准、人才培养方案以及教师教育改革的实际需求印发的关于"素质修炼"活动的目标、内容、学习方法建议和考核方案的集合，是院系相关专业开展"素质修炼"活动的依据。

师礼仪"、"名著阅读"等通识课程内容和"微格教学"、"综合活动设计"、"(各科)教学法"等专业课程内容和"童心故事"、"演讲与口才"、"学校管理"等特色二级课程。这样做既能够发挥学校省级教学重点实验室的资源凝聚优势,又能够通过"行知实验班"的校级实验班为全校师范专业本科生开展教师教育职前课程的素质训练的专业服务。

湖北 H 师范学院"行知实验班"已经成功举办了三届。实践经验表明,候选教师的实践知识和技能的培养需要通过更专业的素质训练来保障其质量和效果。因此,从第一届"行知实验班"开始,专业素质训练课程就通过邀请湖北省、武汉市的教学研究员积极参与专业知识和技能的训练、指导和经验座谈。实践证明,湖北 H 师范学院教师职前培养的素质训练课程模块成效显著:"行知实验班"带动学校师范毕业生进入武汉市和其他地市重点中小学校的就业比率、考编率的大幅提升,武汉市中华路小学、武汉市光谷第一小学、武汉市光谷第一中学等全国知名中小学开始与学校合作联合培养候选教师,学校教师教育联合办学的特色更加鲜明。

(三)教育情境实践课程模块(Scene – practice)

出于摆脱教师专业化困境的需要,专业发展学校(Professional Development Schools,PDS)这一概念最初是由美国教育改革者霍姆斯小组(The Holmes Group)于 20 世纪 80 年代提出的模仿医学实习培养模式而建立的"临床学校"(Clinical School);专业发展学校是由中小学校和大学教育学院共同创建的一种"新型学校",它为明日的教师提供一个理论和实践结合的氛围和情境,专业发展学校也为职前和在职教师的各种学习提供制度支持;同时也为在职教师提供更新自己专业发展的机会。在这里,学校教师还扮演起实习指导者、大学教育助手、教师领导者等角色;在这里,大学和中小学校教师是一种平等协作、互利互惠的合作关系。

20 世纪 90 年代,以 PDS 为代表的情境教育实践课程模块开始引入中国。在我国,首都师范大学等师范院校最先引进该课程模块并进行了一系列有意义的教学改革尝试。在相关经验的基础上,湖北 H 师范学院潘海燕教授提出了"自主生长式"教师专业发展的教学模式。该模式认为:从主体教育论思想出发,师范生个体成长的主要驱动力来自自身内部;驱动师范生成为候选教师需要创造"教学情境"并开展专业实践活动来引导师范生"自主生长"。在此基础上,湖北 H 师范学院充分发挥区位优势,与同处武汉市国家"两型社会"综合改革实验区——东湖新技术开发区之内的武汉市光谷第一中学及第一小学、第二小学、第四小学、第六小学、第八小学、第九小学、鲁巷实验中学、旭光学校和教育改革先进区武昌区的武汉市中华路小学等知名中小学校密切合作，并于 2011 年创建了"8＋1"教师专业发展学校；通过专业发展学校初步建立起了大学教师与中小学教师共同培养候选教师的专业合作机制。通过大学二年级的专业观察活动、大学三年级的习明纳活动，大学四年级的专业综合实习活动来为培养师范生专业实践知识的养成和专业实践技能的成长提供"实践情境"和基于教师专业实践的情境性质量评价。

（四）社会适应提升模块（Social – adaptation）

一个长期被忽视的事实是：我国师范生的职前培养课程体现中缺乏对其社会化适应和专业发展关键阶段的关注；由此，师范生的专业成长往往在教师职前培养"大学病"的折磨下而夭折或畸形发展，他们对师范大学生的身份、专业、职业认同产生疑惑和偏差，在生均学习资源相对匮乏和职业的实践要求相对偏高的双重压力下，他们被迫进行专业的二次选择或者选择沉默、回避和孤僻。由于当下教师职前培养课程设置和结构质量的偏差，越来越多的师范生不能完全及时地适应高度化发展的社会教师教育需求；而真正"乐学"又"适教"的师范生正在变得越来越稀有，教师职前培养质量评价和保障的现代化机制面临着"黎明前的崩溃"①。

对此，我国少数的师范大学和师范学院展开了课程模块的探索。湖北 H 师范学院根据学生的实际需求和社区教师培养社会化规格的需要，以系统化的就业指导、资格考试指导、入职面试指导和创新创业指导为前沿阵地，构建大学导师、社会导师和学生导师"三导师"促进机制，从大学三年级开始重视和持续关注师范生的心理调适能力和社会化适应能力，确保教师职前培养的系统努力"成果化"。

综上所述，湖北 H 师范学院根据教师职前培养课程的国家标准、社会需求和专业发展构建了"行知合一"的第二通道课程"4S"实践课程模块体系。

以小学教育本科专业为例，其"4S 模块"培养质量评价的现代化结

---

① 由于社会化适应能力较差，一些经过系统训练且素质合格的师范生最终选择了非师范的就业渠道和单位，致使教师职前培养资源和努力都大量浪费；而这一切都发生在美好即将到来的"黎明前"。

构要素（模块）见表7—3。

表7—3 小学教育本科"4S 模块"培养质量评价的现代化模块结构要素

4S 实践课程	二级课程模块		指导教师	建议学时学分
	必修课程模块	选修课程模块	三导师制	
基础素质 修炼模块 （Self‑cultivation） ［学生评价］ ［教师评价］	1. 三字一话 2. 课堂教学 3. 学科知识 与技能	1. 表达与沟通 2. 专业阅读 3. 班级管理 4. 简笔画 5. 课件制作 6. 艺术特长（六选三）	1. 大学导师 2. 技能导师 3. 学生导师	大一、大二，6个创新学分，拓展课外学时每学期6周；专业认证制，分良好、合格、不合格
专项模拟 训练模块 （Simulated‑training） ［学生评价］ ［专业评价］	1. 微格教学 2. 教师礼仪 3. 师德与法规 4. 学科教学法	1. 课外阅读 2. 童心故事 3. 班级管理 4. 信息技术（四选二）	1. 大学导师 2. 小学导师 3. 教研员	大三、大四，6个创新学分，拓展课外学时每学期6周；选拔制
教育情境 实践模块 （Scene‑practice） ［导师评价］ ［专业评价］	1. 专业观察 2. 专业沟通 3. 班级管理 4. 教案写作	1. 班会组织 2. 主题行动研究 3. 学校管理 4. 童心辅导屋（四选二）	1. 小学导师 2. 大学导师 3. 教研员	大二至大四，6个创新学分，拓展课外学时每学期6—9周；实习制
社会适应 提升模块 （Social‑adaptation） ［学生评价］ ［专业评价］	1. 就业指导 2. 入职面试 3. 创新创业 4. 资格指导	1. 真人图书馆 2. 小先生 3. 社会实践 4. 宣传员（四选二）	1. 大学导师 2. 社会导师 3. 学生导师	大三、大四，4个创新学分；专业发展长期项目

注："4S 模块"质量评价主体有区别，其教育现代化水平主要体现在评价主体对各模块特色质量水平的满意程度。

二 "4S 模块"的现代化特征

（一）四年贯通的实践课程模块形成教师专业发展的"共同体"

教师的培养在于实践，实践的养成在于坚持。湖北 H 师范学院"4S"实践课程模块体系运用灵活而富有特色的课程模块将本科师范生人才培养的实践课程和教学四年一贯打通，有助于凸显师范生专业知识和技能养成的实践特性，有助于培养师范生自主成长的专业意识，有助于师范生理论课程与实践课程的天然融合和专业衔接。通过四年不同侧重的实践课程修炼与训练，通过将教师职前培养的社会需求和国家标准一体化建构和专业化解构，将参与其中的利益相关者（大学、中小学校、教学研究员、地方教育行政管理部门、师范生和候选教师）以专业的人才培养核心目标及其实践发展集合成为一个统一的发展"共同体"。在这一教师专业发展的"共同体"中，利益相关各方没有相互割裂、各自为政；教师和学生的实践内外部驱动力进一步得到增强；实践教学的质量和效果得到了自觉而立体式的保障。

（二）"三导师制"保障师范生专业发展

发达国家的经验表明，教师职前培养的关键在于来自大学教授、中小学校教师以及教学管理者和研究者等多方专业指导的落实。"4S"实践课程模块体系在我国率先落实和创新了教师职前培养实践课程的"三导师制"，即"4S"实践课程需要分别有 3 名指导教师对师范生专业成长提供专门支持。

（1）素质修炼模块通过大学教师的目标教育和素质认证、技能教师的技能指导、学生导师的互查互助完成模块目标。

（2）素质训练模块通过大学教师的专业训练、小学教师的专业示范和省市教研员的专业讲授来实现教师素质强化。

（3）发展学校模块则通过小学指导教师现场教学的指导、大学指导教师的专业理论指导和教研员的教学课程设计点拨实现师范生向候选教师的专业转变。"三导师制"的实施有力保障了湖北 H 师范学院"4S"实践课程模块体系的质量水准，极大地促进了师范生的专业发展。

（三）自主修炼与专业培训、课程模块与学分管理"两结合"保障质量

通过对师范生成长为候选教师的全程实践课程教学的专业透视和观察不难发现，自主修炼与专业培训相结合、课程模块与创新学分管理相结合是其重要而独特的内在、核心的质量保障手段。实践教学课程模块的多样性、专业性和学科性是教师职前培养的内在特性，由于其多样丰富的特征，使得长期以来我国教师职前培养的实践课程学分计入"指标"紧张，由于一段时期内我国师范教育转型为教师教育过程中的"大学化"、"学术性"思维的影响，教师职前培养实践课程体系的学分化进程缓慢，大量的实践课程也因此走到了理论教学课堂的背后，并被大学教学管理的既有制度"边缘化"和"淡薄化"。为了纠正这一错误倾向，顺应教师教育

职前课程改革的国际潮流和国家标准,湖北 H 师范学院 "4S" 实践课程模块体系将个体专业发展理论和课程管理制度创新实践相结合,创造性地将自主修炼与专业培训相结合、课程模块与创新学分管理相结合,改变了实践课程 "有课无分"、"有标无实" 的尴尬局面,充分发挥了《中小学教师专业标准 (试行)》及《教师教育课程标准》的指向性,调动了师生的内在学习驱动力和实践积极性,保障了自主修炼学习和专业指导的规范性和可操作性,从而确保了教师职前培养实践课程的质量。

(四) 实践课程模块体系结构 "分层推进"、"一主两翼",相得益彰

如前所述,湖北 H 师范学院 "4S" 实践课程模块体系是以社会需求和国家标准为指导的专业发展 "共同体"。在 "共同体" 的内部,实践课程模块体系之间是一种 "分层推进"、"各有侧重" 并 "相互支撑"、"合力保障" 的和谐结构关系。素质修炼模块是素质训练和专业发展学校模块的基础:通过素质修炼模块让师范生一入学就明了教师的社会要求和核心素质,自主修炼现代中小学教师的基础素养。素质训练和专业发展学校成为师范生专业发展 "一主两翼" 的两条途径:通过素质修炼的学习和积累,到了大学二年级,师范生可以通过选择进入专业发展学校进行以专业观察为 "主体"、班级管理和教学设计为 "两翼" 的专业见习;到了大学三年级,师范生可以通过考察进入 "行知实验班" 进行以教师专业素质为 "主体"、教师礼仪文化和师德与教育法规为 "两翼" 的专业训练。这样,在充分考虑教师专业成长步骤与规律的同时,"4S" 实践课程模块体系为师范生专业成长提供了更为广阔而灵活的发展空间。

以教师专业发展学校 (PDS) 模块为主体,开展基于师范生 "共同体" 内在兴趣的教学实践活动是欧美发达国家教师职前培养的实践教学模块共同特征;在此基础上,湖北 H 师范学院 "4S" 实践课程模块体系充分考虑到实践课程在教师培养过程中的内在特性,将 "教师教育一体化、专业化、合作化" 的办学模式与教师 "自主生长式" 培养理念相联系,构建了和谐有效的教师职前培养实践教学课程模块体系。

三　特色质量评价现代化探索的思考

(一) 教师职前培养的特色质量彰显应因地制宜、凝聚资源、打造品牌

当前,我国教师职前培养阶段的实践课程已经得到了党和国家的高度

重视；近两年以来，教育部相继出台了《中小学教师专业标准（试行）》及《教师教育课程标准》，对我国教师职前培养的规格目标、准入标准和发展要求进行了系统规定。在这一变革的背景下，我国各地教师职前培养机构和师范院校应当进一步明确师范本科生人才培养方案的完善思路，进一步重视实践课程四年一贯的养成性设置和高水平、全方位的质量评价和保障体系建设，因地制宜、凝聚全校优质资源和平台，努力开展具有本校文化特色的课程模块体系和特色品牌。

（二）教师等应用型本科人才培养的特色质量内化需要结合贯通"自主修炼"与"专门训练"两条路径

教师职前培养是应用型（本科）人才培养的典型案例。与教师教育人才培养相类似，应用型人才培养的实践课程在大学教育中均处于非常突出和重要的地位。此外，应用型人才培养的实践课程体系服务的有效落实需要从应用型人才个体内在驱动和外部专业训练两个方面着手，即通过结合和贯通"自主修炼 + 专门训练"两条路径来实现其效率和成效。以教师职前培养的实践课程体系为例：一方面，社会需求和国家标准的外部要求是培养合乎目标规格和质量的教师队伍"自上而下"的培养路径；另一方面，教师个体专业成长的内在驱动是培养合乎目标规格和质量的教师队伍"自下而上"的重要路径。这两条路径的结合和贯通共同组成了我国教师教育一体化提升、标准化评价、专业化发展的康庄大道。

（三）"合作多赢、协同创新"是教师等应用型本科人才培养的特色质量提升的内在驱动力

在我国，教师教育大学化之后，很大程度地隔断了以往中师教育与中小学校教学实际之间的联系；大学教育学院师资的"学术性"强于"师范性"，大量的理论课程不仅让师范生厌倦，并且在专业实践方面得不到大学与中小学教师的联合而有效的指导，使得他们"迷惘度日、学无所长"，就业和专业发展均非常被动。剥开实践课程开设"欣欣向荣"形式主义的"表皮层"，让师范生成为未来合格乃至优秀教师的最大障碍在于：实践课程实施过程中利益相关者的内在驱动力量匮乏。由于缺乏"合作多赢、协同创新"的有效平台和机制，教师培养的利益相关者——大学、中小学校、教育行政管理部门以及师范生不能够在大学四年里围绕社会需求和国家标准将人才培养工作的努力科学化、专业化、一体化，教师职前培养质量水平和实践课程服务的实施效果也就自然不能令人满意。

　　总之，应用型本科人才培养需要利益相关各方围绕社会需求和国家标准，通过有效的"合作多赢、协同创新"平台和运作机制驱动各方内在动力，从而发挥功用、形成合力，共同推进和提升我国教师职前培养乃至应用型本科人才培养的质量效益。而教师职前培养特色质量层面的标准化评价则应当遵循上述主要原则，分别针对特色品牌、特色实践课程和特色合作与协同创新等方面内容开展评价，切实推动我国教师职前培养质量特色化发展和提升。

第八章 结论:教师职前培养质量评价的标准化框架

第一节 研究结论

一 研究发现

研究以湖北、湖南、浙江、北京四地师范大学和师范学院为调研取样的基本范围，经过历时近 3 年的量化研究和质性研究，通过对教师职前培养的利益相关方——师范生、中小学用人单位（校长）、大学教师、相关管理人员等的问卷调查和专题访谈，归纳了教师职前培养质量标准化评价的国内外经验和相关指标、模式，分析总结了我国教师职前培养质量标准化评价的研究和实践的不足及症结所在；在三次较为充分的数据调查基础上，研究分别构建出中国教师职前培养质量标准化评价的"核心简化"模型、"通用扩展"模型（又根据层次定位划分为大学/学院的分支模型）。

研究发现：

（1）发达国家成功经验可概括为：国家标准，地方支持；框架指导，突出重点；现代教育，以人为本；培养考察，机构学生；指标体系，突出能力；实践能力，训练充分；通识学科，专业三分；综合品质，师德优先；便捷选择，方案考核；时代特征，协同合作；信息心理，两大趋势；开放多元，质量为先。

（2）我国教师职前培养质量标准化评价的困难和问题，突出表现为教师培养的"大学病"，即在多元化需求与多元化质量背景下、教师教育转型过程中，中国"教师培养在大学"没有实现人才培养质量评价和保障的专业化、标准化，没有"软着陆"。其症结主要体现为：首先，缺乏专业的质量评价服务意识和标准体系。其次，现有的教师教育职前内外部质量评价机制（本科评估＋院校研究、社会排行）缺乏专业性、独立性和中立性。再次，专业质量标准化指标及其框架体系研究相对滞后，指标体系研究缺乏专业性和框架模型支持；而近期出台的指导意见和国家关于教师专业标准（试行）并没有完全反映到培养机构人才培养方案中来。最后，相对于欧美发达国家，我国教师职前培养质量评价和保障的专业路径尚不明晰，缺乏自下而上的（如重要报告、研究）政策改良意识，缺乏教师职前培养系统改革的整体认知。

此外，比较我国教师教育职前人才培养方案和运作实际情况可知，我国教师职前培养的课程设置存在结构性问题（通识课程、学科课程偏弱），一些培养机构虽遵循国家教育部指导意见进行了调整，但方案还是受到了质量成本投入不足、师资结构僵化、师范性课程弱化、师范学科边缘化、实践教学华而不实、舍本逐末等现实问题和因素的影响，存在方案培养脱离一线实际需求的问题，其运作和执行的质量难以严格保障。

（3）问卷调查及其量化研究分析可知，师范生、用人单位和教师教育工作者对于当下我国教师职前培养质量及其评价状况认知基本清晰：一是不同师范底蕴的教师职前培养机构对于职前课程框架的认同有所区分；二是不同定位层次（区位、历史）的教师职前培养机构对于职前培养质量及其评价的认同有所区分；三是不同定位层次（区位、历史）的教师职前培养机构对于职前培养质量的路径选择有所区分。上述差异和区分不受性别变量的影响。

（4）跟踪及专题访谈质性研究分析可知，师范生、用人单位和教师教育工作者对于当下我国教师职前培养质量及其评价状况"喜忧参半"：一方面，随着我国教师教育改革转型，教师职前培养在一些环节和教学运作上越来越能够体现出教育现代性——越来越多的教师专业发展学校和大学、中小学校合作机制构建起来，职前课程设置打破了"老三门"束缚，实践课程和教育专业课程开始得到丰富和重视，国际交流和跨学科合作日趋繁荣……；但另一方面，教师教育"大学病"（师范学科的边缘化、课程师范性弱化、通识教育和学科教育教师匮乏、专业服务和指导的缺失、人才培养理论强而实践弱等）、经费保障不足和指导关怀缺失等现实问题使得我国教师职前培养仍然难以摆脱"二流生源、三流质量"的舆论评价。此外，由于缺乏权威可信的第三方专业质量评价，教师职前培养利益相关主体之间缺乏专业自信和科学合作发展意识。

二 模型框架

在已有经验基础上，研究以教师人才培养质量发生过程的视阈，从"支持质量"、"核心质量"、"特色质量"三个层面构建了中国教师职前培养通用扩展模型SMTCI-G，见图8—1。

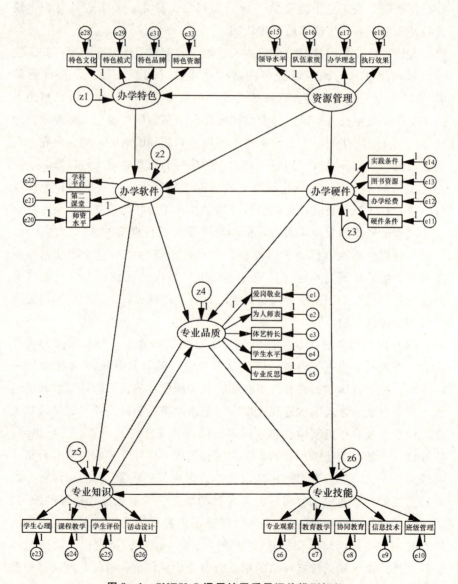

图8—1 SMTCI-G 通用扩展质量评价模型框架

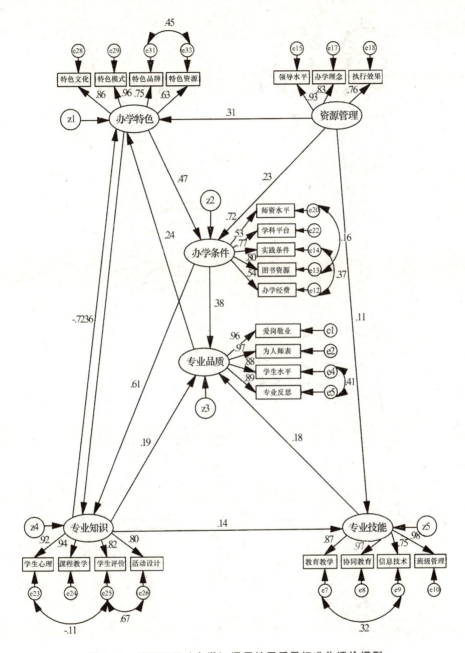

图8—2 SMTCI-U (大学) 通用扩展质量标准化评价模型

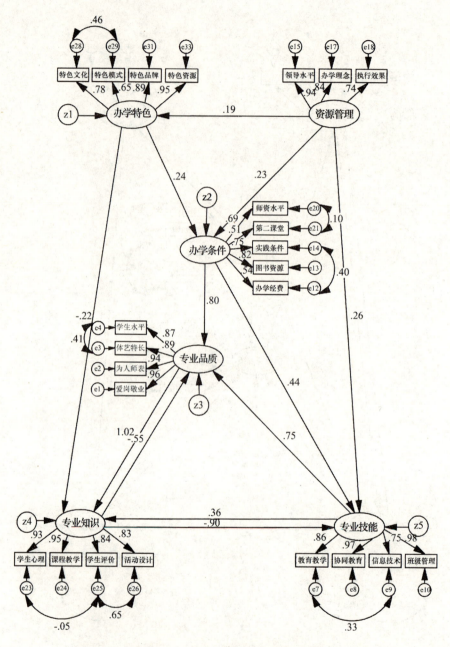

图 8—3　SMTCI-C（学院）通用扩展质量标准化评价模型

图 8—2 是中国教师职前培养质量标准化评价的大学层次的标准模型。标准化结构方程模型 SMTCI-U（大学）的拟合优度系数情况如下：(1) CMIN = 411.247，DF = 233，CMIN/DF = 1.765 < 2；(2) GFI = 0.930，CFI = 0.981，NFI = 0.958，IFI = 0.981；(3) RMSEA = 0.041 < 0.05，AIC = 545.247，ECVI = 1.198——表明模型的拟合优度较好。此外，路径系数全部通过了 CR 值检验和 P 值 5% 检验，表明模型上标示出的因果路径具有较高的效度。

图 8—3 是中国教师职前培养质量标准化评价的学院层次的标准模型。如图 8—3 所示，标准化结构方程模型 SMTCI-C（学院）的拟合优度系数情况如下：(1) CMIN = 431.144，DF = 233，CMIN/DF = 1.75 < 2；(2) GFI = 0.934，CFI = 0.981，NFI = 0.961，IFI = 0.982；(3) RMSEA = 0.041 < 0.05，AIC = 565.144，ECVI = 1.115——表明模型的拟合优度较好。此外，路径系数全部通过了 CR 值检验和 P 值 5% 检验，表明模型上标示出的因果路径具有较高的效度。

模型研究及比较分析显示：

(1) 通用模型显示，教师职前培养质量标准化评价模型介入的相关变量因素主要有：支持质量层面（资源管理、办学软硬件）、核心质量层面（专业品质、专业知识、专业技能）和特色质量层面（办学特色）。其中各变量因素中需要重点关注的潜在因子分别为："资源管理←执行效果"，"办学特色←特色模式逻辑与特色文化"（学院）/"办学特色←特色品牌逻辑与特色资源"（大学），"办学条件←办学经费逻辑与第二课堂"（学院）/"办学条件←办学经费逻辑与学科平台"（大学），"专业品质←学生水平"，"专业知识←学生评价逻辑与活动设计"，"专业技能←信息技术逻辑与教育教学"。

(2) 大学/学院两大模型关联因子非常接近，按其关联系数排序依次为："学生评价↔活动设计"、"特色模式↔特色文化"（学院）/"特色品牌↔特色资源"（大学）、"学生水平↔体艺特长"（学院）/"学生水平↔专业反思"（大学）、"办学经费↔实践条件"、"教育教学↔信息技术"、"师资水平↔第二课堂"（学院）/"师资水平↔学科平台"（大学）、"学生心理↔学生评价"。这反映出当下教师职前培养质量标准化评价观测过程中必须注重的内在关联因子；这些关联因子大多体现出模型的定位层次特征或教育现代化特征。

（3）大学/学院两大模型的动力源系统都是"资源管理"，但是该因素在两大模型中的标准化路径系数仅仅位于 0.11—0.26 的中下等区间，反映出该因素是教师职前培养质量评价的潜在重要考察内容。

（4）大学/学院两大模型的构成要素相去不远但路径系统大相径庭。模型SMTCI-U（大学）的主路径为："资源管理 → 办学条件 → 专业品质 → 办学特色 → 专业知识 → 专业技能"。模型SMTCI-C（学院）的主路径为："资源管理 → 办学条件/办学特色 → 专业品质/专业技能 → 专业知识"。相对于大学层次而言，学院层次培养机构人才培养质量评价的标准化路径较为闭塞，较为倚重"资源管理"打造"办学特色"和"教学技能"，其综合效益显著低于前者。大学层次培养机构质量路径的问题在于：较为倚重"办学条件"和"办学特色"等资源打造师范生的"专业知识"特长，较为忽视"教学技能"质量的有效培养和能动输出。

（5）大学/学院两大模型的整体效应略有差异：模型SMTCI-U（大学）中各变量两两之间总效应最大的是培养机构的"办学特色"、"办学条件"与师范生"专业知识"即"办学特色↔专业知识"、"办学条件↔专业知识"的标准化总效应系数分别为 0.466 和 0.460；比较而言，专业技能维度除了与师范院校资源管理维度有一定相关性（总效应为 0.144）外，办学条件、办学特色等因素对其存量和水平的影响显著低于专业知识维度。而模型SMTCI-C（学院）中各变量两两之间总效应最大的是"办学条件"与师范生"专业知识"、"专业品质"即"办学条件↔专业知识"、"办学条件↔专业品质"的标准化总效应系数分别为 0.524 和 0.490；比较而言，办学条件、办学特色等因素对"专业技能"存量和水平的影响显著低于"专业知识"和"专业品质"两个维度。

三　指标框架

在专业调研和专门研究的基础上，针对我国教师职前培养质量标准化评价的指标体系构建，在参照模型框架的基础上本研究进一步提出了指标框架，如表 8—1 所示。

表8—1　中国教师职前培养的质量标准化评价指标框架（合格/卓越标准）

			核心质量（权重50%）			支持质量（权重30%）			特色质量（权重20%）	
		序	专业品质	专业能力	专业知识	办学硬件	办学软件	资源管理	特色内涵	特色外延
大学	常规指标	1	爱岗敬业	教育教学	学生评价	办学经费	师资水平	办学理念	特色品牌	特色资源
		2	为人师表	班级管理	课程教学	图书资源		领导水平		
		3								
		4								
	现代指标	1	学生水平	信息技术	活动设计	实践条件	学科平台	执行效果	特色文化	特色模式
		2	专业反思	教学科研	学生心理		国际交流	三位一体		
		3	身心健康	协同教育	专业成长					
		4			心理保健					
学院	常规指标	1	为人师表	教育教学	学生评价	办学经费	师资水平	领导水平	特色文化	特色模式
		2	爱岗敬业	班级管理	课程教学	图书资源		办学理念		
		3								
		4								
	现代指标	1	学生水平	信息技术	活动设计	实践条件	第二课堂	执行效果	特色品牌	特色资源
		2	体艺特长	协同教育	学生心理		一线交流	三位一体		
		3	身心健康	行动研究	专业成长					
		4			心理保健					

注：本框架设计考虑到合格标准与卓越标准的通用扩展性，未来的卓越标准可在本框架基础上，改良常规性指标、增加现代化指标。本框架设计排序有优先路径和考察权重上的区分，如序1比序2更优先关注，以此类推；相同类型的下划线指标间存在联动关系；斜体处为补充指标。

四　原则框架（理性价值）

通过系统研究，本书认为，中国教师职前培养质量评价模型标准与现代化体系的构建需要遵循十大核心原则，其原则框架为：

（1）教师职前培养质量评价（指标体系）作为教师教育现代化保障体系的重要部分，其第一要务是构建基于专业服务、内外结合、整体架构的质量评价（指标体系）和保障机制；其重要程度应优先于完善资格准入、教师职后培训或其他环节的改革。

（2）教师职前培养质量评价（指标体系）首先应当确保国家关于新教师"合格"的基本水准（条件成熟后，可以出台"卓越"的基本水准）；在具体实施过程中，应当根据培养机构定位层次（如大学/学院）

并兼顾所处区位、服务对象和办学历史等因素的不同，其标准应有所区分。

（3）教师职前培养质量评价（指标体系）应至少包括三大模块层面：核心质量层面、支持质量层面和特色质量层面。在实际操作过程中，应当重点考察师范生作为候选教师预备人才培养的核心质量，同时兼顾考察培养机构的办学资源和管理水平的支持质量以及办学文化、办学模式或是办学品牌、优质资源等特色质量。

（4）核心质量层面首要关注的是课程质量和教学（指导）质量。教师职前培养质量评价应当督促和引导培养机构和办学单位改善课程设置、优化课程结构，增加普通教育课程的文理通识性，落实实践课程中大学指导教师对师范生的理论和实践的关怀和指导。

（5）支持质量层面首要关注的是教师教育师资的结构和质量水平。教育职前培养质量评价应当重点关注和促进教师教育师资的结构优化和质量提升；应配齐教师专业教材、教法等核心课程的专任教师，严格控制和保证外聘教师的数量和质量，通过组建专业教师团队实现学科专业的可持续科学发展。

（6）特色质量层面首要关注的是教师教育办学的特色模式或特色资源的质量水平。一方面，师范学院层次应主要关注"以人为本、实践导向"的现代教师教育特色文化指引下的特色模式质量；另一方面，师范大学层次应重点关注"学高身正、面向未来"的现代教师教育特色品牌经营下的特色资源质量。综合来讲，质量评价应当关注和促进教师人才培养过程中"师范生被动发展"以及"理论教学与实践教学相脱节"等两大难题，应通过引导和强化培养机构的办学特色，通过"实践创新、协同合作"的现代化特色质量保障手段克服上述难题。

（7）新时期，教师职前培养质量评价应当关注和促进培养机构自身内部质量保障机制的完善；应当引导它们加强学习、构建专业章程，不断面向基础教育实际需求，不断面向师范生的实践和专业发展需求，切实开展大学、政府、中小学校"三位一体"专业发展学校或专业合作伙伴关系建设，共同营造教师职前培养的良好支持氛围。

（8）新时期，教师职前培养质量评价应当关注和促进教师教育工作者和师范生的专业综合品质提升。应彻底解决旧有课程体系中通识教育和专业教育部分内容（譬如教师职业道德、教师法律常识、教师礼仪、中小学生身心健康教育、中小学生专业行为观察、中小学教师教学实务等）缺失问题；以更加灵活有效的教育教学方式进行增添或强化——这些都是一名现代教师教育工作者和候选教师必须了解、认知并通过实践经验掌握的专业知识和技能。

（9）新时期，教师职前培养质量评价应当关注和促进直接有助于提升教师职前培养质量的成本投入（质量成本，如教学经费、实习经费、教学性科研经费、教师专业发展学校运行经费、师范生活动经费、教育技术和办学条件改善经费等），减少不必要的非质量成本开支，促进教师教育资源的合理、有效利用。

（10）新时期，教师职前培养质量评价应当关注和促进教育信息化在教师人才培养过程中的作用。教育信息化平台建设和课程建设应当"高屋建瓴"、"登高望远"，要面向教育教学实务、面向教师专业发展、面向国际化竞争的未来。

五 策略框架（现实价值）

（1）中央政府、省级政府和地方各级政府参与到教师职前培养的质量评价和保障体系构建中来，促进本地区教师职前培养的人才培养、科学研究、社会服务、专业交流、协同创新各个环节（领域）的畅通有效，构建政府、高校、中小学校"三位一体"教师职前培养的专业评价体系和质量保障体系。

（2）在国家和教育部相关文件基础上，省级政府和地方各级政府应根据本地区实际情况按照"学校层次"（大学/学院）、"学校区位"（城市/农村）制定以教师专业品质、教师专业知识、教师专业技能"三位一体"为主要内容的"支持＋核心＋特色"的质量评价指标体系和保障方案。其中，支持质量层次重点关注教师教育师资水平提升，核心质量层次重点关注课程尤其是实践课程结构优化，特色质量层次重点关注政府教育政策对培养机构特色办学模式、办学资源的正确引导。

（3）注重强化教师教育优质资源整合，提升本地区教师职前培养实力。应鼓励本地区本科师范学院朝着师范大学目标前进，鼓励本地区高水平综合大学参与教师职前培养；充分发挥师范大学在本地区教师教育改革的辐射和示范效应，继续支持和开展中央部属高校支持地方高校的合作提升计划，鼓励教师教育培养机构特色化发展。

（4）对于我国教师职前培养"大学化"进程应予以关注：对于地方师范院校"大学化"进程中出现的教师培养被"边缘化"、"理论化"、"低效化"等问题，应从院校调整、招生就业、产学合作等政策层面上予以正确引导，如对于中等师范院校的优良师资和办学特色应当予以继承和保护，适当推动有条件的专业开展提前招生，保障教师培养在地方师范院校办学中的基本地位；与此同时，各地因地制宜着手逐步提高本地区教师培养机构的准入门槛，强化非师范院校教师职前培养质量意识，构建教师教育专业的淘汰机制，以保障和提升教师人才的生源和师资质量。

（5）树立教师培养的"质量成本"观，对于确保教师职前培养质量必要的投入项目如教学经费、实习经费、教学性科研经费、教师专业发展学校运行经费、师范生活动经费、教育技术和办学条件改善经费等，要保障其经费投入充足、投入到位并加强对师范院校教师培养经费使用的监督指导。

（6）提升师范院校办学积极性，引导他们走向质量发展、特色发展之路。大力支持区域、省域内各级师范院校开展与中小学校实践办学合作和人才联合培养，继续鼓励师范院校间开展专业交流、技能竞赛和协同发展，支持和引进国内外优质教师教育资源，推动我国教师职前培养的国际交流走向深入。

六 改进建议

整体而言，构建符合中国实情和特色的教师教育本土化质量评价和保障机制需要明晰三个要点：

（1）教师职前培养质量标准化评价的目标包括国家（社会）和个体发展两个层面，基于这一点，其指标体系或框架意见的教育现代性需要体现上述两个层面。

（2）教师职前培养质量标准化评价指标体系或框架性指导意见应针对我国众多教师职前培养机构的实情，进行质量分层。

（3）教师职前培养质量标准化评价现阶段应立足新教师"合格"的基本标准（底线＋特色评估），从专业品质、专业知识和专业能力三个维度对候选教师培养提出核心质量要求。

与此同时，在实际操作过程中，还需要考察培养机构的办学资质、办学条件、资源管理水平等支持质量水平,并兼顾其办学文化、办学模式、办学品牌、优质资源等的特色质量水准。

第二节　研究不足、改进与展望

由于本研究的利益相关方的特色性和教师教育质量评价的量化难点,加之研究队伍人数上常规状态只有5—7人,难以开展大规模、高强度的全国范围相关数据的采集整理、质化跟踪;模型研究的特质决定了本研究在技术上的可遇不可求,一些模型改进和路径分析因此不可避免地会出现一点潜在或未发现的误差。

本研究的不足之处主要集中在:

第一,主体调研数据来源集中在东部发达地区和中部地区,尤其以湖北、湖南、浙江地区的师范院校居多;非师范类综合性高等院校的教师职前培养质量评价研究样本涉及较少或欠深入。

第二,数据样本容量由于三次测量时间、地点和人力的不同,分散为每次400—600份,最多的一次也只有1023份。从专业的视角来看,需要测定三次测量数据之间的信度和效度关联;虽然本研究进行了测定以排除信度和效度关联可能存在的潜在问题,但仍不如一次性大规模取样更为科学。

第三,本研究的质性研究分为专题访谈和日志追踪两个方面。两个方面的研究虽然取样随机性较强,但受调查对象仍主要局限于湖北、湖南、浙江地区的师范院校,其他类型的有效样本的质性研究需要后续进一步拓展。

此外,研究倾向于师范生内在质量需求下的标准化评价框架,而教师教育者视阈下的专业化评价体系构建则需要后续研究进一步跟进和努力。

从改进的视角展望国内教师教育职前阶段的教师人才培养的质量标准化和非标准化(多元)评价,可以预期的是:

(1)"底线+特色"的合格质量标准将会进一步规范我国教师职前培养机构的教育教学行为,引导它们拓宽学科视野,将发展重心从"规模效益"转移到"质量结构"。

(2)若干年后,"成效+特色"的卓越质量标准将会出台;它的出台标志着我国教师职前培养质量标准化评价体系实现了整体建制；它将进一步激励更多教师教育机构提升专业服务质量，为社会和社区培养更多高水平的现代化基础教育师资。

（3）教师教育培养领域将掀起一股质量研究和质量标准化运动；通过这些改革和运动，教师教育工作者将与师范生、用人单位、社区和政府之间保持更为顺畅和专业的联系；而多元化的教师教育质量评价和质量保障路径将可供未来的教师教育机构选择：政府主导的专业评估，社会第三方开展的就业质量、生源质量、过程质量的专项评价，更为科学、严密的院校内部研究和评价的执行体系，更为便捷、直接的人才培养方案执行质量评价……

（4）越来越多的教师教育工作者将意识到：教师职前培养质量评价不能仅仅采用量化的评价指标和评估方式；教师职前培养质量评价是量化观测与质性观察的结合，两者一表一里、相互印证。

（5）越来越多的教师教育工作者还将意识到：教师职前培养质量及其评价的改良，愈来愈依赖于自身的、常规化的教育教学。双师型、复合专业型、教学研究型、国际交流型、协同创新型的教师教育工作者将会占据时代发展的"桥头堡"；借助新时期的教育技术、心理研究、行为观察和专业发展的知识技能，每一位教师教育工作者的教学改革和教学科研行为，都将作为教师职前培养质量成长的细胞，微小但迅速地壮大——教师教育工作者自身的继续教育水平和专业发展质量最终将决定我国教师职前培养质量评价和质量保障有效机制构建和改革运动的成败。

诚然，中国教师教育改革千头万绪，面临的问题也是多种多样，但是我们相信：从规模数量走向结构质量，这是历史赋予中国教师教育的又一次升华。

附录一 相关国家教师教育质量认证标准提要

表1 **英国教师教育职前阶段标准（2007）提要**

级别	A—专业品性	B—专业知识	C—专业技能
合格教师（Q）主体教师（C）	A1. 师生关系 A2. 教育法律与政策意识 A3. 专业交流与合作 A4. 个体专业发展	B1. 教学知识与观念 B2. 教学评价与监督知识 B3. 学科与课程知识 B4. 文字、算术、信息知识 B5. 学生发展与多样性 B6. 学生健康与福利知识	C1. 规划技能 C2. 教学技能 C3. 评价、监督和反馈 C4. 教学反思 C5. 学习情境营造 C6. 团队工作和合作
高薪教师（P）	A2、A3 要求更高	对知识要求层次更高，并要求能够与时俱进	C6 要求更高，对同事专业发展提供帮助
卓越教师（E）	A2、A4 要求更高，教学科研能够促进教学实践提升	B2、B4 要求更高	C1、C3、C6 要求更高
高级教师（A）	A2 要求更高，愿意承担战略性领导角色		C6 要求更高，能承担领导角色，为学校发展做贡献

资料来源：（英国教师培训署）TDA, Professional Standards for Teachers, 2007 – 09, http://www.tda.gov.uk/upload/resources/pdf/s/standards_ a4.pdf.

表2 **法国教师教育职前阶段标准（2007）提要**

领域	A—专业态度	B—专业知识	C—专业技能
1. 作为公务员的职责	爱岗敬业、遵纪守法	了解国家价值观	知晓法规、运用资源发现弱势、有效合作
2. 教学与沟通	愿意帮助学生提高语言能力	了解学生语言、阅读学习的规则	帮助学生克服不足与困难，顺利组织教学
3. 学科教学与素质	科学严谨、愿意参与提升学生文化素质	了解学习目标、知识和方法	小学教师能够多科教学，保持系统培训

续表

领域	A—专业态度	B—专业知识	C—专业技能
4. 计划与实施	多科合作意识，能够鉴别教学材料质量	了解学生学习心理、教学大纲和教学材料	能够根据大纲和材料制定可行有效方案
5. 组织与班级管理	能够建立保持和谐的活动架构	了解班级管理和掌握解决班级冲突的知识	能够共同管理班级，处理冲突，促进合作
6. 了解学生	维护学生公平，促进学生心态积极	掌握相关的社会学和心理学知识	能够以生为本，使教学符合学生多样需求
7. 评价学生	师生和谐互信，评估以生为本，人人进步	熟悉对应的评价方法	能够根据需要评估、发展学生自我评估
8. 信息技术（ICT）	批判性获取信息，不断更新	C2i 二级水平 *	能够创设学习情境，协同式进行网络工作
9. 家校合作与协同	集体协作，合作教育意识	熟悉家长联合会，了解相关教育政策	参与合作教育、共同解决学生发展问题
10. 改革创新	好奇、反思、改革	了解本学科研究	投入学科研究和行动研究，促进教学实践

注：＊为法国信息和网络技术水平评估认证的国家等级考试，法国教师持证上岗必须通过 C2i 二级考试，即通过与教学工作水平相关的 27 项 ICT 技能考核。

资料来源：（法国国民教育部《教师培训学院之教师培训管理手册》）Cahier Des Charges De La Formation Des Maitres En Institut Universitaire De Formations Des Maitres，2012—07，http：//www. education. gouv. fr/bo/2007/1/MENS0603181A. htm.

表3　　　　　　　**德国教师教育职前阶段标准（2008）提要**

领域	二级指标	理论环节	实践环节
教学能力簇	专业制订教学计划	1. 了解有关的教育理论，理解教育与教养目标，能够批判性反思由此得出的专业教学标准 2. 了解普通教学与学科教学理论，知晓在设计教学单元时教学重难点 3. 了解不同的教学形式与作业形式，知道如何依据目标与情境使用合适方式 4. 了解多媒体的教育原理、教育运用原则、可能与限制，能够在教学中依据教学目标和教学情境正确使用多媒体 5. 了解如何处理教学成绩与教学质量之间关系及其科学评价	1. 把专业知识与学科教学理论结合起来，能够确保教学计划实施 2. 选择教学内容、教学方法以及学习与交流的形式 3. 在教学法意义上整合现代教育信息技术与交流技术，能够反思多媒体运用的适当性 4. 反思审视自我的教学质量

续表

领域	二级指标	理论环节	实践环节
教学能力簇	创设情境激励学习	1. 了解学习理论与学习形式 2. 知晓如何促进学生在课堂上积极参与学习活动，能够帮助学生理解课堂知识，完成知识迁移 3. 了解学习与成就动机的理论，知道如何在教学中灵活应用	1. 针对不同的学习形式创设情境，学会启发引导，提供情境支持 2. 以掌握知识和技能为核心目标组织教学过程
	促进学生自主学习	1. 了解对学习成功与作业成就起积极作用的学习与自我激励策略 2. 了解自主学习、自我管理和合作学习的方法 3. 知道如何在教学中开发终身学习的兴趣与基础	1. 传授促进学生学习的作业策略 2. 传授学生自主学习、自我管理以及合作学习的方法
教养能力簇	了解学生促进发展	1. 了解教育学、社会学与心理学的进展以及青少年社会化过程 2. 了解学生在学习过程中可能存在的问题并能通过学科知识提供预防和帮助 3. 了解实施教育和养成教育过程中的文化差异带来的影响 4. 了解实施教育和养成教育过程中性别差异带来的影响	1. 认识到学习中存在的问题，并能通过学科知识提供预防和帮助 2. 为学生个别学习提供支持 3. 面向每一个学习小组，关注多元的文化和学生的社会性
	价值观念自主评价	1. 对民主价值观的了解和传播 2. 知晓如何促进学生价值观和自主评价以及自主行为 3. 知晓如何在学生处于危机情境或选择情境时提供支持和引导	1. 反思教育价值及其价值观，做出相应的价值行为 2. 逐步让学生开展自我管理评价及自主学习行为 3. 采用民主、建设性师生交往方式，避免冲突
	解决困难之关键点	1. 关注师生交往知识和交往过程 2. 了解师生对话的规则，了解在课堂、学校和家长交流过程中重要的交往原则 3. 了解学生现实生活和学习中存在的困难与危机，能够制定预防和干预策略 4. 能够科学分析冲突原因并了解建设性处理冲突情境和暴力行为的方法	1. 在课堂教学、学校实践中构建有效的社会关系 2. 设计构建学生间、师生间的交往规则并经过实践检验 3. 在具体困难或危急情境中运用冲突预防、冲突解决的策略和具体方法

续表

领域	二级指标	理论环节	实践环节
评价能力簇	诊断学习关注起点	1. 了解不同学习起点的学生对教学过程的不同影响及如何影响，能够在教学中关注这种影响及其差异 2. 关注天才生的表现特征，关注这部分学生对教学和作业布置环节的影响 3. 知晓学习过程诊断的基本知识 4. 了解学生诊断与家长咨询的原则和基本点	1. 认识学生的发展水平、学习潜能、学习进步及其可能的学习障碍 2. 认识学习起点差异性，并使用差异化的解决、促进策略 3. 能辨识天才生，了解促进策略 4. 面对面制定学习策略与要求 5. 使用合乎情境的咨询方式，能够区分咨询功能与评价功能 6. 在咨询与评价过程中学会与同事合作 7. 在咨询与评价过程中学会与其他机构合作
	评价标准	1. 了解成绩评价的不同形式及其优缺点 2. 了解成绩评定的相关系统，思考其制约性和平衡性 3. 了解成绩评分的反馈原则	1. 设计符合标准的作业，以适当的形式布置 2. 使用与专业情境相符的评分模式和标准 3. 与同事相互沟通再进行评价 4. 创设适合不同学生的评价形式，并指出进一步学习改进的要求 5. 利用学生成绩评定作为自身教学能力的反馈
合作能力簇	教师职业	1. 了解教育系统结构以及学校组织 2. 了解教师职业的法律规则 3. 反思教师职业的价值观 4. 了解主要的职业压力的研究成果	1. 学会处理职业压力 2. 有效使用工作时间和工作方法 3. 开展作为教学发展与缓解工作压力的咨询
	终身学习	1. 了解自我和他人评价的方法 2. 理解并评价教育研究成果 3. 了解学校中的组织与合作结构	1. 反思自身职业经验、能力及发展 2. 通过教育研究成果促进自身职业发展 3. 能够向自身及他人展示自己的工作、研究的成果 4. 进行反馈并利用他人对此的反馈意见，充分利用他们的教育工作 5. 学会开展合作的方法 6. 利用教师团队的智慧和支持 7. 利用各种合作机构提供的继续教育服务
	学校项目	1. 了解与思考不同学校类型、形式和教育过程中的特殊教育任务 2. 了解学校成功发展的目标和方法 3. 了解成功合作的条件	1. 运用针对学校成功发展而开展的教育教学科研成果 2. 运用教学与学校内部评价的经验和工具 3. 合作设计学校的项目、计划并加以实践 4. 促进合作小组获良好工作业绩

表4   荷兰教师教育职前阶段标准（1999—2008）提要

领域	A—专业态度	B—专业知识	C—专业技能
一般	A1. 开放、倾听	B1. 学科教学知识	C1. 学科知识与技能
	A2. 能动地承担风险	B2. 跨学科教学知识	C2. 教学设计—行动—评价
	A3. 及时反馈	B3. 扩展知识渠道	C3. 组织技能
	A4. 坚持立场，有说服力	B4. 理论与实践结合	C4. 协作与交际能力
	A5. 敬业、诚信、奉献	B5. 专业实践知识	C5. 专业成长能力
	A6. 能够解决问题	B6. 反思和专业成长知识	C6. 专业反思能力
	A7. 关注专业发展	B7. 教学交流、互动知识	
	A8. 良好个性品质		
特殊			C7. 灵活应对环境变化 C8. 促进教学互动 C9. 处理实践阻力 C10. 指导准教师

资料来源：（荷兰教师教育工作者协会）Beropepsstandaard Lerarenopleiders（eerste versie），http：//www. velon. nl/publicaties/156/beropesstandaard_ lerarenople-diders_ eerste_ versie. 9 – 13. pdf，2013 – 07.

表5   美国 IBSTPI 教师能力标准（2004）提要

领域	A—专业品质	B—专业知识	C—专业技能
基础	A1. 遵守法律和道德规范 A2. 树立和维护职业荣誉	B1. 更新和提高专业知识 B2. 跨学科教学知识	C1. 更新和提高专业技能 C2. 有效地交流沟通 C3. 设计教学方法和内容 C4. 管理促进学习改进环境 C5. 技术管理促进教学
教学	A3. 教学准备 A4. 提供阐释与反馈 A5. 评估学习和绩效 A6. 评价教学效果	B3. 促进知识巩固 B4. 促进知识迁移	C6. 激发学习动机和投入 C7. 有效的表达技巧 C8. 有效的促学技巧 C9. 有效的提问技巧 C10. 促进技能巩固 C11. 促进技能迁移 C12. 使用新技术改进效果

资料来源：［美］James D. Klein 等：《教师能力标准：面对面、在线及混合情景》，顾小清译，华东师范大学出版社 2007 年版，第 11 页。

表6 美国 NACTA 教师教育认证标准 （2008）

域	指标	目标/观测点	不合格判定
专业品质	知识体系	1. 深入了解各专业标准规定的知识	1. 教育知识储备不足
		2. 能够通过查询、竞赛切磋等方式，分析关键知识和综合主题知识	2. 教学计划无法列举出各专业标准规定的重要的教育原则和概念
		3. 所有程序完成并通过国家考试获得教师资格	3. 少于80%的师范生获得教师资格认证或国家规定的考试
		4. 在 AVD 认证中，他们教的内容需得到专家公认	4. 在 AVD 认证中，师范生的教学无法体现其对教学内容深入了解
	知识技能	5. 能够深刻理解各专业标准规定的教学内容与具体知识点之间关系	5. 不能理解各专业标准规定的教学内容与具体知识点之间的关系
		6. 能够深刻理解所教专业的内容并提供多种解释和教学策略让所有学生学习	6. 所教内容不能帮助开发他们的学习经验、教育技术，并建立学生学习的文化背景
		7. 通过生动、明确、富有创造性的方式，使用真实环境和恰当的教育技术向学生介绍教学内容	7. 无法选择或使用开放多元的教学策略促进学生学习
		8. 在 AVD 认证中，师范生具有专业的教学知识内容，其专业性体现在对教学领域的引导和督促	8. 在 AVD 认证中，无法有效理解各专业标准规定的教学内容与知识点间关系，无法解释教育理论和实践间联系
	专业教学	9. 能够深刻理解各级专业标准规定的专业的教学知识和技能	9. 没有掌握各级专业标准规定的专业的教学知识和技能
		10. 能够开发有意义的经验和课程促进学生学习；他们能够有效开展专业反思并改进其教学	10. 缺乏对学校、家庭和社区的必要了解，无法对学生已有经验的提升发展进行规划
		11. 知道学生如何学习和如何提高他们的学习成绩	11. 缺乏基于实践的专业反思；无法解释专业中的管理、教学和学习
	学生学习	12. 能够将学校、家庭和社区背景与学生已有经验相联系，并激发学生思维去解决现实问题	12. 跟不上目前的教育研究和政策、学校教育教学潮流和最佳策略
		13. 能够承担专业领域的领导角色并通过团队合作实现学校发展	13. 不参与专业组织发展有意义的学习经验
		14. 在 AVD 认证中，能够通过互动、反思和专业研究在某一专业领域内取得成就	14. 在 AVD 认证中，理论与实践相脱节，不能认识到自己的长处和需要改进的领域，没有专业发展意识
		15. 关注学生学习及其影响要素	15. 不关注学生学习及其影响要素

续表

域	指标	目标/观测点	不合格判定
专业品质	学生学习	16. 善于适时评价学生学习提出改进建议，监控并积极影响全体学生学习	16. 无法根据学生的已有经验和发展水平准确评价学生学习和发展现状
		17. 在 AVD 认证中，他们能够通过对学生、教室、学校相关的绩效数据的量化分析，做出有效的教育教学决策，从而促进全体学生学习	17. 在 AVD 认证中，他们对教育评价的专业概论和基本理论知之甚少
		18. 善于与相关专业人士合作，鉴别和设计出支持学生有效学习的策略和措施	18. 不能使用对学生、教室、学校绩效数据的量化分析，做出有效的教育决策；不使用社区资源支持学生学习
		19. 在各专业标准规定的范围内，作为一名专业教育者，能够在与学生、家庭、同事、社区的工作交道中体现专业性和专业处理方式	19. 不熟悉各级专业标准规定的专业定位
评估系统	专业定位	20. 能够驾驭课堂，营造具有人文关怀、积极向上的课堂环境，激励所有学生进行主动学习、发现学习	20. 不能驾驭课堂，课堂行为不能体现公平公正和为全体学生学习所考虑
		21. 能够正确判断自己专业教育安排是否合时合理，并能够及时进行调整以达到更佳的效果	21. 不能够在与学生、家庭、同事、社区的工作交道中体现专业性和专业处理方式
		22. 有专业组织定期评估其评价体系的能力和有效性	22. 没有参与专业组织定期评估来发展其评价体系
		23. 能够反映评价体系的概念框架和候选教师精通的专业和政府相关标准	23. 评价体系对候选教师的绩效和单位管理运作的评估效果和能力有限
	评价学习	24. 对候选教师的绩效评价能够基于任务完成前的多个时点的多重评估并得到事后的实践检验	24. 评价体系不能反映各专业标准规定的评估要求
		25. 评价数据与候选教师的绩效评估结果具有高度相关性	25. 相关程序评价是基于少量的、单一的评估结果
		26. 通过深入研究建立公正、准确、一致的评估程序和操作手段	26. 没有检测评估可能出现的偏差，没有尽力保障评价程序与评价操作过程中的公正、准确和一致性
	数据收集	27. 在项目质量、运作管理、每阶段绩效等方面提供定期、全面的数据，包括第一年完成情况	27. 没有定期全面收集、汇总、分析、总结关于运作管理、项目和候选教师的评估信息
		28. 对候选教师、毕业生、教职工的评价来自内外部的多重而系统的评估	28. 没有将备选计划、校外学习、远程学习的教师评估数据按项目分列

续表

域	指标	目标/观测点	不合格判定
评估系统	数据收集	29. 数据应按项目分列，即使有些项目是备选计划、校外学习、远程学习	29. 没有保存和维护候选教师的困难、抱怨和解决方案的记录
		30. 数据应定期系统编译、综合、汇总和分析，并为了改进候选教师的绩效和项目的质量和运作管理而公开报告	30. 没有使用恰当的信息技术来维护评价体系，没有使用来自内外部的多重评估去收集申请资格、业务精通性、毕业生管理和项目质量等的相关数据
	通过数据改善项目	31. 拥有全面发展的评价制度和不断搜寻使得评价双方更为强固关联的方法，在必要时能够同时改进潜在的数据系统和分析技术	31. 有限使用甚至没有使用收集的数据去评估教师教育课程、培养方案和实践教学的实施效果，包括候选教师和毕业生的绩效信息
		32. 不仅仅关注数据的改变，更加关注对变化效应的综合研究并确保项目能够及时地趋利避害	32. 当评估指出适当的改变将加强候选教师综合素质以符合各专业标准要求时，未能及时有效地实施这种改变
		33. 候选教师和教职工能够定期重新审视他们的绩效并根据科学数据优化改进方案	33. 学院不能访问候选教师评价数据系统；并且候选教师没有在绩效评估的基础上定期提供反馈
专业实践	大学与中小学协作	34. 所有大学和中小学校相关方参与设计、实施和评价协作的概念框架和学校实践课程项目	34. 有关模拟训练和实践教学的性质和任务都是大学独立做出的决定或由代理机构完成的
		35. 大学和中小学校的合作包括每一个涉及候选教师、学生的专业教学和专门活动	35. 中小学校合作方没有参与到实践课程设计、交付或评价中来
		36. 大学和中小学校合作伙伴分享专业知识、整合资源，以支持学生学习	36. 中小学校合作方的责任仅仅是提供有关模拟训练和实践教学的地点
		37. 他们共同确定候选教师和实习生的具体实习位置和其他专业角色，为候选教师和 P—12 的学生提供最大化的学习经验	37. 实践课程没有反映出培养机构的理念框架，没有帮助候选教师胜任专业标准
		38. 专场模拟训练让候选教师能够在多样变化的教育环境中反映他们的背景、专业性、教学知识和技能以及教育专业问题处理能力	38. 候选教师不符合参加和退出实践课程（模拟训练和实践教学）的标准
		39. 专场模拟训练和临床实践教学都能够凸显出大学精心设计的"从做中学"实践教学模式的理念框架	39. 专场模拟教学没有与各（教育标准、州政府标准、教学标准）专业标准相匹配

续表

域	指标	目标/观测点	不合格判定
专业实践	实践课程实施评价	40. 通过临床实践教学，候选教师的学习通过教学实践与中小学实践项目融为一体，他们观察着并被别人观察	40. 临床实践没有提供信息技术支持教学的机会，候选教师的课程实践没有完全融入临床环境；临床实践没有为候选教师提供充足的时间和频率来展示作为教师角色的全部知识技能
		41. 与指导教师、学生、家长、学校管理者、大学指导教师们保持着互动，其他实习生则定期继续着这样的实践	41. 中小学指导教师对于指导的标准并不知情
		42. 能够正确审视自己的实践，同时也是中小学校的教学团队的一分子，能够主动参与到教育教学的决定中来	42. 中小学指导教师没有按照预期展示她们应该传授的知识和技能
		43. 参与了一个旨在教学相长的多元校本活动，如与同龄人开展项目合作、利用信息技术，参加一些服务性学习	43. 临床指导教师没为候选教师和实习生提供定期和持续的技术支持
		44. 在 AVD 认证中，候选教师的实践课程学习要求他们基于已有研究对相关班级实践的教育理论进行批评和综合	44. 在 AVD 认证中，候选教师没有参与实践课程需要提供的班级情境工作经验、学生学习情况分析或反映他们自己实践情况材料
		45. 非师范专业候选教师的实践课程学习要求他们能够根据自身将要扮演的角色设计、实施和评估实践项目	45. 非师范生候选教师没有参与实践课程需要提供的相关角色的结构化活动素材
		46. 这些基于理论的实践项目应包括对教育研究和教育技术的使用，并要求将这些教学实践应用于真实世界	46. 实践课程没有运用数据分析、信息技术支持和当代教育理念研究，也没有应用于学生、家庭和社区
	帮助学生实习实践	47. 候选教师能够通过与同伴和临床实践指导教师的通力合作，批判和反思彼此的教育实践及其对学生学习的影响，并进一步改进	47. 允许评估前，培养候选教师胜任力的实践课程没有与各专业标准直接关联；评估没有检测候选教师对学生学习的关注和专业努力
		48. 现场经验和临床实践促进候选教师去开拓自己的专业知识、技能和为了所有学生学习的专业处理能力	48. 绩效评估没有召集候选教师和中小学合作方联合进行，候选教师的实践课程缺乏明显的反馈和指导
		49. 在教室和学校里，他们与来自不同的民族/种族、语言、性别、社会经济群体工作，显示候选教师具有精通的专业知识技能以支持所有学生学习	49. 实践教学没有提供候选教师发展和展示他们为帮助学生学习所付出的知识技能的机会；实践教学没有提供来自不同种族、语言、性别和宗教的多元学生团队供候选教师教育实践

域	指标	目标/观测点	不合格判定
多元参与	课程的设计实施与评价	50. 通过课程、实地（专场模拟）经验、临床实践来促进候选教师发展知识技能，并在实践课程理念框架中体现关于多样性鉴定的专业处理能力	50. 没有将专业精通与多元化验证的关联表达在理念框架中
		51. 在更好地服务发展知识、专业化、多样化和包容性的基础上，候选教师能有效应用这些先进理念于学校教育	51. 作为教育者必备的实践课程没有为候选教师有效地开展不同人群的多元教育工作做好准备
		52. 候选教师能够根据学生已有的经验和文化来制定有效的情境化教学进行沟通交流	52. 不能理解多元化对于教与学的意义，没有将多元化合作纳入自己教学，没有能构建起具有多元价值的班级
		53—54. 能够通过教学对话带领学生应对日趋复杂的知识认知并使得所有学生获益；候选教师和教职工能够定期重新审视针对他们服务全体学生、改进实践教学计划的工作能力	53—54. 对候选教师的评估没有提供以下数据：融入到多元化视角的教学和服务、为不同学生改进课程和服务、为不同文化、语言以及其他多元化学生提供有效沟通
	多元化教育对象的工作经验	55—57. 候选教师获取从事职业教育的经验通常通过常规训练和远程学习；候选教师都来自广泛的群体之中，这些来自不同文化，有着迥异经历的踊跃的"教师"们被征召而来，而后接受培训，参与校外见习经验训练，进行教学实践；当他们回顾自己这些各式各样的经历后会发现，以前的种种训练大大提高了他们后来作为专业教师的能力和水准	55—57. 凭借常规训练和远程学习，候选教师较难获取从事职业教育的经验；教育项目不支持或不鼓励他们参与多元文化的教师教育；在增加和维持少数民族、女性、弱势群体接受平等教师教育方面，表现得碌碌无为
	义务教育工作	58—59. 针对常规训练和远程学习而必备的广泛且实质性领域经验和见习实践这一计划目的就是鼓励每个来自不同群体的个体学生能够相互作用和影响；这些经验将会影响其教学，并为制定提高学生学习策略以及作为候选教师教学成效的挑战时提供莫大帮助	58—59. 大多数教育专业教师不具有博士学位；他们往往是"被分配"而来的，对教师专业知识和当前中小学校情不具备专业认知和经验；他们中有一些人没有专业资格认证；一些高校实习指导教师对当前中小学校情不具备专业认知和体验
专业团队	合格师资	60—62. 专业机构的师资应拥有博士学位或特殊专长，对当前中小学校情有着专业经验；参与指导学位论文和奖学金有意义评选活动；高校实习指导教师有专业资格认证，其教学和实习指导在专业内应当精通熟练	60—62. 大多数教师没有博士学位；教师的现代化、专业化的知识储备不足或不充分；在各自教学领域的专家型教师偏少；教师缺乏对师范生的临床性指导经验

续表

域	指标	目标/观测点	不合格判定
专业团队	最佳专业实践教学模式	63—69. 专业机构的师资对其专业要有深入的理解；在通过教学实践整合教学内容方面，他们应成为学者型教师；他们通过面对关键问题的敏感性展现自己的教育智慧；他们精通专业教学，符合各专业标准对教师专业化的基本要求；教学融合了适当的绩效评估、多样性和技术化的课程以及模拟和临床教育实践；专业教学使得候选教师的学习变得有价值并能通过适当调整而提高效果；他们精通评估技术，使用多元评价方式来衡量学习效果，使用量化分析来改善实践效果；多数专业教师被学生和候选教师评为优秀教师或认可	63—69. 为数不多的专业机构参与其中；它们提供的教育服务有限，很少开展教育合作项目和服务；机构和单位中，几乎没有教师积极参与专业协会或提供达到当地、州政府、国家或国际水平的教师教育服务；教师教育和教师教学的学术研究水平不佳，学术参与情况不佳
	评估	70. 定期开展机构内部专业评估	70. 没有定期开展机构专业评估
	发展	71. 鼓励支持教师帮扶	71. 不支持教师帮扶和专业发展
领导与管理	领导管理	72—76. 该单位为领导阶层提供能有力协调所有课程机构的目的———让专业教育人士能为P—12学校效力；单位的招聘信息和入学实践信息始终清晰地登在其出版物及目录上，且其学术日程表、目录、出版物、录取分数政策以及学院广告信息都是保持最新最准确的；该单位确保为候选人提供学生建议和咨询等服务；单位和其他系在项目设计、传播、评估上与P12学校进行合作；机构中其他单位的同事都已将该单位视为了自己的领导，因为它能为机构中的其他个体提供有效教学的专业提升	72—76. 单位的领导和权威不能保证规定计划、人才培养方案和合作项目的顺利完成；不能有效管理和协调人才培养方案，以保障师范生符合教师培养质量标准；这种领导配置也不能有效地参与到P—12学校和其他单位与个人的合作教育；其招聘和录取程序不公开、不合规；其学术日程、出版成果、引导政策和宣传不准确，缺乏时效性；未能提供有效的学生服务，如师范生专业咨询服务等；该单位在社区范围内并不被有效认可
	经费预算	77. 预算拨款能够支持教师的教学、学术研究和专业服务，能够保障P—12教育和高质量的合作项目顺利开展	77. 无论是总额还是相对量增长，预算拨款都低于同类机构；难以保障必要的教师人才培养合格质量

续表

域	指标	目标/观测点	不合格判定
领导与管理	人事运作	78—83. 工作量、生师比、班级大小和在线授课等应合理，让教师能够有效投入教学和学术研究；有足够的人力资源协同 P—12 实习学校开展好教学服务工作；教学负荷应合理，一般不超过 12 小时/天本科教学工作和 9 小时/天研究生教学工作；每位全职教师实践教学指导的师范学生数不超过 18 人；教学人事运作能够保证项目教学的完整性和连贯性；为师范生提供了充分的可供选择和支持的师资、专业发展机会和信息技术	78—83. 工作量、生师比、班级大小和在线授课等政策和现状不合理，教师不能有效参与教学，不能有效获取报酬、评价和发展建议；不能与 P—12 实习学校开展有效合作和服务；教师教学负荷重；每位全职教师实践教学指导的师范学生数超过了 18 人；人才培养方案缺乏完整性、一致性，并聘请大量外部辅助人员从事教学；人员和资源的限制约束了教师专业发展，并进一步影响到候选教师的培养质量
	机构设施	84. 一流、标准化、现代化的教学和信息技术设备的支持；允许教师和候选教师用于教学和教学技能培养	84. 校园设施缺乏功能性或良好维护，不支持最新技术，不支持候选教师提升师范教学技能水平
	资源技术	85—88. 积极并成功确保资源投入对高水平项目和候选教师培养质量提升倾向；资金充足，能够支持单位评估计划、校园教育之外的教育项目和社区服务；师生能够享有优质图书、课程和电子信息资源；远程教育资源出色	85—88. 资源分配不均，阻碍了师资专长的发挥；几乎没有资源和资金用于单位评估计划；信息科技资源非常有限，师生享有的优质图书、课程、电子信息和远程教育资源匮乏；信息技术不能保证速度、保密性、可靠性等

表7 **中国小学教师专业标准（试行，2012）**

	领域	基本要求
专业理念与师德	职业理解与认识	1. 贯彻党和国家教育方针政策，遵守教育法律法规 2. 理解小学教育工作的意义，热爱小学教育事业，具有职业理想和敬业精神 3. 认同小学教师的专业性和独特性，注重自身专业发展 4. 具有良好职业道德修养，为人师表 5. 具有团队合作精神，积极开展协作与交流
	对小学生的态度与行为	6. 关爱小学生，重视小学生身心健康，将保护小学生生命安全放在首位 7. 尊重小学生独立人格，维护小学生合法权益，平等对待每一个小学生。不讽刺、挖苦、歧视小学生，不体罚或变相体罚小学生 8. 信任小学生，尊重个体差异，主动了解和满足有益于小学生身心发展的不同需求 9. 积极创造条件，让小学生拥有快乐的学校生活
	教育教学的态度与行为	10. 树立育人为本、德育为先的理念，将小学生的知识学习、能力发展与品德养成相结合，重视小学生全面发展 11. 尊重教育规律和小学生身心发展规律，为每一个小学生提供适合的教育 12. 引导小学生体验学习乐趣，保护小学生的求知欲和好奇心，培养小学生的广泛兴趣、动手能力和探究精神 13. 引导小学生学会学习，养成良好学习习惯
	个人修养与行为	14. 富有爱心、责任心、耐心和细心 15. 乐观向上、热情开朗、有亲和力 16. 善于自我调节情绪，保持平和心态 17. 勤于学习，不断进取 18. 着装整洁得体，语言规范健康，举止文明礼貌

续表

	领域	基本要求
专业知识	小学生发展知识	19. 了解关于小学生生存、发展和保护的有关法律法规及政策规定 20. 了解不同年龄及有特殊需要的小学生身心发展特点和规律，掌握保护和促进小学生身心健康发展的策略与方法 21. 了解不同年龄小学生学习的特点，掌握小学生良好行为习惯养成的知识 22. 了解幼小和小初衔接阶段小学生的心理特点，掌握帮助小学生顺利过渡的方法 23. 了解对小学生进行青春期和性健康教育的知识和方法 24. 了解小学生安全防护的知识，掌握针对小学生可能出现的各种侵犯与伤害行为的预防与应对方法
	学科知识	25. 适应小学综合性教学的要求，了解多学科知识 26. 掌握所教学科知识体系、基本思想与方法 27. 了解所教学科与社会实践的联系，了解与其他学科的联系
	教育教学知识	28. 掌握小学教育教学基本理论 29. 掌握小学生品行养成的特点和规律 30. 掌握不同年龄小学生的认知规律 31. 掌握所教学科的课程标准和教学知识
	通识性知识	32. 具有相应的自然科学和人文社会科学知识 33. 了解中国教育基本情况 34. 具有相应的艺术欣赏与表现知识 35. 具有适应教育内容、教学手段和方法现代化的信息技术知识
专业能力	教育教学设计	36. 合理制订小学生个体与集体的教育教学计划 37. 合理利用教学资源，科学编写教学方案 38. 合理设计丰富多彩的班队活动
	组织与实施	39. 建立良好的师生关系，帮助小学生建立良好的同伴关系 40. 创设适宜的教学情境，根据小学生的反应及时调整教学活动 41. 调动小学生学习积极性，结合小学生已有的知识和经验激发学习兴趣 42. 发挥小学生主体性，灵活运用启发式、探究式、讨论式、参与式等教学方式 43. 将现代教育技术手段渗透运用到教学中 44. 较好使用口头语言、肢体语言与书面语言，使用普通话教学，规范书写钢笔字、粉笔字、毛笔字 45. 妥善应对突发事件 46. 鉴别小学生行为和思想动向，用科学的方法防止和有效矫正不良行为
	激励与评价	47. 对小学生日常表现进行观察与判断，发现和赏识每一个小学生的点滴进步 48. 灵活使用多元评价方式，给予小学生恰当的评价和指导 49. 引导小学生进行积极的自我评价 50. 利用评价结果不断改进教育教学工作
	沟通与合作	51. 使用符合小学生特点的语言进行教育教学工作 52. 善于倾听，和蔼可亲，与小学生进行有效沟通 53. 与同事合作交流，分享经验和资源，共同发展 54. 与家长进行有效沟通合作，共同促进小学生发展 55. 协助小学与社区建立合作互助的良好关系
	反思与发展	56. 主动收集分析相关信息，不断进行反思，改进教育教学工作 57. 针对教育教学工作中的现实需要与问题，进行探索和研究 58. 制定专业发展规划，不断提高自身专业素质

附录二　国内的探索
——素质修炼与能力认证

本表综合了湖北省、湖南省、浙江省专业联盟和职前培养机构的相关标准。

必修项目：A1 书写、A2 教案设计、A3 课件制作、A4 模拟授课。

表1　　　　　　　　　　　　　　　　**必修项目**

	评价内容	评定指标
A1 书写	书写规范 （15分）	1. 不写错别字、繁体字
		2. 笔划工整规范、到位
		3. 整行平直，行距、字距均匀
	运笔方法 （15分）	4. 熟悉现代汉语常用汉字的字形、结构、笔画和笔顺
		5. 执笔、运笔方法正确
	基本能力 （50分）	6. 结构（松紧、大小）合理、协调
		7. 笔法（轻重、缓急）处理得体、笔画有力，能轻重变化
		8. 字体重心平稳
		9. 书写节奏流畅
	整体表现 （20分）	10. 形体美观
		11. 技法娴熟
		12. 富有个性与书法情趣
A2 教案设计	教学目标 （20分）	1. 符合国家课程标准要求，从"三个维度"制订教学目标
		2. 教学目标明确，阐述清晰准确
		3. 教学目标符合学生认识规律与学科特点
	教学设计 （50分）	4. 体现探究式教学，达到教师主导性和学生主体性的有机结合
		5. 创设教学情境，引导学生有效参与
		6. 动脑与动手相结合，启发学生思考与参与
		7. 时间分配合理，教学重点突出，有突破教学难点的策略
		8. 教学过程设计与教学目标对应
	教学内容 （15分）	9. 教学内容具有科学性和逻辑性，无知识性、逻辑性错误
		10. 课堂容量适当，整体脉络清晰
	教学创新 （15分）	11. 情境创设、教学思路等方面有新意
		12. 教学方法与手段选用与教学相匹配，有特色

续表

评价内容		评定指标
A3 课件制作	教育性（20分）	1. 教学目标明确，能清楚表达主题
		2. 教学内容的选取、表达和组织能体现预定的教学目标
		3. 教学过程能体现计算机作为教学媒体的特点，内容组织和表达形式有吸引力
	科学性（20分）	4. 内容正确、表达清楚规范，没有拼写和语法错误；
		5. 内容符合逻辑和学生认识水平
	技术性（40分）	6. 在运行过程中不出现错误，播放流畅
		7. 能合理运用两种以上的媒体，信息呈现清楚稳定
		8. 动画效果的设计和页面切换效果符合内容需要
		9. 操作方便，链接方式统一有效
	艺术性（20分）	10. 画面美观、布局合理，有统一的版面设计
		11. 背景服从文本与图片，并与之相辅相成
		12. 声音播放协调、适宜，不影响教学
A4 模拟授课	教学目标（20分）	1. 符合课程标准的要求
		2. 明确，表述清晰
		3. 符合学生特点
	教学内容（20分）	4. 认真贯彻课程标准
		5. 学科基础好，教学内容科学性强
		6. 注重科学性与思想性的统一
		7. 教学重点、难点突出，理论联系实际
		8. 重视学生个性差异和能力培养
	教学过程（20分）	9. 教学内容符合科学性、逻辑性
		10. 教学方法先进，灵活运用教学策略
		11. 教学任务具体，有效整合教学资源
		12. 方案设计合理，时间分配合理
		13. 能以学生的发展为前提，调动学生学习积极性
	教学技能（20分）	14. 授课条理清楚、教学语言规范、表达清楚
		15. 恰当使用板书与现代教学手段、教学演示规范
		16. 有效地组织课堂教学
		17. 课堂中有效地与学生交流互动
	综合表现（20分）	18. 有一定的创新性特色
		19. 能启发学生积极思考，主动学习，增强学生对数学科学过程的体验
		20. 教态自然大方，教学效果好

注：必修项目每项满分 100 分，最后按 70% 折算计入总成绩；随机抽取题目的项目不另提供换题机会。

选修项目：B1 朗诵、B2 即席演讲、B3 简笔绘画、B4 专业阅读。

表 2　　　　　　　　　　　　　　选修项目

	评价内容	评定指标
B1 朗诵	主题内容（20 分）	1. 内容健康、向上，思想性强
		2. 寓意深刻，富有感召力和警世作用
	普通话（30 分）	3. 语调、发音准确，吐字清晰，不读错字、不添（漏改）字
		4. 语速恰当、声音响亮，表达自然流畅，节奏张弛符合思想感情的起伏变化
		5. 感情真挚，正确把握内容节奏
	表达（30 分）	6. 表达自然得体，动作恰当
		7. 忠实于原作品，领会作品内容，准确把握作者的思想感情
		8. 形式新颖，富有创意，感染力强
	整体表现（20 分）	9. 出入有序有礼、精神饱满
		10. 衣着得体，仪态自然大方
B2 即席演讲	讲演理念（15 分）	1. 理念先进、明确、突出
		2. 有独到的观念和见解
	讲演内容（15 分）	3. 内容紧扣主题
		4. 核心观念明确、突出
		5. 佐证材料典型
	基本能力（50 分）	6. 灵活而有效地调整、组织演讲内容
		7. 能够清楚地表达自己的观念，没有科学性错误
		8. 语言流畅、生动
		9. 说明、阐述、论证充分
		10. 时间分配合理
	整体表现（20 分）	11. 思路清晰，重点突出
		12. 仪态自然
		13. 富有较强感染力，逻辑性强
		14. 有见解，有创意

续表

评价内容		评定指标
B3 简笔 绘画	教育性 (20分)	1. 能够围绕教学内容材料进行构图，表情达意，有效辅助教学
		2. 能够寓教育性于简笔画创意中
		3. 通过简笔画的运用，提高学生的审美能力，陶冶学生的审美情趣，以美辅德
	技巧性 (60分)	4. 能准确整体把握文字符号的意义，采用适合材料的表现形式
		5. 构思合理，构图完整
		6. 将概念、形象特征、关系或过程、情节或情境等简洁、直观、准确地表现出来
	针对性 (20分)	7. 线条流畅，传情达意，生动传神，趣味性强
		8. 针对教学的重难点
		9. 针对学生的心理和年龄特点
B4 专业 阅读	结构化 理解 (20分)	1. 能够通过阅读，掌握全书的基本结构
		2. 能够通过阅读，理解作者的基本思路和逻辑
		3. 能够通过阅读，初步评价某一章节的逻辑结构
	案例品读 (40分)	4. 知晓全书一两个经典案例
		5. 能够理解性复述一两个经典案例
		6. 能够初步评价案例的经典性
		7. 能够提炼和学习经典案例的优秀性
	观点提炼 (20分)	8. 知晓全书主要观点
		9. 能够提炼作者的核心观点及其表达方式
	阅读反思 (20分)	10. 有阅读反思的习惯、成果
		11. 能够结合自我经验开展阅读反思

　　注：选修项目每项满分 100 分，最后按 30% 折算计入总成绩；随机抽取题目的项目不另提供换题机会。

附录三 "教师职前培养质量标准化评价"问卷(综合)

尊敬的同学/老师:

　　您好!

　　我是湖北教师教育研究中心、湖北 H 师范学院教育科学研究院的一名专任教师,目前正在进行一项教育部人文社会科学研究项目"教师教育职前培养质量标准化评价模型"(12YJC880153)的研究。

　　本研究目的是了解当前我国教师职前培养质量评价和保障机制构建的现状、问题、症结和关键,尤其是师范大学生对学校人才培养质量及其评价的满意度和需求状况,从而构建出符合我国国情的教师职前培养质量标准化评价模型,为其标准化质量评价和保障机制建设奠定研究基础。

　　希望您能配合我们填写调查问卷。此调查不记名,结果仅用于研究分析,请不必有顾虑。

2012 年 9 月 12 日

＊＊＊＊＊＊＊＊＊＊＊＊＊＊＊＊＊＊＊＊＊＊＊＊＊＊＊＊＊＊＊＊＊

一、您的基本情况:(在下面相应选项下画"√".)

我是学生:(单选)

您的性别:【男、女】　　　　　　　学校层次:【大学、学院、其他】

学校所在:【省会、非省会】　　　　所在年级:【大一、大二、大三、大四】

户口来自:【农村、城市】　　　　　所学专业:【文科、理工科】属性:【定向、非定向】

家庭人均年收入:【1 万元以下、1 万—2 万元、2 万—3 万元、3 万—4 万元、4 万—5 万元、5 万元以上】

我是教师:(不定项选择)

您的性别:【男、女】　　　　　　　学校层次:【大学、学院、其他】

学校所在：【省会、非省会】　　主教年级：【大一、大二、大三、大四】

户口来自：【农村、城市】　　　　主教专业：【文科、理工科】

最后学位：【本科、硕士、博士】　专业职称：【教授、副教授、讲师、助教】

二、教师职前培养质量标准化评价的认知（A—教师填写；B—学生填写）

A1. 教师职前培养质量的标准化评价（支持质量层面—质量成本）：确保教师人才培养质量是需要成本投入的。你认为高校在教师职前培养过程中，哪些项目是必须保障投入充足的？

1. 引进师资	2. 培训教师	3. 教学硬件	4. 科研条件	5. 教师待遇	6. 党务工作	7. 心理服务
8. 教学辅导	9. 开办讲座	10. 内部管理	11. 社团活动	12. 图书资源	13. 学生奖励	14. 学生资助
15. 实践教学	16. 学科建设	17. 学术交流	18. 合作办学	19. 外聘教师	20. 其他	

您的回答：【　　　　】（按其重要性排序，可多选；选其他，请注明）

A2. 教师职前培养质量的标准化评价（支持质量层面—办学硬件）：确保教师人才培养质量是需要办学硬件投入的。你认为高校在教师职前培养过程中，哪些项目是必须保障质量的？

1. 多媒体	2. 教学用具	3. 教学场地	4. 实践场地	5. 实训场地	6. 实习条件	7. 图书场地
8. 辅助场地	9. 会议场地	10. 实验设备	11. 科研设备	12. 活动场地	13. 运作经费	14. 其他

您的回答：【　　　　】（按其重要性排序，可多选；选其他，请注明）

A3. 教师职前培养质量的标准化评价（支持质量层面—办学软件）：确保教师人才培养质量是需要办学软件投入的。你认为高校在教师职前培养过程中，哪些项目是必须保障质量的？

1. 师资结构	2. 师资水平	3. 教学氛围	4. 师资发展	5. 紧缺师资	6. 合作氛围	7. 图书场地
8. 专业阅读	9. 专业活动	10. 第二课堂	11. 学科平台	12. 国际交流	13. 课程设置	14. 其他

您的回答：【　　　　】（按其重要性排序，可多选；选其他，请注明）

A4. 教师职前培养质量的标准化评价（支持质量层面—资源管理）：确保教师人才培养质量是需要资源管理投入的。你认为高校在教师职前培养过程中，哪些项目是必须保障质量的？

1. 领导水平	2. 队伍素质	3. 凝聚力	4. 管理愿景	5. 办学理念	6. 办学资源	7. 资源整合
8. 资源调配	9. 监督保障	10. 教学管理	11. 学生管理	12. 平台管理	13. 服务意识	14. 其他

您的回答：【　　　　】（按其重要性排序，可多选；选其他，请注明）

A5. 教师职前培养质量的标准化评价（特色质量层面—特色内涵）：确保教师人才培养质量是需要打造特色内涵的。你认为高校在教师职前培养过程中，哪些项目是必须保障质量的？

1. 特色文化	2. 特色模式	3. 特色品牌	4. 特色项目	5. 发展特色	6. 行知特色	7. 理论特色
8. 实践特色	9. 前沿特色	10. 其他				

您的回答：【　　　　】（按其重要性排序，可多选；选其他，请注明）

A6. 教师职前培养质量的标准化评价（特色质量层面—特色外延）：确保教师人才培养质量是需要凸显特色外延的。你认为高校在教师职前培养过程中，哪些项目是必须保障质量的？

1. 特色成果	2. 特色资源	3. 特色宣传	4. 特色声誉	5. 区位特色	6. 教学特色	7. 管理特色
8. 学生特色	9. 师资特色	10. 其他				

您的回答：【　　　　】（按其重要性排序，可多选；选其他，请注明）

B1. 教师职前培养质量的标准化评价（核心质量层面—专业品质）：确保一定人才培养质量是需要成本投入的。你认为高校在人才培养过程中，哪些项目是必须保障投入充足的？

1. 爱岗敬业	2. 为人师表	3. 学生水平	4. 身体条件	5. 专业反思	6. 体艺特长	7. 心理素质
8. 职业认同	9. 专业认同	10. 意志品质	11. 耐劳品质	12. 勤俭品质	13. 诚信品质	14. 其他

您的回答：【　　　　】（按其重要性排序，可多选；选其他，请注明）

B2. 教师职前培养质量的标准化评价（核心质量层面—专业知识）：确保一定人才培养质量是需要成本投入的。你认为高校在人才培养过程中，哪些项目是必须保障投入充足的？

1. 教学反思	2. 教学设计	3. 教学评价	4. 学生评价	5. 课程教学	6. 学生工作	7. 学生心理
8. 教学心理	9. 发展心理	10. 内部管理	11. 组织管理	12. 活动设计	13. 学生激励	14. 学生辅导
15. 行动研究	16. 教学研究	17. 学术前沿	18. 合作教育	19. 专业成长	20. 其他	

您的回答：【　　　　】（按其重要性排序，可多选；选其他，请注明）

B3. 教师职前培养质量的标准化评价（核心质量层面—专业能力）：确保一定人才培养质量是需要成本投入的。你认为高校在人才培养过程中，哪些项目是必须保障投入充足的？

1. 行动研究	2. 教学研究	3. 教学管理	4. 班级管理	5. 活动设计	6. 活动评价	7. 心理辅导
8. 教学辅导	9. 交际沟通	10. 口头表达	11. 社会适应	12. 阅读技能	13. 写作技能	14. 教学反思
15. 教案设计	16. 信息技术	17. 教育教学	18. 协同教育	19. 专业发展	20. 其他	

您的回答：【　　　　　】（按其重要性排序，可多选；选其他，请注明）

三、教师职前培养质量标准化评价的核心因素【学生、教师填写】

如果说"以下标准化因素是教师职前培养的质量评价的核心因素"，你会表示：
（单选，请在后面横线处填上一个代表符合程度的数字）

1 2 3 4 5 6 7 8 9 10

（非常不赞同—非常赞同）

[C1] 爱岗敬业的教师专业品质　　　　　_____

[C2] 为人师表的教师专业品质　　　　　_____

[C3] 师范生的体育艺术特长　　　　　_____

[C4] 师范生的品质基准（基本水平）　　_____

[C5] 专业反思的教师专业品质　　　　　_____

[C6] 专业观察的教师专业品质　　　　　_____

[C7] 教育教学的专业能力　　　　　_____

[C8] 协同教育的专业能力　　　　　_____

[C9] 信息技术的专业能力　　　　　_____

[C10] 班级管理的专业能力　　　　　_____

[C11] 办学硬件条件的充足水平　　　　_____

[C12] 办学经费条件的充足水平　　　　_____

[C13] 图书资源条件的充足水平　　　　_____

[C14] 实践教学条件的充足水平　　　　_____

[C15] 学校领导综合素养的专业水平　　_____

[C16] 管理人员队伍素质的专业水平　　_____

[C17] 管理人员办学理念的专业水平　　_____

[C18] 管理人员执行效果的专业水平　　_____

[C19] 学校的教学氛围　　　　　_____

[C20] 学校的师资水平　　　　　_____

［C21］学校的第二课堂活动水平　　　　　　_____

［C22］学校的学科平台建设水平　　　　　　_____

［C23］掌握学生心理相关专业知识　　　　　_____

［C24］掌握课程教学相关专业知识　　　　　_____

［C25］掌握学生评价相关专业知识　　　　　_____

［C26］掌握活动设计相关专业知识　　　　　_____

［C27］掌握专业发展相关专业知识　　　　　_____

［C28］办学的特色文化　　　　　　　　　　_____

［C29］办学的特色模式　　　　　　　　　　_____

［C30］办学的特色项目　　　　　　　　　　_____

［C31］办学的特色品牌　　　　　　　　　　_____

［C32］办学的特色成果　　　　　　　　　　_____

［C33］办学的特色资源　　　　　　　　　　_____

［C34］办学的特色宣传　　　　　　　　　　_____

［C35］办学的社会声誉　　　　　　　　　　_____

四、简答

D1. 您对我国教师职前培养质量及其评价的看法。

D2. 您的专业建议。

感谢您的支持与参与！请检查是否有题目漏填；联系作者：nightfire1023
@ 126. com。

参考文献

（一）著作类

[1] ［美］阿兰兹：《学会教学》，丛立新等译，华东师范大学出版社 2007 年版。

[2] ［美］波·达林：《理论与战略——国际视野中的学校发展》，范国睿等译，教育科学出版社 2002 年版。

[3] ［美］伯顿·克拉克：《学术权力——七国高等教育管理体制比较》，王承绪等译，浙江教育出版社 1989 年版。

[4] ［美］达林·哈蒙：《美国教师专业发展学校》，王晓华等译，中国轻工业出版社 2006 年版。

[5] ［美］达林·哈蒙：《有力的教师教育：来自杰出项目的经验》，鞠玉翠等译，华东师范大学出版社 2009 年版。

[6] ［美］约翰·S. 布鲁贝克：《高等教育哲学》，王承绪等译，浙江教育出版社 1987 年版。

[7] ［美］雷马·歇尔、［美］马克·塔克：《教育与国家财富：思考生存》，顾建新等译，教育科学出版社 2003 年版。

[8] ［美］尼古拉斯·米凯利、戴维·凯泽等：《为了民主和社会公正的教师教育》，任友群等译，华东师范大学出版社 2009 年版。

[9] ［美］亚伯拉罕·弗莱克斯纳：《现代大学论——美英德大学研究》，徐辉等译，浙江教育出版社 2001 年版。

[10] ［德］弗·鲍尔生：《德国教育史》，滕大春等译，人民教育出版社 1986 年版。

[11] ［法］雅克·德洛尔：《教育——财富蕴含其中》，国际 21 世纪教育委员会联合国教科文组织总部中文科译，教育科学出版社 1996

年版。

［12］［加］许美德：《中国大学——1895—1995：一个文化冲突的世纪》，许洁瑛等译，教育科学出版社 2000 年版。

［13］［英］约翰·亨利·纽曼：《大学的理想》，徐辉等译，浙江教育出版社 2001 年版。

［14］［英］麦克布莱德等：《教师教育政策：来自研究和实践的反思》，洪成文等译，北京师范大学出版社 2009 年版。

［15］联合国教科文组织国际教育局：《教育展望 160 期：教育质量改进与教师发展的多维度视角》，华东师范大学出版社 2013 年版。

［16］陈玉琨：《教育评价学》，人民教育出版社 1999 年版。

［17］陈厚丰：《中国高等学校分类与定位问题研究》，湖南大学出版社 2004 年版。

［18］陈学飞：《美国、德国、法国、日本当代高等教育思想研究》，上海教育出版社 1998 年版。

［19］陈学飞：《中国高等教育研究 50 年：1949—1999》，教育科学出版社 1999 年版。

［20］陈霞：《教师专业发展的实效性研究》，北京大学出版社 2012 年版。

［21］丁钢等：《全球化背景下的教师专业发展创新计划——新理念及其变革实践》，北京师范大学出版社 2009 年版。

［22］戴伟芬：《美国教师教育课程思想 30 年》，北京师范大学出版社 2012 年版。

［23］范文曜、马陆亭：《国际视角下的高等教育质量评估与财政》，教育科学出版社 2004 年版。

［24］高湘萍等：《教师教育数字化平台构建、应用与评价》，中国人民大学出版社 2009 年版。

［25］顾明远、檀传宝：《2004：中国教育发展报告——变迁中的教师和教师教育》，北京师范大学出版社 2004 年版。

［26］管培俊、朱旭东等：《中小学教师队伍质量建设研究》，北京师范大学出版社 2014 年版。

［27］郭健：《哈佛大学发展史》，河北教育出版社 2000 年版。

［28］何菊玲：《教师教育范式研究》，教育科学出版社 2009 年版。

［29］贺国庆：《德国和美国大学发达史》，人民教育出版社 1998 年版。

[30] 贺国庆：《近代欧洲对美国教育的影响》，河北大学出版社 1994 年版。

[31] 洪明：《美国教师质量保障体系历史演进》，北京师范大学出版社 2010 年版。

[32] 侯维栋等：《ISO20000 认证与实践》，清华大学出版社 2010 年版。

[33] 洪生伟等：《质量认证教程》，中国标准出版社 2008 年版。

[34] 靳希斌等：《教师教育模式研究》，北京师范大学出版社 2009 年版。

[35] 罗树华、李洪珍：《教师能力学》，山东教育出版社 1997 年版。

[36] 李进等：《我的教师教育观——当代师范生之愿景》，北京大学出版社 2009 年版。

[37] 李进等：《教师教育概论》，北京大学出版社 2009 年版。

[38] 李进等：《教师教育与教育领导》，北京大学出版社 2009 年版。

[39] 李勇：《高等学校成本结构的国际比较》，北京师范大学出版社 2009 年版。

[40] 李伟胜：《班级管理》，华东师范大学出版社 2010 年版。

[41] 刘献君等：《教育研究方法高级讲座》，华中科技大学出版社 2010 年版。

[42] 刘静：《20 世纪美国教师教育思想的历史分析》，北京师范大学出版社 2009 年版。

[43] 刘捷、谢维和等：《栏栅内外——中国高等师范教育百年省思》，北京师范大学出版社 2002 年版。

[44] 刘力等：《协作与共赢：教师教育实践教学研究》，北京师范大学出版社 2012 年版。

[45] 刘维俭、王传金：《教师职前教育实践概论》，南京师范大学出版社 2006 年版。

[46] 卢现祥：《新制度经济学》，武汉大学出版社 2006 年版。

[47] 龙宝新：《当代教师教育变革的文化路径》，北京师范大学出版社 2012 年版。

[48] 骆玎：《中美教师教育实践课程比较研究》，中国社会科学出版社 2012 年版。

[49] 马陆亭：《高等学校的分层与管理》，广东教育出版社 2004 年版。

[50] 闵维方：《高等教育运行机制研究》，人民教育出版社 2002 年版。

［51］缪蓉等：《教师教育技术能力——标准、培养及评估》，北京大学出版社 2012 年版。

［52］潘懋元等：《多学科观点的高等教育研究》，上海教育出版社 2001 年版。

［53］漆国生等：《教师教育发展的趋势与对策》，北京师范大学出版社 2013 年版。

［54］田廷光、陈上仁等：《本科院校教师教育质量标准研究》，中国社会科学出版社 2010 年版。

［55］邵瑞珍等：《教育心理学——学与教的原理》，上海教育出版社 1983 年版。

［56］施晓光：《美国大学思想论纲》，北京师范大学出版社 2001 年版。

［57］唐霞：《英国高等教育质量保证体系》，北京师范大学出版社 2012 年版。

［58］肖甦等：《比较教师教育》，江苏教育出版社 2010 年版。

［59］王长纯：《教师发展学校研究》，北京师范大学出版社 2009 年版。

［60］王强：《教师胜任力发展模式论》，华东师范大学出版社 2011 年版。

［61］王英杰：《美国高等教育的改革与发展》，人民教育出版社 2002 年版。

［62］王艳玲：《教师教育课程论》，华东师范大学出版社 2011 年版。

［63］王泽农、曹慧英：《中外教师教育课程设置比较研究》，高等教育出版社 2003 年版。

［64］杨汉清：《比较高等教育概论》，人民教育出版社 1997 年版。

［65］叶澜等：《教师角色与教师发展新探》，教育科学出版社 2001 年版。

［66］于漪：《教育魅力——青年教师成长钥匙》，华东师范大学出版社 2013 年版。

［67］谌启标：《教师教育大学化的国际比较研究》，福建教育出版社 2008 年版。

［68］郭志明：《美国教师专业规范历史研究》，中国社会科学出版社 2004 年版。

［69］李方、钟祖荣：《教师专业发展标准与发展机制》，北京出版社 2004 年版。

［70］赵宏斌、陆根书：《高等教育运营：理论与实践》，上海交通大学出

版社 2007 年版。

［71］周钧：《美国教师教育认可标准的变革与发展——全美教师教育认可委员会案例研究》，北京师范大学出版社 2009 年版。

［72］张维迎：《大学的逻辑》，北京大学出版社 2004 年版。

［73］张彦通：《高等教育评估与质量保证研究》，北京航空航天大学出版社 2011 年版。

［74］中国社会科学院语言研究所词典编辑室：《现代汉语词典》，商务印书馆 2012 年版。

［75］周洪宇：《教师教育论》，北京师范大学出版社 2010 年版。

［76］周洪宇：《中国好教师》，湖北科学技术出版社 2015 年版。

［77］朱旭东：《教师专业发展理论研究》，北京师范大学出版社 2011 年版。

［78］朱旭东、李琼等：《教师教育标准体系研究》，北京师范大学出版社 2011 年版。

［79］朱旭东、胡艳：《中国教育改革 30 年（教师教育卷）》，北京师范大学出版社 2009 年版。

［80］朱旭东等：《中国现代教师教育体系构建研究》，北京师范大学出版社 2014 年版。

［81］Ashby, Eric, *On the Meaning of the University*, Utah: The University of Utah Press, 1976.

［82］Baldridge, J. V., *Power and conflict in the university*, John Wiley & Sons, Inc., 1971.

［83］Borrero, Cabal A., *The University as An Institution today: Topic for Reflection*, UNESCO Publishing, 1993.

［84］Benett, J. B., *Contemporary Issues in Higher Education*, New York Macmillan Publishing Company, 1985.

［85］Corson, J. J., *Governance of Colleges and Universities*, New York: McGraw – Hill, 1960.

［86］Duke, Alex, *Importing Oxbridge: English Residential Colleges and American Universities*, New Haven: Yale University Press, 1996.

［87］David D. Dill and Barbara Sporn, *Emerging Pattern of Social Demand and University Reform: Through a Glass Darkly*, IAU Press, 1995.

[88] Derek Bok, *Universities and the Future of America*, Duke University Press, 1990.

[89] Edward Cell, *Religion and Contemporary Western Culture*, New York: Abingdon Press, 1967.

[90] Eric Ashby, *University: British, India, Africa, A Study in the Ecology of Higher Education*, Harvard University Press, 1966.

[91] Ernest A. Lyuton and Sandra, *New Priorities for the University*, Jossey – Bass Inc. , 1987.

[92] Graham, Huge Davis and Nancy Diamond, *The Rise of American Research University: Elites and Challengers in the Postwar Era*, John Hopkins University Press, 1997.

[93] Geoffrey Walford, *Restructuring Universities: Politics and Power in the Management of Change*, Croom Helm Ltd. , 1987.

[94] H. C. Dent, *1870 – 1970 Century of Growth in English Education*, London: Longman Group Ltd. , 1975.

[95] Hastings Rashdall, *The Universities of Europe in the Middle Ages.* Oxford: Oxford University Press, 1977.

[96] James Bowen, *A History of Western Education*, New York: St. Martin's Press, 1972.

[97] James Calleja, *International Education and the University*, London: Jessica Kingsley Publishers Ltd. , 1999.

[98] J. Lucas, Christopher, *Crisis in the Academy: Rethinging Higher Education in America*, New York: St. Martin's Griff, 1998.

[99] Ken Kempner, *Comparative Education*, Heights: Simon & Schuster Custom Publishing Group, 1998.

[100] Lester F. , *Goodchild and Harold S. Wechsler, The History of Higher Education*, Boston: Pearson Custom Publishing Company, 1997.

[101] Leff Gordon, *Paris and Oxford University in the 13th and 14th Centuries*, New York: John Wiley & Sons, 1968.

[102] Murphy, J. & Beck, L. G. , *School – based Reform: Taking Stock, Thousand Oaks CA*, Corwin Press, 1995.

[103] P. W. Musgrave, *Society and Education in England since 1800*, Lon-

don：Methuen & Co. , Ltd. , 1968.

[104] Peter Scott, *the Crisis of the University*, Kent：Croom Helm Ltd. , 2001.

[105] Paul Shore, *the Myth of the University*：*Ideal and Reality in Higher Education*, University Press of America, Inc. , 1992.

[106] Peter M. Blau, *the organization of academic work*, Transaction Publishers, New Brunswick, New Jersey, 1994.

[107] Peter Scott, *the Crisis of the University*, Kent：Croom Helm Ltd. , 2001.

[108] Philip Altbach, *American Higher Education in the Twenty – first Century*, John Hopkins Press, 1998.

[109] Porothy S. Zinberg, *the Changing University*, University Chicago Press, 1990.

[110] Peter Scott, *the Crisis of the University*, Croom Helm Ltd. Provident House, 1984.

[111] Pedersen, Olaf, *the First Universities*：*Studium Generale and the Origins of University Education in Europe*, Cambridge：Cambridge University Press, 1997.

[112] Rothblatt, Sheldom and Bjorn Wittrock, *The European and American University since* 1800, Cambridge：Cambridge University Press, 1993.

[113] Stuart Machure, *One Hundred Years of London Education* 1870 – 1970, London：Allen Lane the Penguin Press, 1970.

[114] Ted Tapper and Brian Salter, *Oxford*, *Cambridge and the Changing Idea of the University*, Milton Keynes：SRHE and Open University Press, 1992.

[115] Soares, Joseph A. , *The Decline of the Previlige*：*the Modernization of Oxford University*, *Stanford*, Calif. ：Stanford University Press, 1999.

[116] Thompson, Jo Ann Gerdeman, *The Modern Idea of the University*, New York：Peter Lang, 1984.

（二）论文类

［1］安心：《高等教育质量的界定初探》，《辽宁高等教育研究》1997 年第 2 期。

［2］别敦荣：《论发展大众高等教育及其质量保证》，《辽宁教育研究》2001 年第 1 期。

［3］陈凡：《我国教师资格考试问题研究及启示》，《教师教育与管理》2006 年第 3 期。

［4］陈厚丰：《中国高等教育分类研究现状述评》，《大学教育科学》2010 年第 1 期。

［5］陈顺理：《教学能力初探》，《课程·教材·教法》1988 年第 9 期。

［6］陈啸等：《义务教育教师专业化发展评价指标体系的构建——以合肥市中小学教师为例》，《湖州师范学院学报》2012 年第 6 期。

［7］陈向明：《实践性知识：教师专业发展的知识基础》，《北京大学教育评论》2003 年第 1 期。

［8］陈向明：《优秀教师在教学中的思维和行动特征探究》，《教育研究》2014 年第 5 期。

［9］褚宏启：《教育现代化的本质与评价——我们需要什么样的教育现代化》，《教育研究》2013 年第 11 期。

［10］杜静：《论网络视阈下的校本培训》，《中国教育学刊》2007 年第 8 期。

［11］杜静：《我国教师教育课程存在的问题与改革路向》，《教育研究》2007 年第 9 期。

［12］董焱、王秀军、张珏：《教育现代化发展评价指标体系研究》，《教育发展研究》2012 年第 21 期。

［13］冯善斌：《新课程理念下的教师教学能力》，《河北教育》2006 年第 1 期。

［14］何晓芳、张贵新：《对教师专业发展标准体系的若干思考》，《中小学教师培训》2007 年第 2 期。

［15］华东师范大学课题组：《对实施教师教育机构资质认证和评价的思考》，《高等师范教育研究》2003 年第 5 期。

[16] 洪成文：《质量认证框架下的美国教师教育质量保证研究》，《比较教育研究》2004 年第 10 期。

[17] 胡建华：《高等教育价值观视野下的高等教育质量》，《高等教育研究》2005 年第 11 期。

[18] 姜英敏：《韩国的教师资格制度》，《比较教育研究》1998 年第 1 期。

[19] 高鹏、杨兆山：《2012 年英国教师标准研究》，《外国教育研究》2014 年第 1 期。

[20] 高春香：《美国综合性大学教师教育初探》，《南通大学学报（教育科学版）》2008 年第 1 期。

[21] 顾明远：《关于教育现代化的几个基本问题》，《中国教育学刊》1997 年第 3 期。

[22] 顾明远：《改革教师教育的十点建议》，《中国高等教育》2004 年第 9 期。

[23] 龚春燕、田腾飞、陈瑞生、程艳霞：《贫困地区教育现代化评价体系设计研究》，《教育发展研究》2015 年第 1 期。

[24] 郭长虹：《国外教师培养与培训制度概述》，《教学与管理》2003 年第 9 期。

[25] 管培俊：《关于教师教育改革发展的十大观点》，《教师教育研究》2004 年第 4 期。

[26] 郭宝仙：《新西兰教师资格与专业标准及其启示》，《外国教育研究》2008 年第 9 期。

[27] 龚放：《高等教育多样化进程与质量观重构》，《全球教育展望》2002 年第 1 期。

[28] 龚兴英：《日本教师资格制度的特点及其启示》，《比较教育研究》2004 年第 5 期。

[29] 栗洪武、秦立霞：《当前美国关于教师资格评价标准的多方位探索》，《外国中小学教育》2007 年第 10 期。

[30] 刘翠杭：《美国教师资格证书体系评析》，《外国教育研究》2004 年第 11 期。

[31] 刘朋：《美英日三国教师资格证书制度及其启示》，《上海教育科研》2002 年第 5 期。

［32］刘尧：《西方高等教育质量观及评估综述》，《开放教育研究》2006年第1期。

［33］马超山、张桂春：《教师素质结构模型初探》，《辽宁师范大学学报》1989年第4期。

［34］孟育群：《现代教师的教育能力结构》，《现代中小学教育》1990年第3期。

［35］潘懋元：《高等教育大众化的教育质量观》，《江苏高教》2000年第1期。

［36］秦梦华：《构建"以人为本，三位一体"的教学质量监控体系》，《教育研究》2007年第11期。

［37］钱军平：《中国高等教育质量的困境及出路》，《江苏高教》2008年第3期。

［38］饶从满、张贵新：《教师合作：教师发展的一个重要路径》，《教师教育研究》2007年第1期。

［39］申继亮、辛涛：《论教师素质的构成》，《中小学管理》1996年第11期。

［40］檀传宝：《建立教师专业发展标准应当考虑的三个问题》，《教育科学》2004年第2期。

［41］万明钢：《教师教育课程体系研究——以师范大学教育学院教师教育课程体系建构为例》，《课程·教材·教法》2005年第7期。

［42］徐廷福：《论我国教师专业伦理的构建》，《教育研究》2006年第7期。

［43］徐丽华、吴文胜：《教师的专业成长组织：教师协作学习共同体》，《教师教育研究》2005年第5期。

［44］谢安邦：《教师教育信息化与教师信息素养的提升》，《教师教育研究》2004年第5期。

［45］谢绍熺、马晓燕、鲍银霞：《地方教育现代化监测评价指标体系及实践研究》，《教育发展研究》2015年第1期。

［46］向于峰：《美国教师信息技术教育标准评述》，《外国教育研究》2004年第8期。

［47］武书连：《再探大学分类》，《中国高等教育评估》2002年第4期。

［48］汪凌：《法国中小学教师专业能力标准述评》，《全球教育展望》

2006 年第 2 期。

[49] 王长纯：《教师发展学校建设标准参考纲要》，《教师教育研究》2005 年第 4 期。

[50] 王嘉毅：《教师教育的课程设置与教学方法》，《课程·教材·教法》2007 年第 1 期。

[51] 王琳：《从美国加州新任教师专业发展标准看我国新任教师专业发展标准的建设》，《基础教育参考》2005 年第 5 期。

[52] 王柳生：《教师资格制度：昨天、今天、明天》，《现代教育科学》2004 年第 3 期。

[53] 王强：《国外教师专业发展标准构建的经验和启示》，《全球教育展望》2008 年第 7 期。

[54] 王小梅、孟庆玉：《〈标准〉参照下职前教师教育技术能力培养现状调查与发展研究》，《继续教育研究》2008 年第 10 期。

[55] 王艳玲：《英国"一体化"教师专业发展标准框架评析》，《比较教育研究》2007 年第 9 期。

[56] 吴卫东：《德国教师教育的新标准及启示》，《外国教育研究》2006 年第 9 期。

[57] 杨秀玉、孙启林：《教师的教师：西方的教师教育者研究》，《外国教育研究》2007 年第 10 期。

[58] 杨秀玉、孙启林：《实习教师的专业社会化研究》，《外国教育研究》2007 年第 11 期。

[59] 叶澜：《新世纪教师专业素养初探》，《教育研究与实验》1998 年第 1 期。

[60] 曾庆捷：《浅论教师的知识结构、智力结构、能力结构》，《教育丛刊》1987 年第 3—4 期。

[61] 曾洁珍：《若干发达国家教师教育课程的比较分析》，《教育导刊》2003 年第 10 期。

[62] 赵蒙成、周川：《高等教育质量：概念与现实》，《江苏高教》2000 年第 2 期。

[63] 张倩：《日本教师教育认证的制度建构及其启示》，《教师教育研究》2012 年第 12 期。

[64] 张文军、朱艳：《澳大利亚全国教师专业发展标准评析》，《全球教

育展望》2007 年第 4 期。

[65] 张应强：《高等教育质量观与高等教育大众化进程》，《江苏高教》
2001 年第 5 期。

[66] 张原平：《关于现代教师专业社会化问题的探讨》，《天津大学学
报》1996 年第 1 期。

[67] 邹强、吴亚林：《小学教育本科专业人才培养方案的比较分析》，
《教师教育论坛》2014 年第 2 期。

[68] 周泉兴：《高等教育质量标准：特征、价值取向及结构体系》，《江
苏高教》2004 年第 1 期。

[69] 周婷婷等：《透视美国教师资格认证制度》，《世界教育信息》2004
年第 12 期。

[70] 周钧：《解制：当代美国教师教育改革的另一种声音》，《外国教育
研究》2004 年第 5 期。

[71] 朱旭东：《我国现代教师教育制度构建》，《北京师范大学学报》
2007 年第 4 期。

[72] 朱旭东：《如何理解教师教育大学化》，《比较教育研究》2004 年第
1 期。

[73] 祝怀新等：《德国教师教育专业化发展探析》，《比较教育研究》
2004 年第 10 期。

[74] 祝怀新等：《日本教师资格更新制浅析》，《比较教育研究》2007 年
第 2 期。

[75] Davis, W. E. & Davis, D. R. , "The university presidency: do evalua-
tions make a difference?", *Journal of Personnel Evaluation in Educa-
tion*, Vol. 13, No. 2, 1999.

[76] David R. Jones, "Governing the Civic University", *History of Educa-
tion*, Volume 25, 1985.

[77] Dill, David D. , "The Management of Academic Culture: Notes on the
Management of Meaning and Social Integration", *Higher Education*,
Vol. 10, No. 1, 1982.

[78] Handson & Meierson, "International Challenges to America Colleges and
Universities", *Council on Education*, Vol. 10, No. 1, 1995.

[79] Michael Shattock, "Re – Balancing Modern Concepts of University Gov-

ernance", *Higher Education Quarterly*, No. 3, 2002.

［80］Reven, F., Cartwight, C., et al., "Development Phases of Preservice Secondary Teachers", *Journal of Instructional Psychology*, Vol. 24, No. 4, 1997.

［81］Shepsle K. A., "InstitutionalandEquilibriuminMultidimensiona Voting-Models", *American Journal of Political Science*, No. 23, 1979.

（三）其他文献

［1］李培根：《高等教育需要现代化》，《中国青年报》2014 年 10 月 30 日第 2 版。

［2］熊建辉：《教师专业发展标准研究》，博士学位论文，华东师范大学，2008 年。

［3］尹妙辉：《英国教师专业发展标准研究》，硕士学位论文，华东师范大学，2008 年。

［4］韩映雄：《高等教育质量精细研究》，博士学位论文，华东师范大学，2003 年。

［5］教育部高等教育司：《普通高等学校本科教学工作水平评估方案（试行）》，2004 年 8 月，教育部官网（http：//www. moe. gov. cn）。

［6］日本文部科学省，中央教育審議会答申：『今後の教員養成・免許制度の在り方について（答申）』2014 - 10 - 06，http：//www. mext. go. jp/b_menu/shingi/chukyo/chukyo0/toushin/06071910. htm。

后　记

黄钟大吕，贵乎礼教；驱之靡靡，振聋发聩。

星象天仪，诚乎理性；辉之熠熠，光耀未来。

经过三年的主体研究，在课题组成员的共同努力下，本课题终于完成了。其实早在 2010 年，课题组成员就已经开始进行师范生培养质量的改革与提升项目的探索与实践，本研究的主体部分汲取了他们的实践经验和理论涵养，在此对他们的前期实践准备工作和爱岗敬业的教育教学态度表示感谢和敬意！

课题研究能够得以完成，首先得益于课题组成员的通力合作，尤其是潘海燕教授、范丹红教授、陈光春副教授、孙利副教授等负责的"专业发展学校"项目和师范生"素质修炼——专业认证"项目为本研究的开展提供了重要的实践阵地和创新启发。其次，湖北第二师范学院的领导和同事对本课题研究的完成提供了各种便利和帮助：感谢科研处、教务处的张红梅处长、夏仕平副处长和王培喜副处长对于本项目的关怀指导；感谢教育科学学院熊华生教授、庄传超教授给予本研究在调研和学习上的支持与便利；感谢刘永存博士、李贤智博士、白福宝博士给予的专业领域（如卓越班主任、卓越教师和 MOOCs 项目）的经验支持和探讨。最后，我的学生陈某、杜某、孙某、谭某、李某等人在科研项目中对师范生的教学质量、课程质量、实训质量开展了系统的质性研究（跟踪叙事观察和专题访谈），为本成果的产出提供了重要的佐证材料，对此一并表示感谢。

本书的出版离不开湖北第二师范学院校院两级领导的关怀和湖北省重点学科建设（湖北第二师范学院、教育学）专项经费的部分支持，在此一并表示最诚挚的感谢。本书的出版也得益于中国社会科学出版社的大力支持，感谢责任编辑和校对老师的专业指点，尤其是刘艳编辑的辛勤劳动。本书的出版还要感谢华中科技大学教育科学研究院的冯向东教授、柯佑祥教授、沈红教授以及湖北大学的张智敏教授等专家学者的特别关怀及对本研究的关注、指导和启发；感谢华中师范大学杜时忠教授、孟凡副教授、戴伟芬副教授给予本研究在思想碰撞、调查研究和专业交流上的合作与便利；特别感谢华中师范大学周洪宇教授对于本书的思想价值和现实意义的专业指点，并拨冗垂阅，题写前序。此外，还必须感谢湖北省小学教育专业联盟的几所学校在课题研究和学术交流过程中对本研究的建议和帮助。

本书的出版蕴含着本人深深的"师范"情愫。由师范培育，赖大学养成，经博士深造，这种教育经历使得本人对教师职前培养的研究情有独钟、心为所系。大约在本书成型的一年前，本人曾将2010年博士毕业构建而成的"宏篇大作"递交给了中国社会科学出版社的刘艳编辑，初审通过后本人并未继续按期将自己人生的第一本书稿出版——纠结于"师范"问题不得不发的我，仔细掂量后决定先出本书，将博士论文押后出版；在此也特别为刘艳编辑"尊重作者，不离不弃"的职业素养点赞。毕业后工作于地方普通师范院校的自己，多年来接触最多的还是中部地区的一线中小学教师、管理者和师范生，城市里、乡村中，他们愁容满面、感叹变迁——他们常常告诫我们这些教师教育工作者和研究者：中国教师教育改革并不像表面上那么风光八面、高大雄壮；事实上，中国教师队伍的质量标准化评价缺位和教师人才培养监管脱离地方师资质量需求、背离现代教育改革趋向的问题非常突出，中国教师教育改革发展患上了"大学病"且病得不轻，非大声疾呼不可。在我看来，学者之道，不在乎盛世之歌舞、四海之升平，而在乎于大兴之中看到忧患，于人民之中看到疾苦。本书以现实问题和症结切入构建教师职前培养质量评价的现代模型，意为中小学一线教师和管理者有感而发，又为地方教师教育工作者和研究者学术代言。

这本书是2012年教育部人文社会科学研究青年项目（12YJC880153）的最终成果，也是已过而立之年的自己初次出版的专著作品。如同自己独立学术生命带着第一声啼哭，呱呱坠地；饮水思源，谨以此书献给我最亲爱的父母。

　　限于经验和研究水平，本书的内容表述和论证多有不足，甚至可能存在一些失当之处。在此恳请读者和专家们批评指正，共同提高我国教师教育研究水平，为构建现代化的教师教育职前培养质量标准化评价和保障体系贡献力量。

张炜

2015 年 3 月 12 日

于 武汉东湖梨园